权威·前沿·原创

皮书系列为
"十二五""十三五""十四五"时期国家重点出版物出版专项规划项目

B

BLUE BOOK

智库成果出版与传播平台

药品流通蓝皮书

BLUE BOOK OF PHARMACEUTICAL
DISTRIBUTION INDUSTRY

中国药品流通行业发展报告
（2024）

ANNUAL REPORT ON CHINA'S PHARMACEUTICAL
DISTRIBUTION INDUSTRY (2024)

组织编写／中国医药商业协会
主　　编／石晟怡　温再兴
执行主编／付明仲　唐民皓

社会科学文献出版社
SOCIAL SCIENCES ACADEMIC PRESS（CHINA）

图书在版编目（CIP）数据

中国药品流通行业发展报告.2024／石晟怡，温再
兴主编；付明仲，唐民皓执行主编.--北京：社会科
学文献出版社，2024.9.--（药品流通蓝皮书）.
ISBN 978-7-5228-4080-2

Ⅰ.F724.73

中国国家版本馆 CIP 数据核字第 2024VE8954 号

药品流通蓝皮书
中国药品流通行业发展报告（2024）

组织编写／中国医药商业协会
主　　编／石晟怡　温再兴
执行主编／付明仲　唐民皓

出 版 人／冀祥德
组稿编辑／宋　静
责任编辑／张　超
责任印制／王京美

出　　版／社会科学文献出版社·皮书分社（010）59367127
　　　　　地址：北京市北三环中路甲 29 号院华龙大厦　邮编：100029
　　　　　网址：www.ssap.com.cn
发　　行／社会科学文献出版社（010）59367028
印　　装／天津千鹤文化传播有限公司

规　　格／开本：787mm×1092mm　1/16
　　　　　印张：23　字数：344 千字
版　　次／2024 年 9 月第 1 版　2024 年 9 月第 1 次印刷
书　　号／ISBN 978-7-5228-4080-2
定　　价／198.00 元

读者服务电话：4008918866

药品流通蓝皮书编委会

主　任　石晟怡　温再兴

副主任　付明仲　唐民皓

顾　问　姜增伟　谢寿光

编　委　（按姓氏音序排列）

才　华　蔡继辉　曹　智　陈　东　陈扶鸣
陈光焰　陈　晖　陈　建　楚晨曦　邓泳红
丁晨昌　杜　军　高　蓉　关　一　韩　旭
何　勤　黄旭江　黄艺凤　纪珍强　蒋丽华
金恩林　雷永泉　李光甫　李永忠　李云龙
刘景萍　刘为敏　刘　伟　刘　勇　刘兆年
鲁　颖　吕　梁　马大鹏　任武贤　宋　青
汪　坤　文德镛　邬建军　吴　云　武嘉林
徐　飞　徐起鼎　徐宜富　许双军　薛　超
英　军　应徐颉　袁　泉　张　鸿　张　伟
张翼飞　张忠喜　赵可心　郑　浩　周春林
周建军　朱卫东　邹晓亮　邹亚平

编辑组　王　蛟　孟　鑫　翟江如　马银萍　海　帆
周立琴　陈　聪

主要编撰者简介

石晟怡 中国医药商业协会会长，药学博士，主任药师。从事医药企业管理、新产品新技术开发及引进工作40年。主持和参与国家级医药产业改革、结构布局调整和发展战略研究工作。曾牵头负责国家医药物资应急供应管理，组织完成多次重大灾情疫情医药物资应急保障工作。国家卫健委"'健康中国2020'战略规划"研究专家、国家发改委"'十二五'规划重大问题——国家药品应急体系建设"核心专家。国家标准化技术委员会委员，中国药科大学国家药物政策与医药产业经济研究中心研究员。曾任中国医药集团总公司党委委员、副总经理，中国国际医药卫生有限公司董事长，国药医疗健康产业有限公司董事长。

温再兴 中国医药商业协会特聘专家。1982年2月毕业于厦门大学中文系，之后在外贸部人事教育劳动司工作。1998~2008年任外贸部、商务部办公厅副主任，全国整顿和规范市场经济秩序领导小组暨国家保护知识产权工作组办公室副秘书长（副司级）。2008年7月至2014年1月，任商务部市场秩序司副司长、巡视员（正司级），负责药品流通行业管理工作。自2014年2月起，在一些医药行业协会担任专家，参与行业发展研究。担任"药品流通蓝皮书"和"制药工业蓝皮书"主编。

付明仲 中国医药商业协会专家委员会主任，高级经济师，毕业于哈尔滨工业大学。在制药工业企业、药品流通企业及中国医药商业协会工作多年，曾经参与运作两家上市公司。"药品流通蓝皮书"创始人之一，连续11年主持编撰"药品流通蓝皮书"。参与药品流通行业"十二五""十三五"发展规划及《关于"十四五"时期促进药品流通行业高质量发展的指导意见》编制工作。主持和参与商务部、国家卫健委、国家医保局、国家药监局等相关部门多项药品流通行业课题研究，牵头组织制定《零售药店经营特殊疾病药品服务规范》等标准，推动行业标准化、规范化发展。

唐民皓 上海市食品药品安全研究会首席研究员，毕业于哈尔滨医科大学。曾任上海市食品药品监督管理局副局长、上海市食品药品安全研究会会长、上海市人民政府法制办经济法规处处长、中国卫生法学会副会长。现兼任上海市人民政府立法咨询专家，国家药监局《药品管理法》、《疫苗管理法》和《医疗器械监督管理条例》宣讲团成员；中国药科大学 NDPE 研究员，沈阳药科大学药品监管科学研究院专家委员会委员，中国医药商业协会特聘专家，上海创奇健康发展研究院监事，中国国际经济贸易仲裁委员会仲裁员。主要研究方向为行政法、药品监管法律和政策、药品行政管理，曾参与国家和地方经济与医药领域数百项法规/规章和政策性文件制定工作。2015~2024 年，担任"药品流通蓝皮书"执行主编；2022～2024 年担任《药品监管前沿研究》执行主编。

序　一

　　药品流通行业事关人民身体健康和生命安全，是促进国家医药卫生事业和健康产业发展的重要行业，是保障经济社会稳定的重要支撑，也是中国建设现代化经济体系、实现经济高质量发展不可或缺的重要组成部分。在商务部《关于"十四五"时期促进药品流通行业高质量发展的指导意见》指导下，药品流通行业规模稳步增长，彰显强劲韧性。大型数字化、综合性药品流通企业稳健发展，数字化转型创新和跨界融合激发流通市场发展活力，随着中国"三医"协同发展改革的持续深化，药品流通行业进入快速转型变革的关键时期。

　　2023年，中国经济进一步回升向好，高质量发展扎实推进。2024年，医保、医疗、医药协同发展和治理改革将持续深化，《药品经营和使用质量监督管理办法》开始实施，《医疗器械经营质量管理规范》修订稿正式发布，随着药品集采"扩围提质"，医疗器械领域集采也在有序推进，行业发展面临新的机遇与挑战。近年来，药品流通企业以数字化转型为依托，不断完善智慧供应链服务体系，打造新零售业务场景的数字化服务产品，优化消费者购药体验，运营效率不断提升，同时，智慧药房、自助药房、AI机器人药房等新业态不断涌现，药品流通服务民生能力不断增强，药品供应的安全性、可及性、便利性不断提升。

　　中国医药商业协会与社会科学文献出版社合作出版的"药品流通蓝皮书"，自2014年以来已连续出版11本。"药品流通蓝皮书"及时反映药品流通行业发展中的新情况、新特点，深入挖掘药品流通企业创新发展的有益经验，直面行业热点、难点问题，有针对性地提出解决方案，是行业转型发展历程的重要见证，其内容全面、论述翔实，具有较高参考价值。

《中国药品流通行业发展报告（2024）》正式出版了，该书坚持"高起点思考、高标准编撰、高质量报告"要求，可以为相关政府部门、科研机构和企业等决策提供参考。希望中国医药商业协会依靠和组织国内外业界力量，继续做好"药品流通蓝皮书"编撰出版工作，助力广大药品流通企业更好把握发展机遇，加快药品流通行业高质量发展。

商务部原副部长

2024 年 5 月 13 日

序　二

　　药品流通蓝皮书《中国药品流通行业发展报告》由中国医药商业协会组织国内业界专家、学者及优秀企业合力研创,并由社会科学文献出版社出版发行,自2014年以来已连续出版11部。该皮书以药品流通行业研究为主线,以年度为时间单元,紧扣国家经济和社会发展大局,深入剖析行业发展中的热点、难点、堵点问题,见证了"健康中国"战略实施背景下药品流通行业发展每一个阶段的成就及历程,已成为全面发布行业信息的知名品牌报告,同时也成为行业协会转型智库建设的重要抓手,具有权威性、系统性、全面性、前瞻性、实用性和准确性等特点。作为皮书品牌创始人,我从这部蓝皮书始创起到2020年11月从社会科学文献出版社社长任上退休至今始终关注其研创和出版发布,并连续应邀作序。

　　2024年是中华人民共和国成立75周年,也是实施"十四五"规划的关键一年。国外形势严峻复杂,国内经济正处在结构调整转型的关键阶段,医改政策措施持续深化,将推动药品流通行业高质量发展。药品流通行业在复杂多变的环境中,积极探索创新发展路径,以数字化、智能化手段探索新模式、新业态、新场景、新服务,完善药品流通网络,持续赋能专业药房,提高医药供应链的效率,为服务医疗卫生事业和满足人民健康需要发挥重要支撑作用,助力"健康中国2030"战略实施。

　　2024年发布的第11部药品流通蓝皮书——《中国药品流通行业发展报告(2024)》对药品流通行业相关政策、各业态各领域发展特点及经营模式的创新探索等进行探讨,并包含药品批发和零售企业百强排序、各品类区域销售统计、企业数量统计等相关行业统计数据信息，内容翔实、数据准确，是研究和指导药品流通行业发展、推进医疗卫生体制改革与健康中国建设的重要文献，具有较高的参考价值。作为皮书品牌创始人，我向药品流通蓝皮书的所有研创者、编辑及所有关心支持这部蓝皮书的企业、机构和读者表示深深的敬意！祝药品流通蓝皮书越办越好！

中国出版协会副理事长

云南大学特聘教授

皮书品牌创始人

2024 年 6 月 6 日

摘 要

2023 年是全面贯彻党的二十大精神的开局之年，也是实施"十四五"规划承上启下的关键之年。这一年，习近平总书记首次提出"新质生产力"，并在年末的中央经济工作会议上做深入阐述，指出发展新质生产力是推动经济高质量发展的关键之举。为此，我国药品流通行业在培育壮大新质生产力引领下，在努力推动行业转型升级、促进行业高质量发展方面取得积极成果。从国家出台的相关政策看，《药品经营和使用质量监督管理办法》的颁布实施，明确从新标准、新业态、新手段三个方面促进药品流通行业发展，加强保障药品经营和使用环节质量安全监管；《关于进一步做好定点零售药店纳入门诊统筹管理的通知》的颁布实施，明确提出鼓励连锁药店纳入国家带量采购和门诊统筹，支持药店连锁化、专业化、数字化发展。2023年国家还相继发布了《关于做好 2023 年医药集中采购和价格管理工作的通知》和《数字中国建设整体布局规划》等政策，在促使药品集采提质扩面，以及推动各领域数字化建设和人工智能技术的发展方面，都做了明确规划。随着医疗健康 AI 大模型迎来爆发，药品流通企业在业态创新和数字化转型方面的步伐也不断加快。

本报告涵盖了 2023 年药品流通行业运行统计的主要数据、行业创新发展趋势、数字化转型创新案例以及药品流通行业国际经验等内容，涉及国内外行业最新发展成果。报告认为，过去一年，我国药品流通市场销售规模保持稳健增长，行业集中度持续提升，行业龙头企业加快数字化转型步伐，通过积极探索新模式和新业态，拓展发展新空间，为引领行业高质量发展发挥积极作用。大型药品零售连锁企业持续加速门店扩张，部分企业已进入万店规模，专业服务成为药品零售新的核心竞争力；医药物流企业开展智慧供应链、数字物流建设，行业线上线下融合加速发展。

关键词： 药品流通　新质生产力　数字化转型

目 录 ▷

I 总报告

II 政策篇

III 行业篇

Ⅳ 数字化转型篇

Ⅴ 医药供应链篇

Ⅵ 区域篇

Ⅶ 国际篇

附　录

皮书数据库阅读**使用指南**

总 报 告

B.1
2023年药品流通行业运行
统计分析报告

商务部市场运行和消费促进司

摘 要： 本文分析了药品流通行业规模、行业效益、销售品类与渠道等多维度数据，总结了药品流通行业2023年的发展特点，对其未来发展趋势进行了研判，并提出了行业下一步重点任务。2024年是实施"十四五"规划的关键一年，随着数字化转型的加速推进和诸多新业态新模式的不断涌现，未来药品流通行业规模将保持平稳增长，行业结构持续优化，在数字化技术等的推动下，创新成为发展驱动力，而规范化发展成为行业发展必然趋势。

关键词： 药品流通行业 药品批发企业 药品零售 医药物流 医药电商

一 发展概况

2023年，国家医药卫生体制改革持续深化，药品流通行业围绕商务部

《关于"十四五"时期促进药品流通行业高质量发展的指导意见》提出的方向与目标，坚定实施数字化转型，行业结构不断优化，供应链韧性日益增强，服务水平和流通效率持续提升。

（一）行业规模

2023年，全国药品流通市场销售规模稳步增长。统计显示，全国七大类医药商品销售总额29304亿元①，扣除不可比因素同比增长7.5%，增速提高1.5个百分点（见图1）。其中，药品零售市场销售额6402亿元，扣除不可比因素同比增长7.6%，增速放缓3.1个百分点。药品批发市场销售额22902亿元，扣除不可比因素同比增长7.5%，增速提高2.1个百分点。

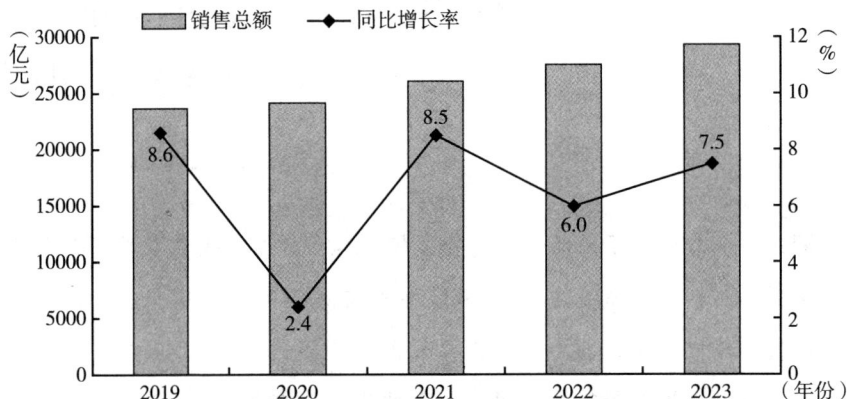

图1　2019~2023年药品流通行业销售情况

截至2023年底，全国共有《药品经营许可证》持证企业68.85万家。其中，批发企业1.48万家；零售连锁企业6725家、下辖门店38.56万家；零售单体药店28.14万家。② 在注册有效期内的执业药师78.93万人，环比增加6630人。每万人口拥有执业药师5.6人，同比增长12%。注册在药品零售企业的执业药师71.4万人，占注册总数的90.5%。注册在药品批发企

① 销售总额为含税值。本文未注明来源的数据均来自商务部药品流通管理系统。
② 数据来源：国家药品监督管理局。

业、药品生产企业、医疗机构和其他领域的执业药师分别为46015人、5441人、23586人、204人。①

（二）行业效益

2023年，全国药品流通直报企业主营业务收入22362亿元，扣除不可比因素同比增长8%，增速加快1.3个百分点，约占全国七大类医药商品销售总额的86.2%；利润总额490亿元，扣除不可比因素同比增长4.6%，增速放缓0.7个百分点；平均毛利率7.3%，同比下降0.5个百分点；平均费用率6.2%，同比下降0.6个百分点；平均利润率1.6%，与上年持平；平均净利率1.5%，与上年持平（见图2）。

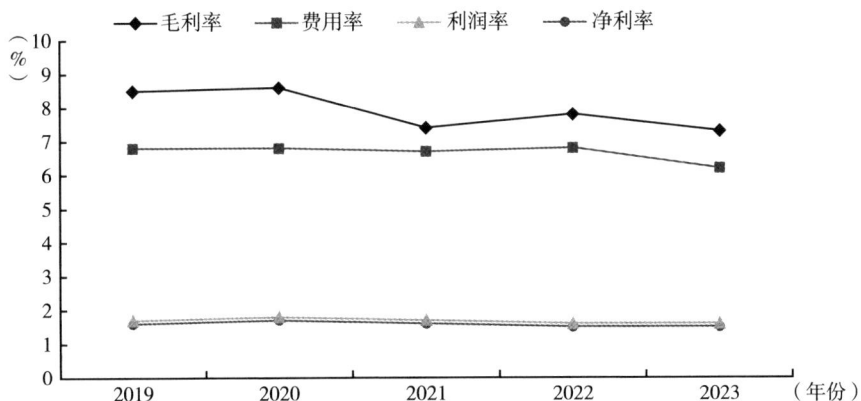

图2　2019～2023年药品流通行业毛利率、费用率、利润率及净利率

2023年，中国医药商业协会对31个省份545家药品批发企业应收账款情况开展典型调查。数据显示，对医疗机构应收账款回款天数平均152天，比2022年增加2天（见图3）。医疗机构拖欠药品批发企业货款问题仍未改善，药品批发企业资金压力和财务费用负担日益加重。

---

① 数据来源：国家药品监督管理局执业药师资格认证中心。

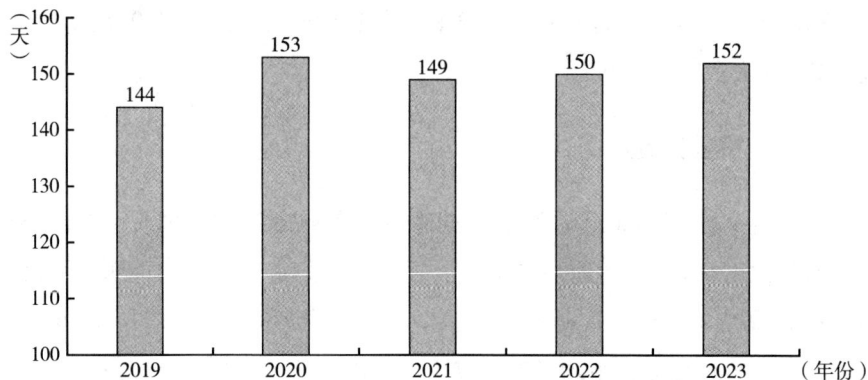

图3 2019~2023年药品批发企业对医疗机构应收账款回款天数

（三）销售品类与渠道

按销售品类分，西药类销售居主导地位，销售额占七大类医药商品销售总额的68.7%，中成药类占15.5%、中药材类占2.4%，以上三类占比合计为86.6%；医疗器材类占8.2%，化学试剂类占0.6%，玻璃仪器类占比不足0.1%，其他类占4.5%（见图4）。受国家药品集采等因素影响，相关西药类药品价格下降，2023年西药类销售占比较2022年下降0.5个百分点。

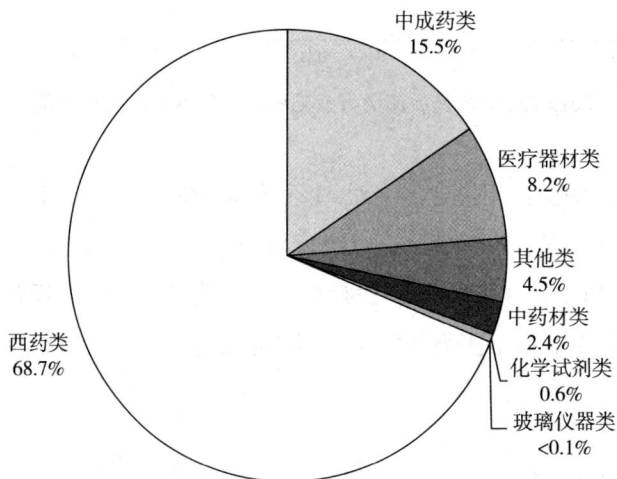

图4 2023年全行业销售品类结构

按销售渠道分，2023 年对终端销售额 21148 亿元，占销售总额的 72.2%，同比上升 0.6 个百分点；对生产企业销售额 156 亿元，占销售总额的 0.5%，同比下降 0.1 个百分点；直接出口销售额 63 亿元，占销售总额的 0.2%，与上年基本持平（见图 5）。

在对终端销售中，对医疗机构销售额 14507 亿元，占终端销售额的 68.6%，同比下降 0.2 个百分点；对零售药店和零售药店对居民的销售额 6641 亿元，占终端销售额的 31.4%，同比上升 0.2 个百分点。

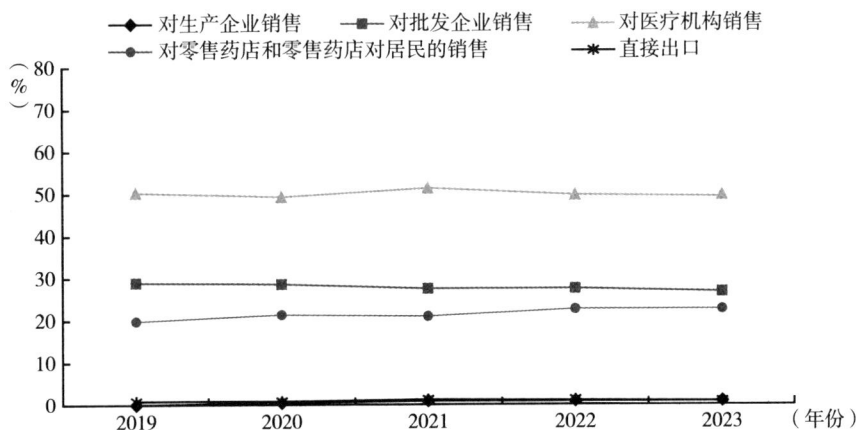

图 5　2019~2023 年药品流通行业销售渠道占比

（四）销售区域分布

2023 年，全国六大区域销售额占全国销售总额的比重分别为：华东 36.2%，同比下降 0.2 个百分点；中南 27.0%，同比下降 0.2 个百分点；华北 15.2%，同比上升 0.3 个百分点；西南 13.4%，与上年持平；东北 4.2%，与上年持平；西北 4.0%，同比上升 0.1 个百分点。其中，华东、中南、华北三大区域销售额占全国销售总额的 78.4%，同比下降 0.1 个百分点。

长江经济带地区销售额占全国销售总额的比重为 49.8%，同比下降 0.1 个百分点。三大经济区销售额占全国销售总额的比重分别为：京津冀经济区 12.7%，同比上升 0.2 个百分点；长江三角洲经济区 26.7%，与上年持平；

珠江三角洲经济区 10.4%，同比下降 0.2 个百分点。

2023 年销售额居前 10 位的省（区、市）依次为：广东、北京、江苏、上海、浙江、山东、河南、四川、安徽、湖北。前 10 位省（区、市）销售额占全国销售总额的 65.5%，同比上升 0.1 个百分点。

（五）所有制结构

在全国药品流通直报企业中，国有及国有控股药品流通企业主营业务收入 13820 亿元，占直报企业主营业务总收入的 61.8%，实现利润 294 亿元，占直报企业利润总额的 59.9%。股份制企业主营业务收入 7424 亿元，占直报企业主营业务总收入的 33.2%，实现利润 163 亿元，占直报企业利润总额的 33.3%。外商及港澳台投资企业主营业务收入占直报企业主营业务总收入的 2.5%，实现利润占直报企业利润总额的 5.0%。私营企业主营业务收入占直报企业主营业务总收入的 1.4%，实现利润占直报企业利润总额的 0.8%（见图 6、图 7）。

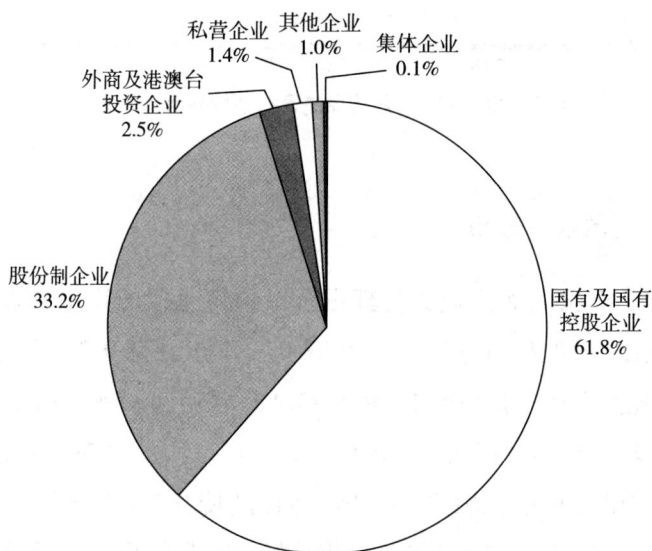

图 6　2023 年药品流通企业主营业务收入所有制结构

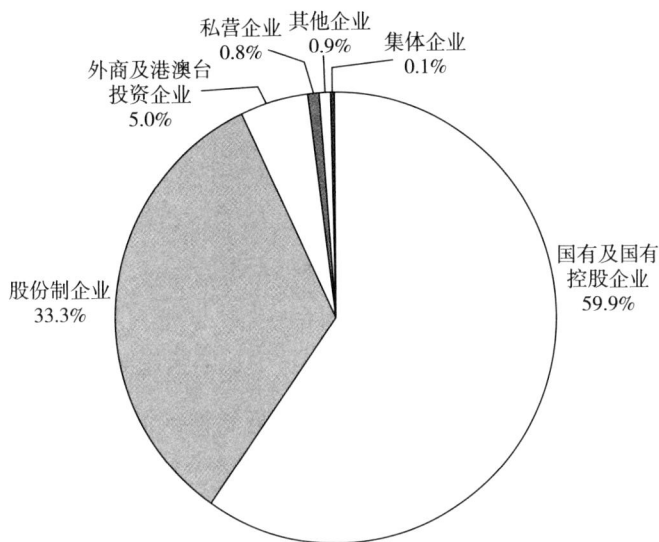

图7 2023年药品流通企业利润总额所有制结构

（六）医药物流配送

据不完全统计，2023年全国医药物流直报企业（429家）配送货值（无税销售额）21272亿元（具有独立法人资质的物流企业配送货值占74.8%），共拥有1309个物流中心，仓库面积约1509万平方米，其中常温库占25.7%、阴凉库占71.4%、冷库占2.9%（容积154万立方米）；拥有专业运输车辆17596辆，其中冷藏车占19.1%，特殊药品专用车占1.3%。自运配送范围在省级及以下的企业数量占79.7%；配送范围覆盖全国的企业数量占4.5%。委托配送范围在各级行政区域较为均衡，承担全国、跨区域、跨省、省内、市内及乡镇范围配送的企业数占比在11%~21%。在物流自动化及信息化技术方面，88.8%的企业具有仓库管理系统，83.0%的企业具有电子标签拣选系统，69.5%的企业具有射频识别设备。

（七）医药电商

据不完全统计，2023 年医药电商直报企业①销售总额为 2489 亿元（含第三方交易服务平台交易额），占同期七大类医药商品销售总额的 8.5%。其中，第三方交易服务平台交易额 1097 亿元，占医药电商销售总额的 44.1%；B2B（企业对企业）业务销售额 1253 亿元，占医药电商销售总额的 50.3%；B2C（企业对顾客）业务销售额 139 亿元，占医药电商销售总额的 5.6%。订单总数 37050 万笔，其中第三方交易服务平台订单数 13815 万笔，订单转化率 99.6%；B2B 订单数 8168 万笔，订单转化率 97.3%；B2C 订单数 15067 万笔，订单转化率 95.5%。第三方交易服务平台网站活跃用户量 56 万；B2B 网站活跃用户量 136 万；B2C 网站活跃用户量 8523 万，平均客单价 140 元，平均客品数约 3 个。B2B 日出库完成率 99.2%，B2C 日出库完成率 98.0%。B2B 电商业务费用率 7.3%，B2C 电商业务费用率 17.8%，均高于行业平均水平。B2B 与 B2C 销售结构差异较为明显，B2B 业务主要集中在西药类，其次是中成药类（见图 8）；而 B2C 业务主要集中在西药类、中成药类、医疗器材类，其次是其他类②（见图 9）。

（八）上市公司

2023 年，药品流通行业 28 家上市公司实现主营业务收入总额 18746 亿元，同比增长 8.1%，占行业规模的 72.3%。以分销为主的上市公司平均毛利率 10.6%，比上年下降 0.4 个百分点；三项费用率之和为 7.0%，比上年下降 0.5 个百分点；平均净利率 2.4%，与上年持平。以零售为主的上市公司平均毛利率 34.3%，比上年下降 0.8 个百分点；三项费用率之和为 27.6%，与上年持平；平均净利率 4.8%，比上年下降 0.6 个百分点。

---

① 第三方交易服务平台企业 3 家（不包含京东健康、阿里健康数据），仅有 B2B 业务的企业为 120 家，仅有 B2C 业务的企业为 112 家，兼有 B2B 和 B2C 业务的企业为 25 家。
② 其他类中包含保健食品类、化妆品及个人护理用品、计划生育及成人用品等。

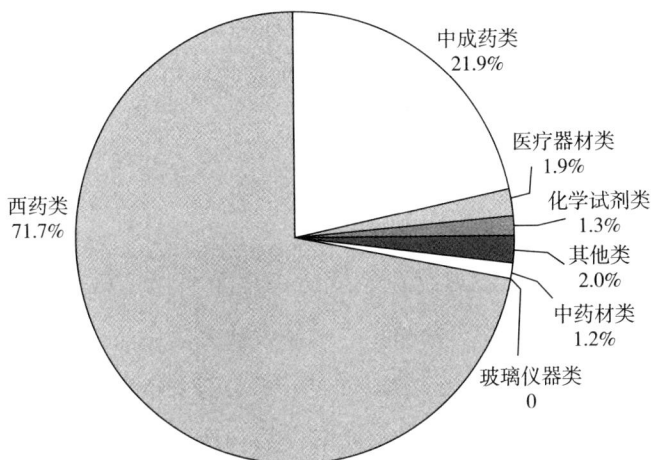

图 8　2023 年药品流通直报企业 B2B 业务销售结构

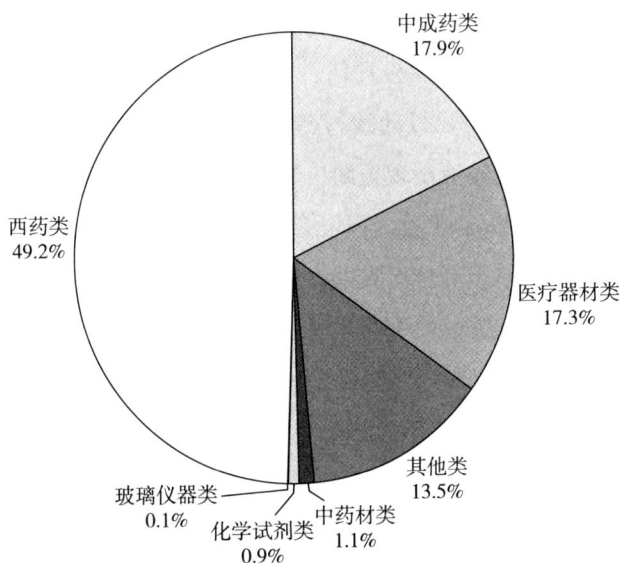

图 9　2023 年药品流通直报企业 B2C 业务销售结构

年终最后一个交易日行业 28 家上市公司市值总计 5041 亿元，平均市值为 180 亿元，比 2022 年最后一个交易日的平均市值 191 亿元低 11 亿元。其中，市值超过 200 亿元的企业有 8 家，分别是华东医药、上海医药、国药控股、益丰药房、华润医药、大参林、九州通和国药股份。2023 年，28 家药品流通行业上市公司共披露 82 起与药品流通业务相关的投资并购活动，涉及金额 33.38 亿元。[①]

（九）社会贡献

2023 年，全国药品流通行业年度销售总额相当于第二产业增加值的 4.3%，与上年持平。其中，药品零售总额占社会消费品零售总额的 1.4%，与上年持平；相当于第三产业增加值的 0.9%，与上年持平。[②]

2023 年，全国药品流通直报企业纳税额（所得税）为 132 亿元，扣除不可比因素同比增长 11.1%；全行业从业人数约 674 万人，扣除不可比因素同比增长 2.6%。从直报企业数据看，药品流通行业从业人员本科及以上学历人员占比 25.0%，较 2022 年上升 0.3 个百分点。

药品流通行业积极履行社会责任，在突发公共事件如疫情、洪涝灾害、地震灾害等发生后，用实际行动践行药品流通企业的责任与担当。2023 年初，黑龙江部分地区大输液出现短缺，华润医药、九州通等药品批发企业克服货源不足、物流不畅等难题，积极参与药品供应保障。2023 年下半年，我国发生多起洪涝、地震等自然灾害，针对河北、北京、天津、吉林等地的汛情及甘肃、青海地震灾情，国药控股、华润医药、九州通等药品流通企业及时启动应急预案，积极畅通配送渠道，多方筹措货源，组织调运和捐赠，参与救灾救助工作。

二 运行特点

2023 年，我国药品流通行业加速模式创新和技术升级，从医药流通供应商向医药全生态链服务商转型。全行业已形成 1 家年销售规模超 5000 亿

---

① 数据来源：上市公司年报。
② 数据来源：国家统计局。

元、4家超1000亿元、2家超500亿元的大型药品流通企业，6家年销售规模超100亿元的药品零售连锁企业。

（一）规模优势持续增强

从销售情况看，大型药品流通企业销售有所增长。2023年，排名前5位的药品批发企业主营业务收入同比增长9.6%，增速加快1.1个百分点，高于行业平均增速2.1个百分点；前10位同比增长8.9%，增速加快0.8个百分点，高于行业平均增速1.4个百分点；前100位药品批发企业主营业务收入同比增长7.6%，增速加快0.9个百分点，高于行业平均增速0.1个百分点。前10位的药品零售企业销售总额同比增长11.4%，增速降低5.1个百分点，高于零售市场平均增速3.8个百分点；前100位的药品零售企业销售总额同比增长11%，增速降低3.2个百分点，高于零售市场平均增速3.4个百分点。

从市场占有率看，药品批发、零售企业集中度均持续提高。2023年，前5位药品批发企业主营业务收入占同期全国医药市场总规模的51.3%，同比提高1.5个百分点；前10位占比59.6%，同比提高1.3个百分点；前100位占比76%，同比提高0.8个百分点。药品零售企业连锁率57.8%，与上年基本持平。前10位药品零售企业年销售总额1490亿元，占全国药品零售市场总额23.3%，同比提高1个百分点；前100位销售总额2423亿元，占比37.8%，同比提高1.3个百分点。

2023年，药品流通行业企业积极推进资源整合。上海医药商业板块下属上药控股和上药科园完成初步整合，打破区域限制，开启全国一体化高效协同体系；华润医药商业先后收购安徽立方药业有限公司和四川科伦医药贸易集团有限公司51%的股权，提高相关地区综合竞争力和市场份额。大型药品零售连锁企业通过自建、并购、加盟、联盟等模式扩大规模，增强品牌影响力。门店破万的连锁企业已有大参林、老百姓、益丰药房、一心堂、好药师等。

（二）积极探索数据赋能

数字化转型是药品流通企业转型升级的重要举措。药品流通企业开展智慧供应链和数字运营管理体系建设，推进零售环节线上线下融合，提升医药产业链效率，强化应急响应和供应保障。九州通打造的"三网（仓储、运输、信息网络）合一"的物流供应链体系及"Bb/BC 一体化"高效供应链物流服务模式，在满足公司自身经营需求的同时，向行业内外客户提供第三方物流、医药冷链物流、数智物流与供应链整体解决方案服务。大参林开展智慧供应链项目，以大数据和人工智能算法构建全业务链路（需求计划—供应管理—仓配管理—销售运营）运营平台，提升门店及仓库库存周转效率，降低药品缺货率。健之佳大药房开发小程序、微商城、微信公众号以及上线第三方 B2C、O2O 平台，2023 年线上渠道实现营业收入 21.6 亿元，占主营业务收入 23.83%，较上年占比提高 5.2 个百分点。

（三）增强专业服务能力

专业服务能力是药品流通企业的核心竞争力。头部药品批发企业加强医药供应链服务平台建设，发展院内物流管理系统（SPD）项目，助力医院医疗物资管理提质增效。同时，加强物流标准化运营管控，协同整合仓储资源，提升物流能力和效率。据不完全统计，国药控股、上海医药、华润医药、九州通等企业 SPD 项目建设已超过 2000 个。

药品零售企业提升药学服务能力，发展慢病管理、诊疗康复、患教咨询、特药服务等业务，对我国医疗机构专业药学服务形成有益补充。中国医药商业协会发布《零售药店经营特殊疾病药品服务规范》（特药标准）团体标准及咳喘、银屑病等治疗领域单病种团体标准，引导专业药房提升药事服务能力。2023 年，国药控股新增专业药房 153 家，合计达 1593 家，收入同比增长超 20%，高于行业平均增速。部分零售连锁企业借助上下游资源，为患者提供如用药指导、药物治疗管理（MTM）、售后随访管理、患者关爱中心等专业服务，发挥药师在零售药店的重要作用。

（四）多元拓展业务形态

药品批发企业深入开展医药产业链上下游的业务创新和服务升级，进行医药供应链服务延伸。同时，大力发展医疗器械、医美产品、特医食品、生物制剂、诊断试剂、宠物食品等业务，开拓新的业务增长点。上海医药为创新药提供全生命周期服务，覆盖上市前服务、一体化供应链、特药药房、整合营销、创新支付等一揽子解决方案。重药控股在杭州市三家社区卫生服务站试点开展"基层医疗数字化 POCT 及时检验项目"，帮助基层医疗机构识别和初步诊断常见病、多发病。

药品零售企业优化经营品类，提升服务能力，为消费者提供丰富多样的健康产品。如一心堂携手伊利在产品研发、健康教育、专业诊疗方面开展深度合作，打造一站式血糖健康管理平台，持续满足消费者多元化健康营养需求；益丰药房、健之佳等积极拓展药诊店、中医馆；德生堂开展寻药找药业务，协助消费者购买急需药品。

（五）标准体系日益完善

据不完全统计，2023 年累计发布国家标准、地方标准、团体标准 25 项，涵盖药品批发、零售、物流、电商各业态服务标准及规范，在规范药品流通企业经营行为、提升服务能力、完善安全用药和方便购药等方面发挥重要作用（见表1）。

表1　2023 年药品流通行业标准统计

序号	标准号	标准名称	标准类型	发布日期
1	GB/T 42502-2023	《医药物流质量管理审核规范》	国家标准	2023 年 3 月 17 日
2	GB/T 30335-2023	《药品物流服务规范》	国家标准	2023 年 9 月 7 日
3	DB3203/T 1026-2023	《药品配送服务规范》	地方标准	2023 年 6 月 30 日
4	DB4101/T 66-2023	《药品网络销售同城配送服务规范》	地方标准	2023 年 8 月 8 日
5	DB14/T 2803-2023	《药品委托储存配送管理规范》	地方标准	2023 年 9 月 18 日
6	DB14/T 2834-2023	《药品批发企业委托承运商管理规范》	地方标准	2023 年 10 月 10 日

序号	标准号	标准名称	标准类型	发布日期
7	DB14/T 2833-2023	《药品批发企业中药饮片储运管理规范》	地方标准	2023年10月10日
8	DB3401/T 305-2023	《药品多仓一体化管理规范》	地方标准	2023年12月15日
9	T/SHSPTA 001-2023	《临床试验用药品供应链管理规范》	团体标准	2023年1月10日
10	T/YYHG 0007-2023	《药品仓储自动出入库管理系统实施规范》	团体标准	2023年4月10日
11	T/CAPC 010-2023	《药品网络经营质量管理规范》	团体标准	2023年5月11日
12	T/CASMES 150-2023	《医药企业合规营销服务规范》	团体标准	2023年5月15日
13	T/SHDSGY 107-2023	《医药冷链物流服务规范》	团体标准	2023年5月30日
14	T/CAPC011-2024（2024年进行一次修订）	《零售药店经营自体嵌合抗原受体T细胞（CAR-T）治疗药品服务规范》	团体标准	2023年6月6日
15	T/SHDSGY 155-2023	《医药冷链运输服务规范》	团体标准	2023年6月26日
16	T/CFLP 0045-2022	《质量分级及"领跑者"评价要求 药品冷链物流服务》	团体标准	2023年7月18日
17	T/SHSPTA 003-2023	《药品零售企业电子处方审核规程》	团体标准	2023年10月9日
18	T/KCH 003-2023	《麻精药品全程数字化追溯技术规范》	团体标准	2023年11月10日
19	T/SHSPTA 004-2023	《药品DTP模式服务质量体系建设导则》	团体标准	2023年11月15日
20	T/CAPC012-2023	《零售药店经营糖尿病、高血压与血脂异常治疗药品药学服务规范》	团体标准	2023年11月29日
21	T/CAPC013-2023	《零售药店经营咳喘治疗药品药学服务规范》	团体标准	2023年11月29日
22	T/CAPC014-2023	《零售药店经营银屑病治疗药品药学服务规范》	团体标准	2023年11月29日
23	T/BLTJBX 34-2023	《药品零售连锁企业销售服务指南》	团体标准	2023年12月26日
24	T/BLTJBX 35-2023	《药品零售"网订店送"服务规范》	团体标准	2023年12月26日
25	T/BLTJBX 36-2023	《药品经营企业药品冷链储运设施设备性能验证规范》	团体标准	2023年12月26日

资料来源：全国标准信息公共服务平台。

三　趋势展望

（一）行业规模保持平稳增长

当前，我国的医疗卫生支出基本与国情相符，但与高收入国家相比仍有较大增长潜力。2022年，美国医疗卫生总支出近4.5万亿美元，占其GDP的17.3%；而我国当年卫生总费用8.48万亿元，仅占我国GDP的7%。人均卫生费用方面，2022年，我国人均卫生费用6010元（相当于862.9美元），而美国当年人均卫生费用13382美元，是我国的15.5倍。根据国家统计局数据，2023年我国居民人均可支配收入39218元，扣除价格因素同比增长6.1%；居民健康素养水平29.7%，同比提高1.92个百分点；65岁及以上人口2.17亿，占全国总人口的15.4%，已进入深度老龄化社会。中国医药商业协会预测，受人均可支配收入水平提高、健康意识增强、人口老龄化进程加速等因素影响，我国医药健康需求将不断提升，药品流通行业销售规模有望持续扩大。

（二）流通行业结构持续优化

《商务部关于"十四五"时期促进药品流通行业高质量发展的指导意见》提出行业集中度发展目标。同时，国家深入实施药品集中带量采购、"两票制"等政策，行业平均利润率承受较大压力，亟须强化规模优势，资源整合将成为行业重要发展方向。2023年，前10位药品批发企业主营业务收入占同期全国医药市场总规模的59.6%；前10位药品零售企业销售额占同期全国药品零售市场规模的23.3%；药品零售连锁率57.8%。从国际经验看，美国、法国和澳大利亚等欧美发达国家，排名前三位药品流通企业合计均占本国市场总额的90%以上；日本排名前五的药品流通企业市场占有率也达80%，我国药品流通行业结构仍有较大优化空间。2023年药品流通行业28家上市企业披露82起医药流通相关投资并购活动，较2022年增长

54.7%。同时，业内专家认为，零售领域专业、连锁药店占比将进一步提升。

（三）创新成为首要驱动力量

党的二十届三中全会提出，要健全因地制宜发展新质生产力体制机制，健全促进实体经济和数字经济深度融合制度。习近平总书记指出，"新质生产力是创新起主导作用，摆脱传统经济增长方式、生产力发展路径，具有高科技、高效能、高质量特征，符合新发展理念的先进生产力质态"。近年来，互联网、大数据、云计算、人工智能、区块链等技术加速创新，日益融入经济社会发展各领域全过程，数字经济正在成为重组要素资源、重塑经济结构、改变竞争格局的关键力量。头部药品流通企业顺应发展趋势，积极实施创新发展战略，全面推进产业数字化、治理智能化，提升核心竞争力。国药控股加速推进数字化转型和数据治理项目建设，持续提升业务运营效率；上海医药积极实施创新发展，全面建设数字化上药；华润医药积极融入医药产业数字化浪潮，开辟提质增效新路径；九州通以业务数字化、运营数字化、物流数智化为目标，提升客户满意度；重药集团以数智化为核心驱动力，铸就企业发展的新质生产力。

（四）合规经营成为必然趋势

党的十八大以来，中央把党风廉政建设和反腐败斗争提到新高度。2024年，新修订的《中国共产党纪律处分条例》正式实施；国务院印发《深化医药卫生体制改革2024年重点工作任务》，要求加强医药卫生领域综合监管，扎实做好医药领域腐败问题集中整治工作，推进异常费用病例核查、医保基金飞行检查等工作。国家卫生健康委等部门对医疗医药领域持续正风肃纪反腐，正本清源。同时，有关部门发布《药品经营和使用质量监督管理办法》《关于新时代中央企业高标准履行社会责任的指导意见》等一系列更严格的制度，行业组织深入开展"诚信兴业，诚信卫民"主题活动，ESG工作纳入社会责任工作统筹管理，规范化已成为行业发展的必然趋势。

四　下一步重点任务

药品流通行业是我国医药卫生事业和大健康产业的重要组成部分，是关系人民健康和生命安全的重要行业。针对目前行业面临的热点、难点和重点问题，药品流通行业企业需要战略的视角探索未来的发展路径，结合"十四五"时期发展目标及"十五五"时期规划方向，促进行业高质量发展。

药品流通行业要学习领会、贯彻落实党的二十届三中全会精神，强化党建引领作用，提升政策领悟力，积极参与医疗、医保、医药协同发展和治理，发挥药品流通行业在医疗体制改革中的重要作用；推动央地政企联动协同，加快建设全国统一大市场，推进医药供应链建设升级，保障医药供应链全产业链的持续稳定发展，不断增强药品供应保障服务能力、流通效率、质量安全及服务民生能力。

零售药店是国家最基层的药品供应和药学服务终端，合规经营和精细化管理成为常态。随着更多的院内药品销售流转到院外零售渠道，企业需加快提升专业药学服务水平，围绕人民群众健康需求开展多元化经营，提供医保商保、健康咨询、慢病管理、儿童用药管理及适老化服务，强化零售药店健康促进、营养保健功能，共筑15分钟医疗健康生活圈，建议行业相关部门推动落实《国务院关于促进服务消费高质量发展的意见》（国发〔2024〕18号）和《关于推进城市一刻钟便民生活圈建设的意见》（商流通函〔2021年〕176号）文件中零售药店的政策保障。

数字化转型是药品流通行业高质量发展的重要引擎，建议相关部门出台相关引导政策，给予专项资金投入及税务优惠政策，在政策引领下，企业加强科技赋能，努力推进药品流通行业全面数字化转型。

政 策 篇

B.2
筑法治之基 行法治之力 明法笃行
促医疗器械流通行业快速高质量发展

王者雄 李 军 臧宝宇 杨晓沫*

摘 要： 本文深入解读了医疗器械监管的系列政策，分析了医疗器械监管文件中简化优化审批程序、压实企业主体责任、丰富监管举措等重要内容，医疗器械流通法律法规体系日臻完善，持续激发医疗器械流通行业释放增长潜力，医疗器械市场规模不断增长，结构持续优化，大型企业呈现数字化、多元化、平台化发展。未来，国家器械监管部门将持续科学研判医疗器械流通市场潜在的质量风险，重点关注医疗器械网络销售质量安全、进口医疗器械境内企业法人责任落实、医疗器械现代物流发展、医疗器械供应链模式的创新与发展等方面可能存在的质量安全监管风险。

关键词： 医疗器械 法律法规 监督管理 高质量发展

---

* 王者雄，国家药品监督管理局医疗器械监督管理司原司长；李军，国家药品监督管理局医疗器械技术审评中心副主任；臧宝宇，国家药品监督管理局医疗器械监督管理司监管二处三级调研员；杨晓沫，国家药品监督管理局医疗器械监督管理司监管二处干部。

习近平总书记指出，生物医药产业是关系国计民生和国家安全的战略性新兴产业。国家"十四五"规划明确将生物医药产业列入"抢占未来产业发展先机"的战略性新兴产业。党的二十届三中全会审议通过的《中共中央关于进一步推进全面深化改革 推进中国式现代化的决定》提出深化医药卫生体制改革，健全支持创新药和医疗器械发展机制。医疗器械是生物医药领域的重要组成部分，作为承接上游生产商和下游使用者纽带的医疗器械流通行业，在整个医疗器械产业链中占据十分重要的地位。

药监部门肩负着医疗器械安全监管重任。一直以来，在以习近平同志为核心的党中央坚强领导下，在习近平新时代中国特色社会主义思想特别是习近平总书记对药品监管重要论述的科学指引下，按照《国务院办公厅关于全面加强药品监管能力建设的实施意见》（国办发〔2021〕16号）、《"十四五"国家药品安全及促进高质量发展规划》（国药监综〔2021〕64号）等部署规划，统筹医疗器械产业发展和安全，保安全守底线，促发展追高线，统筹高水平安全和高质量发展齐头并进。

一 法律法规体系日臻完善，筑法治之基

法律是治国之重器，良法是善治之前提。依良法而治，方可能获得善治之局。

2021年2月9日，国务院正式公布新修订的《医疗器械监督管理条例》。《医疗器械监督管理条例》体现出"新""优""全""严"四大特点，"新"即增加了许多新制度、新机制、新方式，着力提升治理水平；"优"即简化优化了审评审批程序，着力提高监管效能；"全"即细化完善了医疗器械质量安全全生命周期的责任；"严"即进一步加大对违法违规行为的惩戒力度。

《医疗器械监督管理条例》实施以来，国家药监局陆续制修订配套规章、规范性文件和技术指导原则，形成了以《医疗器械监督管理条例》为统领、以《医疗器械经营监督管理办法》配套规章为框架、以《医疗器械经营质量管理规范》《医疗器械经营质量管理规范附录：专门提供医疗器械运输、贮存服务的企业质量管理》等规范性文件为支撑的法规体系，充分

贯彻落实了习近平总书记"四个最严"的要求，充分体现了党中央、国务院鼓励医疗器械创新发展、高质量发展的要求，顺应了改革创新的需要，顺应了产业发展的期盼和人民群众的期待。

（一）深入落实"放管服"改革精神

近年来，国家全面推进"证照分离"改革，推动数百项中央层面设定的涉企经营许可事项照后减证和简化审批试点。《医疗器械监督管理条例》《医疗器械经营监督管理办法》等法规、规章，深入落实党中央、国务院重大决策部署，深化"放管服"改革，大力简化优化审批程序，建立简约高效、公正透明、宽进严管的行业准营规则，减轻企业办事负担，鼓励企业有序竞争。

一是简化许可或者备案的准入。我国对第二类医疗器械经营实施备案制度，对第三类医疗器械经营实施许可制度。《医疗器械监督管理条例》第四十一条规定，按照国务院药品监督管理部门的规定，对产品安全性、有效性不受流通过程影响的第二类医疗器械，可以免予经营备案。2021年6月，国家药监局公布了首批《免于经营备案的第二类医疗器械产品目录》，包括电子血压计、避孕套、电动/手动轮椅、血糖/妊娠/排卵检测试纸等13种产品。

《医疗器械经营监督管理办法》第二十七条规定，医疗器械注册人、备案人在其住所或者生产地址销售其注册、备案的医疗器械，无须办理医疗器械经营许可或者备案，但应当符合规定的经营条件。

二是全面优化办理流程。在第二类医疗器械经营许可的审批时限上，新《医疗器械监督管理条例》规定药品监督管理部门应当自受理申请之日起20个工作日内作出决定，较2014版《医疗器械监督管理条例》规定的自受理之日起30个工作日内进行审查相比，大幅缩短了审批时限和流程。

在优化申请资料上，2014版《医疗器械经营监督管理办法》规定经营企业在申请许可或者办理备案时应当提交10项资料，新《医疗器械经营监督管理办法》将提交资料减为8项，不再要求企业提交"营业执照复印件"和"其他证明材料"，且对已经取得第三类医疗器械经营许可进行第二类医疗器械备案的，可以免予提交相应资料。

（二）全面压实企业主体责任

《医疗器械监督管理条例》《医疗器械经营监督管理办法》《医疗器械经营质量管理规范》《医疗器械经营质量管理规范附录：专门提供医疗器械运输、贮存服务的企业质量管理》等法规、规章和规范性文件，结合医疗器械监管工作实际，以问题为导向，强化责任，通过细化基本监管制度、强化风险管控概念，夯实企业主体责任。

一是全面落实医疗器械注册人和备案人主体责任。强化其全生命周期质量安全责任，要求自行销售医疗器械的注册人、备案人，应当符合规定的经营条件，委托销售医疗器械的注册人、备案人，应当委托符合条件的医疗器械经营企业，并签订委托协议，明确双方的权利和义务。

二是明确建立医疗器械经营质量管理体系要求。新《医疗器械监督管理条例》首次提出，从事医疗器械经营，应当依照医疗器械经营质量管理规范的要求，建立健全与所经营医疗器械相适应的质量管理体系并保证其有效运行。而新的《医疗器械经营质量管理规范》将"质量管理体系建立与改进"作为单独章节，旨在通过驱动企业自身的 PDCA 质量改进的循环，促进医疗器械经营企业乃至行业的质量管理能力提升。

三是明确医疗器械经营企业质量安全关键岗位人员要求。国家药监局坚持"以人为本""抓关键少数"的原则，制定印发《企业落实医疗器械质量安全主体责任监督管理规定》，明确医疗器械经营企业质量安全关键岗位负责人员包括企业负责人、质量负责人、质量管理人员，细化各岗位职责和任职条件。要求企业制定质量安全关键岗位说明书并对相关人员进行岗前培训和继续教育，明确尽职免责制度和企业对相关人员的奖惩制度。

四是细化医疗器械经营各环节的质量管理责任。《医疗器械监督管理条例》《医疗器械经营监督管理办法》《医疗器械经营质量管理规范》等法规、规章和规范性文件，关注了经营全过程的质量管理，要求企业建立覆盖采购、验收、贮存、销售、运输、售后服务等全过程的质量管理制度和质量控制措施，并做好相关记录，保证经营条件和经营活动持续符合要求，保证产品的可追溯性；关注了对新的监管要素的识别与补充，明确医疗器械唯一标识在产品首营审查、进货验收、出库复核、计算机系统方面的要求，鼓励企业使用信息化技术传递和储存电子证照资料；关注了对新的业态和经营方式的识别与补充，明确了自动售械机、医疗器械直调经营、多仓协同、临床确认后销售产品等质量管理要求。

（三）进一步丰富监管举措

《医疗器械监督管理条例》《医疗器械经营监督管理办法》《医疗器械经营质量管理规范》等法规、规章和规范性文件以严控经营环节质量安全风险为导向，通过综合运用抽查检验、飞行检查、责任约谈、安全警示、信用档案等制度，进一步增加监管措施，解决监管手段不足的问题。

一是实施分类分级管理。要求药品监督管理部门根据医疗器械经营企业质量管理和所经营医疗器械产品的风险程度，实施分类分级管理并动态调整。

二是风险会商研判。规定药品监督管理部门根据监督检查、产品抽检、不良事件监测、投诉举报、行政处罚等情况，定期开展风险会商研判，做好医疗器械质量安全隐患排查和防控处置工作。

三是进行延伸检查。明确药品监督管理部门根据医疗器械质量安全风险防控需要，可以对为医疗器械经营活动提供产品或者服务的其他相关单位和个人进行延伸检查。

四是信用档案建设。指导设区的市级负责药品监督管理的部门建立并及时更新辖区内医疗器械经营企业信用档案。

三年来，医疗器械流通法律法规体系日臻系统完备，多角度全方位夯实医疗器械经营风险防范的法治基础，为我国医疗器械流通行业发展创造了良好的法治环境。

二　助推行业高质量发展，行法治之力

《医疗器械监督管理条例》《医疗器械经营监督管理办法》《医疗器械经

营质量管理规范》等医疗器械流通法律法规强化质量管理，进一步促进医疗器械流通行业创新高质量发展，标志着我国医疗器械流通行业步入法治新阶段。《医疗器械监督管理条例》《医疗器械经营监督管理办法》《医疗器械经营质量管理规范》等医疗器械流通法律法规施行以来，监管政策红利不断释放，持续激发医疗器械流通行业增长潜力，有力推动和促进了我国医疗器械流通行业快速发展、高质量发展。

（一）规模持续增长，行业发展势头强劲

在政策鼓励等多重利好推动下，市场活力充分释放，医疗器械经营企业数量和行业经营收入快速增长。2021~2023年，全国第二、三类医疗器械经营企业由108.6万家增长至137.5万家，其中，仅经营第二类医疗器械产品的企业由71.8万家增至90.5万家，仅经营第三类医疗器械产品的企业由8.2万家增至10.3万家，同时从事第二、三类医疗器械经营的企业由28.6万家增至36.7万家（见图1），行业经营收入由10813.76亿元增至14500.00亿元（见图2），行业发展势头强劲，促进了医疗器械整体产业的蓬勃发展。

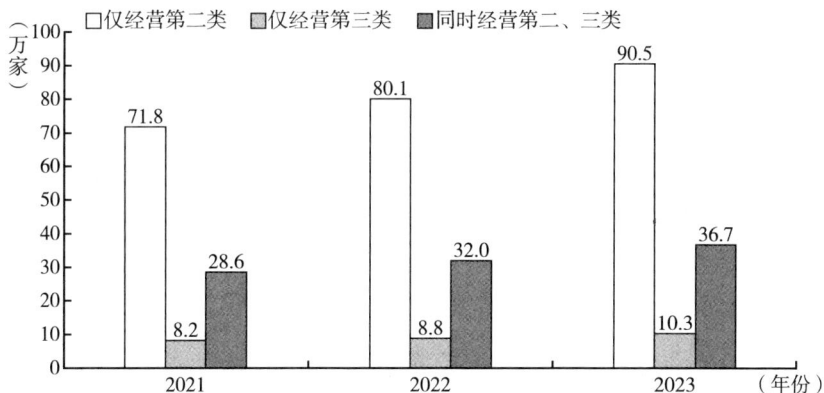

图1　2021~2023年全国医疗器械经营企业数量分布

资料来源：国家药品监督管理局。

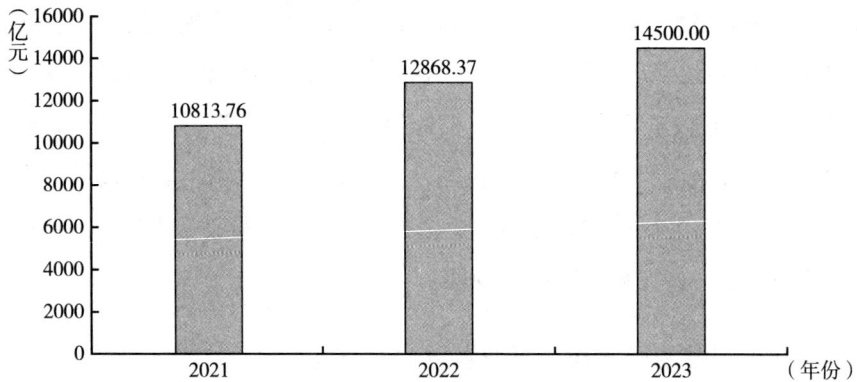

图2　2021~2023年我国医疗器械流通市场规模

资料来源：国家药品监督管理局。

（二）行业进一步呈现数字化、集约化、平台化发展

近几年，大型医药流通企业逐步拓宽医疗器械板块业务，以国药控股、上海医药、华润医药、九州通等头部企业为例，2023年，上述4家企业的医疗器械板块营业收入继续稳步增长。器械业务板块，国药控股依旧占据领先地位；增速方面，华润医药表现抢眼。其中，国药控股突破1300亿元，同比增长7.75%；上海医药营收达363亿元，同比增长6.45%；九州通营收328亿元，同比增长11.66%；华润医药达323亿元，同比增长22.00%（见图3）。

欣欣向荣的医疗器械市场，在规模增长的同时，业务结构也在不断优化，呈现数字化、集约化、平台化发展的趋势。同时企业不断创新发展，为上下游客户提供更多元的服务，企业自身的发展质量不断提升，进而促进供应链和产业链的高质量发展。在数字化转型的大背景下，企业已经不再将自己的角色局限在经营的局部领域，而是通过平台化思维，应用"互联网+""数据要素×"等新使能，打造围绕医疗器械产业链的新生态，以链式创新与产业互联网的思维，为行业搭建数字化基建，链接更多可能性，并以开放、共享的姿态为行业各维度角色服务，如国药控股、华润医药、上海医药

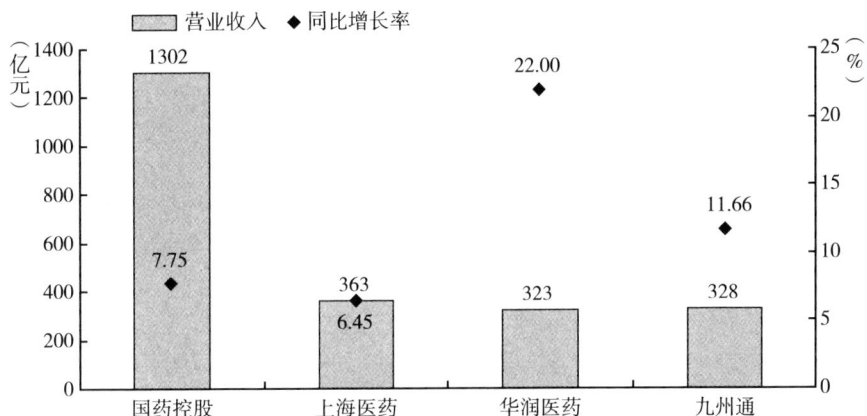

图3 2023年四大医药流通企业医疗器械业务营收

资料来源：各企业公开年报，中物联医疗器械供应链分会整理。

等纷纷布局SPD、智慧供应链、全国多仓联动等新形态业务，为医疗器械流通拓展了更加开放的发展思路，致力成为行业高效、高质量发展的载体，实现企业经济价值和社会价值。

（三）结构持续优化，行业发展稳进提质

在多重因素助推下，经营环节市场主体激发了无限创造力，医疗器械经营环节的新模式不断涌现，为产业链上下游的客户提供了更高效、快捷的服务，很多优质的经营企业主体从普通的产品买卖和物流配送的低附加值服务向为上下游客户提供综合服务转型，甚至以数字化链式创新的方式，拉动上下游客户的质量提升与高质量发展。医疗器械经营环节出现了新技术驱动的新销售模式以及细化分工下的新运营方式，医疗器械流通行业稳健成长，行业发展质量明显提升。

一方面是在新技术驱动下，互联网销售电商发展迅猛并保持持续上涨趋势，健客网、阿里健康、京东健康、叮当快药、美团等以B2C、O2O为主的医疗器械零售电商，以及国药多采等以B2B为主的专业医疗器械垂直电商，正在改变传统的医疗器械经营格局，为医疗器械的终端使用者带来更加

数字化、智能化的服务体验。医疗器械经营模式的创新探索，改变了原有医疗器械销售受到的时间空间限制，使医疗器械的可获得性更好、更快，老百姓获得医疗器械产品的方式更透明、更高效、更便捷，为医疗器械经营发展提供了新的途径。

另一方面是随着社会分工的不断细化，医疗器械经营环节出现了第三方物流、多仓协同、医用耗材供应链管理等新的运营方式。这些新的运营方式契合当前医改政策背景下，行业对降本增效的迫切需求，使医疗器械经营管理与服务的内容不断丰富，进一步降低了社会成本、提升了运行效率、激发了行业活力。

（四）监管持续强化，行业发展规范有序

安全是发展的基础，发展是安全的保障。医疗器械安全是最基本的公共安全，守住医疗器械安全底线是药监部门最基本的职责。全国各级药监部门认真执行医疗器械流通法律法规，秉持"讲政治、强监管、保安全、促发展、惠民生"工作思路，坚持科学化、法治化、国际化、现代化方向，通过强有力的监管保障人民群众用械安全，支持医疗器械流通行业高质量发展。

法律的生命在于实施，法律的权威也在于实施。《医疗器械监督管理条例》及相关配套规章、规范性文件施行以来，全国各级药监部门以习近平法治思想为指引，学深悟透，把握准、落实好"十一个坚持"，学习宣传贯彻好《医疗器械监督管理条例》《医疗器械经营监督管理办法》《医疗器械经营质量管理规范》等文件，自觉运用法治思维和法治方式推动医疗器械经营监管工作，切实解决经营环节中的一些深层次问题。更加公正文明执法，严格按照法定权限和程序履行职责、行使权力、承担责任，提高监管工作透明度，各项工作争取做到政治效果、法律效果、社会效果有机统一，进一步提升执法的严肃性和权威性，确保产品质量安全和行业健康发展。

医疗器械的经营过程直接影响产品的质量安全。要牢固树立底线思维，坚持问题导向和系统观念，充分发挥监管部门纠偏作用，以最严格的监管、

最严厉的处罚筑牢医疗器械安全防线。先后开展医疗器械质量安全专项整治工作、医疗器械安全巩固提升行动、医疗器械质量安全风险隐患排查整治工作、医疗器械"清网"等整治行动，全面排查化解风险隐患，高压严打违法违规行为，有效净化市场环境，为产业发展营造了良好的监管生态和高效公平的监管环境。重视和加强医疗器械流通环节不良事件监测工作，积极收集、分析个人使用医疗器械产品的不良事件，促进上游生产企业不断改进产品质量、预防风险，在医疗器械警戒体系建立过程中充分发挥经营企业在整个链条中必不可少的重要作用。

三 精准把握行业发展新挑战新风险，明法笃行

2023年9月7日，十四届全国人大常委会发布了《十四届全国人大常委会立法规划》，将医疗器械管理法列入"第二类项目：需要抓紧工作、条件成熟时提请审议的法律草案"中。这标志着我们能在更高的法律层面，进一步谋划我国医疗器械行业的发展方向、鼓励医疗器械创新研发、规范医疗器械市场秩序，更好地推动我国医疗器械行业高质量发展。

党的二十届三中全会提出，必须全面贯彻总体国家安全观，完善维护国家安全体制机制，实现高质量发展和高水平安全良性互动，切实保障国家长治久安。要在医疗器械流通领域准确把握好发展与安全的辩证关系，科学研判医疗器械流通新业态新模式中的质量风险，深入研究适应新技术、新业态、新商业模式的监管新机制，持续完善适应迅速发展的医疗器械流通行业现状的安全责任体系，促进行业高质量发展。

（一）关注医疗器械网络销售质量安全

近年来我国医疗器械网络销售市场迎来爆发式发展，《医疗器械网络销售监督管理办法》从2018年3月施行，医疗器械网络销售企业从2018年的8717家增至2023年12月的27.8万家，第三方平台从2018年的77家增至2023年12月的863家。网络销售业态日趋复杂：直播、短视频模糊了销售

与营销的界限；直播的即时性、上线时间的不确定性增加了固证的难度；社交平台隐蔽性高，部分个人卖家利用异化词宣传销售医疗器械产品，增加了违法违规行为查处难度，为医疗器械网络销售监管带来新的风险和挑战。

目前，《电子商务法》《医疗器械监督管理条例》《医疗器械网络销售监督管理办法》是规范医疗器械网络销售业态、促进行业发展的主要法律法规，但上述法律法规在对第三方平台履行对入驻经营企业管理义务上，缺乏可操作性的质量管理规范指导。下一步，还需要聚焦网络销售环节信息真实、准确、完整、可追溯等重点问题，强化质量管理体系，落实企业主体责任，在强化"以网管网"等方面作出进一步规定。

（二）关注进口医疗器械境内企业法人责任落实

《医疗器械监督管理条例》规定，境外医疗器械注册人、备案人指定的境内企业法人（简称境内代理人）应当协助注册人、备案人履行不良事件监测和再评价、产品追溯和召回等上市后管理义务。但目前有一部分医疗器械产品注册证标注的境内代理人，实质上只是为境外医疗器械注册人、备案人提交注册申请的境内法人，这类境内法人没有与产品相适应的质量管理体系，无法履行境内代理人义务，使质量安全主体责任无法落到实处。这些问题都需要在法律法规中加以规范。比如，进一步明确境内企业法人的主体要求，让监管部门和社会公众清晰掌握境内企业法人情况；进一步准确界定境内企业法人权利义务；进一步完善境内企业法人监管层级，督促落实法定责任。

（三）关注医疗器械现代化物流发展

在当今全球科技创新和新质生产力发展的背景下，医疗器械物流扮演着至关重要的角色。"十四五"现代物流发展规划中，强调了物流基础设施建设的重要性。医疗器械现代化物流发展需要高效的冷链物流和仓储网络，确保医疗器械在流通过程中的质量和安全。同时，规划提出的全国统一大市场建设要求，将推动医疗器械物流网络的全国性整合，为医疗器械流通行业提供更大的市场空间。

然而，当前行业仍面临诸多挑战，包括行业价值被低估、发展规划缺乏统筹、物流基础设施和运营质量不匹配、供应链上下游连接不畅等问题。为此，需要构建开放式、高效协同的现代医疗器械流通体系，以满足新质生产力的要求。

为了进一步落实"十四五"现代物流发展规划的目标，医疗器械流通行业需要加速向数字化、专业化、多元化综合服务方向发展。加快打造涵盖"通道+枢纽+网络"的现代医疗器械物流体系，充分考虑人口、经济、地理等因素，进行统筹规划，确保全国医疗器械物流基础设施的高质量建设。全面发挥现代医疗器械物流体系的资源整合作用，带动产品研发、生产、流通和使用全链条各类要素的高效畅通流转，赋能医疗器械行业塑造新质生产力，提升产业链、供应链韧性与安全。

（四）关注医疗器械供应链模式的创新与发展

随着国家医疗政策不断拓展，医疗器械流通行业的利润空间日益缩小，迫使相关企业寻求新的运营模式以实现业务增长。SPD 管理模式成为一种解决方案，帮助医院进行精益化管理，实现医疗器械全流程可追溯，并提升器械管理的精度和效率。SPD 模式通过对医疗器械的采购、配送、库存管理等环节进行优化，显著提高了医院的供应链管理效率，降低了运营成本。同时，SPD 模式还推动了医院的数字化与智能化进程，进一步提升了管理的透明度。在"健康中国 2030"和"十四五"规划的推动下，公立医院正朝着高质量发展迈进，SPD 模式在耗材供应的质量安全与精细管理上发挥了重要作用。

然而，SPD 模式的快速发展也带来了新的监管挑战。例如，行业缺乏统一标准，同时存在合规性监督不足、市场准入机制不完善、竞争监管不到位等问题。因此，确保 SPD 模式的合规性和可持续发展是当务之急。这就需要加大监管力度，加快相关政策、行业标准的研究与制定，以确保 SPD 模式能够持续为医疗机构和患者提供高质量的服务。

"法与时转则治，治与世宜则有功"。法律不是一成不变的，它需要随着社会变革和发展而不断调整和完善，最终与社会发展相适应。正如习近平总书记强调，法律体系必须随着时代和实践发展而不断发展。同样，医疗器械流通法律法规体系也是动态的、开放的、发展的，要吸收和借鉴欧盟、世卫组织等先进经验和有益成果，随着行业的发展和监管实践而不断发展完善，更好发挥法治的引领、规范、保障作用。于 2024 年 7 月施行的新修订的《医疗器械经营质量管理规范》，就对当前流通环节一些新业态、新模式作出了更加明确的规定，必将更好地促进行业健康快速发展。比如将多仓协同的质量管理要求、人员、设备、计算机系统、数据管理、贮存要求、追溯要求等质量要素予以明确，将直调运营的准入条件、质量管理要求予以明确，将临床确认后销售产品的质控要点进行明确，使三种经营模式下的医疗器械产品质量及过程受控、信息可追溯。比如明确了自动售械机质量管理的要求，在提高医疗器械可获得性的同时，保证医疗器械产品质量安全。

下一步，监管部门将牢牢抓住《医疗器械管理法》列入十四届全国人大常委会立法规划的有利契机，对现有管理法规体系进行总结分析，从法律制度层面进行创新，由更高层面的法律——《医疗器械管理法》给予规范和引导，以良法促发展、保善治，为推动我国医疗器械行业健康快速发展提供更有力的法律工具。这既是我国医疗器械行业迅速发展、高质量发展的迫切需要，也是推动医疗器械国内国外两个市场协调发展的需要，更是进一步保障广大人民群众用械安全有效的需要。

B.3
卫生技术评估助力中国建设
多层次医疗保障体系

郭武栋　张晓路*

摘　要：　卫生技术评估（HTA）作为一种支持医疗卫生循证决策的技术手段，已广泛应用于中国医药行业。其中，较为突出的应用场景是支持构建多层次的医疗保障体系。本文旨在介绍 HTA 目前在医疗保障中的应用现状，发掘 HTA 现存的重要价值，现阶段我们缺乏专业且权威的 HTA 监管机构，缺乏可靠的数据来源，缺乏统一的增量成本效果比（ICER）阈值标准以及缺乏多个利益相关群体充分参与 HTA 过程。为了解决这些问题，本文介绍了英国、加拿大和德国在 HTA 应用方面的探索与尝试，总结有关的历史经验，为国内相关研究提供启示。

关键词：　卫生技术评估　循证决策　医疗保障体系

科技引发的生产力浪潮正不断推动着医药健康产业的高速发展，全世界各种创新型医药卫生技术层出不穷。然而，各个国家（地区）医疗资源的有限性却始终客观存在，人民的健康需求也在日益增长，导致两者之间的矛盾日益突出。因此，如何对有限的资源进行合理分配，最大限度满足一般人群，并适当照顾特殊人群，成为各国卫生决策者所面临的现实难题。放眼全球，越来越多国家开始探索使用卫生技术评估（Health Technology Assessment,

---

* 郭武栋，国家卫健委卫生发展研究中心研究员，加拿大滑铁卢大学卫生经济学博士，暨南大学兼职教授，主要研究方向为卫生技术评估和药物经济学；张晓路，沈阳药科大学药事管理学专业硕士研究生。

HTA）来为相关医药决策提供循证技术支持。其中，一个典型的应用场景就是助力建设国家多层次医疗保障体系。医疗保障是国家减轻群众就医负担、增进民生福祉、维护社会和谐稳定的重大制度安排。因此，习近平总书记明确指出，我国要加快建立覆盖全民、城乡统筹、权责清晰、保障适度、可持续的多层次医疗保障体系。

2020年2月，《中共中央 国务院关于深化医疗保障制度改革的意见》（简称《意见》）正式出台，《意见》提出，"到2030年，全面建成以基本医疗保险为主体，医疗救助为托底，补充医疗保险、商业健康保险、慈善捐赠、医疗互助共同发展的医疗保障制度体系"，对多层次医疗保障制度体系的内涵进行了规范和诠释，并提出了明确的发展要求。[①]

本文围绕建设多层次医疗保障体系，系统介绍采用卫生技术评估（HTA）助力构建中国医保体系的实践和面临的挑战，并通过介绍国际上成功开展HTA国家的经验，对我国构建多层次医疗保障体系进行相关的思考与展望。

一 国内 HTA 参与构建多层次医疗保障体系现状

（一）HTA 在我国医疗保障体系中的总体发展情况

2018年5月，国家医疗保障局正式成立，全面负责国内医疗保险制度的管理、协调与监督，推动医疗保障制度的改革和完善，医保药品目录的谈判调整工作也开始得到正式落实。截至2024年初，已连续6年开展年度药品目录调整工作，累计有744个药品新增进入医保药品目录范围，历年通过谈判及竞价方式进入医保药品目录情况参见图1。[②] 总体而言，在历年医保药品准入中，创新药进入医保速度明显加快，重大疾病和特殊人群用药保障

---

① 《中共中央 国务院关于深化医疗保障制度改革的意见》，https：//www.gov.cn/gongbao/content/2020/content_ 5496762. htm。

② 《国家医保局 人力资源社会保障部关于印发〈国家基本医疗保险、工伤保险和生育保险药品目录（2023 年）〉的通知》，国家医疗保障局网站，2023 年 12 月 13 日，http：//www.nhsa. gov. cn/art/2023/12/13/art_ 53_ 11674. html。

水平进一步提升，临床用药合理性得到积极改善，引领药品使用端发生深刻变化。[①] 但现阶段，国家医保整体主要立足于"保基本"原则，着力更好地满足广大参保人的基本用药需求，坚持"突出重点、鼓励创新、补齐短板、优化结构"的调整思路，发挥体制优势、政策优势、市场优势，努力做到"尽力而为、量力而行"。对重特大疾病和部分高标准医药健康需求，国家也在积极健全完善重特大疾病医疗保险和救助制度，强化基本医疗保险、补充医疗保险与医疗救助互补衔接，增强基础性、兜底性保障功能，鼓励商业健康保险、医疗互助有序发展，满足人民群众多层次的医疗保障需求。[②]

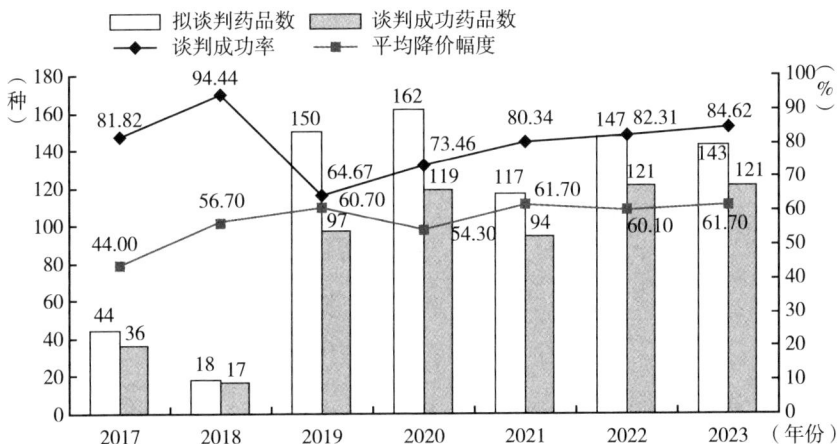

图1 2018~2023年国家医保谈判进程及谈判结果

资料来源：国家医保局历年关于《国家基本医疗保险、工伤保险和生育保险药品目录》的通知公告，数据经收集、整理、分析得到，参见 http://www.nhsa.gov.cn/art/2023/12/13/art_ 104_ 11673.html。

在多层次医疗保障体系的发展过程中，HTA 的应用也在逐步取得积极成效。具体包括三部分内容。一是通过引入 HTA 循证理念，以"价值评

---

① 国家医疗保障局：《国家医保局 2023 年国家基本医疗保险、工伤保险和生育保险药品目录调整新闻发布会实录》，国家医疗保障局网站，2023 年 12 月 13 日，http://www.nhsa.gov.cn/art/2023/12/13/art_ 14_ 11684.html。

② 《国务院办公厅关于印发"十四五"全民医疗保障规划的通知》，中国政府网，2021 年 9 月 23 日，https://www.gov.cn/gongbao/content/2021/content_ 5643264.htm。

估"理念为基础，依托药品的安全性、有效性、经济性、创新性和公平性等五个维度进行综合价值评估，将更多具有综合价值优势的药品纳入医保目录，将不具有优势的药品调出医保目录，实现了药品保障水平的升级换代。二是显著降低了目录中新准入药品的价格，通过引入 HTA 循证证据，引导遴选药品时相互参照、适度竞争，明确药品价值，大幅度降低药品价格。三是引导部分高价值、高价格，基本医疗保险无法负担的卫生技术，通过重特大疾病医疗保险、商业保险等途径进行救助。因此，通过 HTA 实现对各种医疗技术的价值和价格的衡量，我国初步建立了将不同"性价比"技术归入不同层级医疗保障的分级格局。

（二）HTA 在医保药品目录调整中的具体作用

由于我国多层次的医疗保障体系较为复杂，除基本医保外，其他保障体系构建相对不够完善。因此，以国家医保药品目录调整机制为例，本文将深入探讨 HTA 在医保药品目录调整中发挥的具体作用。从工作流程来说，国家医保药品目录调整工作，近些年已将程序化步骤逐渐固定为准备、申报、专家评审、谈判/竞价、公布结果 5 个阶段，HTA 主要应用于专家评审和谈判/竞价阶段中的价格测算部分。

1. HTA 在评审环节的应用

运用多准则决策分析（MCDA）理论，结合西药和中成药特点，近些年国家医保局逐步完善了专家评审指标体系、评分规则、指标释义与数据来源，在应用前广泛征求了不同领域专家和企业代表的意见和建议，有效增强利益相关方共识及工作透明度。在专家评审阶段，通过集体讨论和个人打分相结合的方式，基于 HTA 评价所得到的证据（见图 2），专家集体对每一种评审药品的价值进行定量评分，助力评审工作逐步从定性决策转为定量决策，有效提升了专家评审工作的科学性、循证性和规范性。评审指标及其配套规则的制定秉承循证和多维度价值判断原则，以安全性、有效性、经济性、创新性和公平性 5 个维度作为主要脉络支撑。

以西药为例，本文从上述五个维度进行评估示例说明。

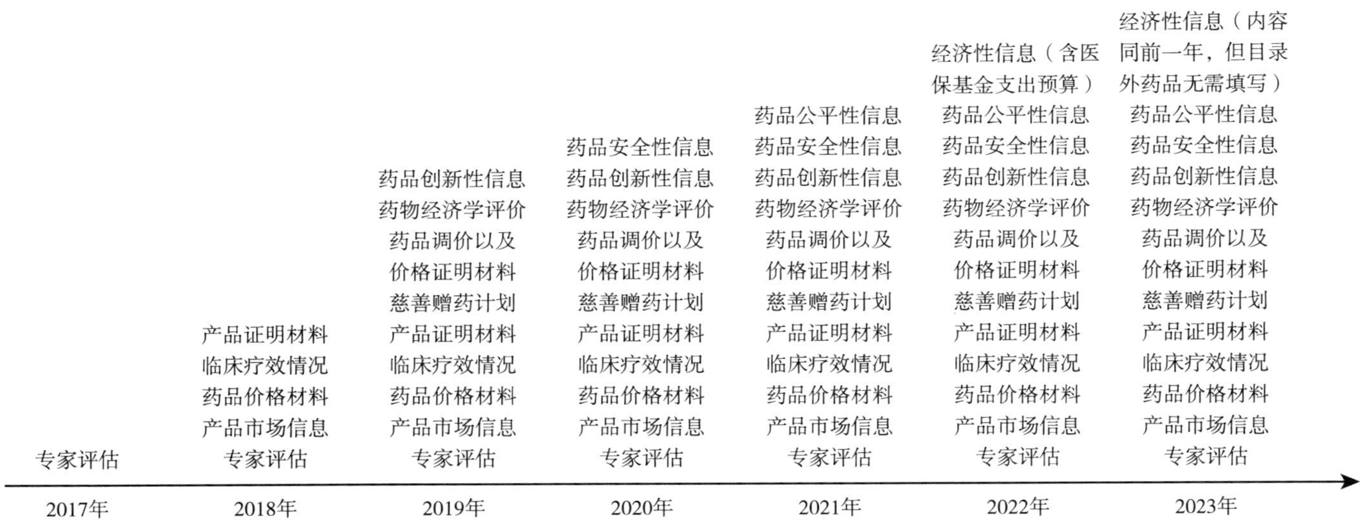

图 2 国家医保目录调整企业申报材料变化

2017年	2018年	2019年	2020年	2021年	2022年	2023年
					经济性信息（含医保基金支出预算）	经济性信息（内容同前一年，但目录外药品无需填写）
				药品公平性信息	药品公平性信息	药品公平性信息
			药品安全性信息	药品安全性信息	药品安全性信息	药品安全性信息
		药品创新性信息	药品创新性信息	药品创新性信息	药品创新性信息	药品创新性信息
		药物经济学评价	药物经济学评价	药物经济学评价	药物经济学评价	药物经济学评价
		药品调价以及	药品调价以及	药品调价以及	药品调价以及	药品调价以及
		价格证明材料	价格证明材料	价格证明材料	价格证明材料	价格证明材料
		慈善赠药计划	慈善赠药计划	慈善赠药计划	慈善赠药计划	慈善赠药计划
	产品证明材料	产品证明材料	产品证明材料	产品证明材料	产品证明材料	产品证明材料
	临床疗效情况	临床疗效情况	临床疗效情况	临床疗效情况	临床疗效情况	临床疗效情况
	药品价格材料	药品价格材料	药品价格材料	药品价格材料	药品价格材料	药品价格材料
	产品市场信息	产品市场信息	产品市场信息	产品市场信息	产品市场信息	产品市场信息
专家评估	专家评估	专家评估	专家评估	专家评估	专家评估	专家评估

资料说明：原始数据来源于"中国医疗保险"微信公众号文章，对相关数据进行更新调整后重新构图形成。参考网址：https://mp.weixin.qq.com/s/pcr1-fpWJLs16u1kYbFmyw。

在安全性方面，既包括药物上市前严格的临床随机对照试验（RCT）结果，也包括药物正式批准上市后在真实世界真实患者人群中使用的不良事件报告，或存在的潜在安全风险。

在有效性方面，对谈判药品及其参比药品/疗法的临床效果进行大人群无偏估计，包括主要临床指标和次要临床指标的改善程度，数据应来源于证据等级较高的相关临床试验和真实世界研究，同时考虑临床相关结局指标或替代措施的应用。

在经济性方面，比较谈判药品与参比药品/疗法的成本、效果、效用、效益以及预算影响等，综合判断药物临床应用的经济价值。具体包括两个主要方面：一是通过模型分析等方法着重评估投入与临床疗效的性价比，即增量成本效果比（ICER）；二是通过预算影响分析模型预测药品纳入医保基金后对医保基金的影响。

在创新性方面，综合药品研发生产及临床应用价值等信息，对药品创新性进行判断，主要依据为：在治疗机理、作用靶点、化学结构、治疗技术等方面能够改善疗效的创新，或提升临床适用性的情况，如更适合儿童等特殊人群用药，提高患者依从性。

在公平性方面，其主要内容与我国医保药品监管体系相契合，具有"中国特色"。突出药品的费用水平是否符合"保基本"的功能定位，是否考虑到大多数参保患者的支付能力，是否可有效填补当前医保药品保障的空白和不足，以及是否存在经办审核障碍等。

中成药在一级维度方面与西药基本保持了一致，但是在二级指标方面由于其特殊性，和西药存在细微差异。在评审实操环节，指标体系的应用主要涉及赋权、打分和计算结果三个步骤。在赋权步骤，评审专家首先需要通过集体讨论，确定一级维度和二级指标的相应权重，并适用于所有待评审药品。采用的是直接赋权法，维度权重总和为100%，每一级维度下的所有二级指标权重总和为100%。在打分步骤，每位评审专家结合药品资料信息，对每个二级指标进行打分，每一指标的所有专家打分平均值即为此指标的分值。在计算结果步骤，每个评审药品价值分值等于一级维度权重、二级指标权重和二级指标分数乘积，每一指标汇总分值即为某一评审药品价值分值。

2. HTA 在价格测算环节的应用

价格测算工作阶段主要包括两个环节：一是组织专家从药物经济学角度测算，二是从医保基金承受能力角度测算。评估中既考虑了卫生技术自身的经济性，同时也考虑了医保基金的现实情况，充分验证了价格测算的专业性和准确性。在近几年的测算过程中，创新实行了双重"背靠背"机制。就同一药品，药物经济学测算组和基金测算组"背靠背"平行测算；同时在前组中，两位药物经济学专家就同一药品分别独立测算，有效降低了测算专家主观偏倚的可能性，提升了测算过程的规范性与结果的公正性。

在实际测算过程中，遵循统一的工作原则、技术标准、参考因素、计算方法等，不断规范测算方法与路径，促进定量数据最大化、定性数据标准化。从 HTA 专业角度来说，主要把握好以下三个方面。

一是强化证据质量，规范证据等级。临床证据是谈判药物临床价值与参保人获益的主要判断依据，而临床证据等级决定了证据质量和决策可依赖性。药物经济学指南中明确规定：按"RCT 随机对照试验的系统评价或荟萃分析、单个样本量足够的 RCT、实效性临床研究（PCT）、单臂临床试验、非 RCT 队列研究、无对照病例研究等"证据等级排序，并明确优先使用基于我国人群研究数据。

二是突出临床应用，明确指南范围。权威指南推荐度是判断药物临床应用价值的重要指标。对药物指南推荐情况明确了包括"国内外临床指南、诊疗规范、经典名方情况"。对于中成药，除经典名方外，明确可参考《中成药治疗优势病种临床应用指南》，充分考虑中医药特色。

三是倡导精准测算，统一参数选择。测算过程中，参数选择模式决定了最终的谈判底价。测算指南中对于慈善赠药折算参数、增量成本效果比（ICER）阈值参数等决定谈判价格形成的关键参数都做了统一规定，确保有效控制测算专家的主观偏倚性。比如，ICER 的阈值上限是药物经济学倒推法的关键参数，其基准参数如何选择？对于具有显著创新性与临床优势，或治疗罕见病与儿科政策导向类药物如何调升？这一系列问题在测算指南中都给出了清晰的规范。

（三）HTA在多层次医疗保障中的应用小结

总体而言，HTA为我国构建多层次的医疗保障体系提供了科学、可靠的技术支持。通过对HTA的不断推广应用，我国医疗领域的决策逐步从基于传统的以专家意见为主导的定性研究，过渡到采用更加丰富的定量技术手段，分析不同来源的不同等级证据，以获得综合性评价证据，实现定性与定量相结合的研究能力升级，这也有助于深入挖掘越来越多卫生技术的真实价值，使其得到了应有的区分。以上也彰显了HTA在我国医疗领域应用的成果。

然而，由于我国基本国情复杂、人口基数大、人口老龄化加剧、人均医疗资源短缺，加上HTA在我国医保应用的时间较短，程度也不够深入，因此，在很多方面依旧面临艰巨的挑战。

二 HTA在我国医疗保障中的应用挑战

任何一项新技术，在一个国家或地区开展应用，都面临适应性问题。需经过不断的评估与调整，以确保该技术既能满足当地的具体需求，又能融入HTA要求的体系。HTA作为一项涉及广大民众生命健康的科学技术，也需从国家层面向地方逐步推行，让越来越多的人员掌握并发展这项技术。同时，作为一项新技术，在实际应用过程中还需从立法、政策等多方面进行监管。因此，HTA在我国的应用还具有很多挑战，包括在医疗保障体系中也有诸多亟须解决的难题。主要表现在以下四个方面。

（一）缺乏专业监管机构

建立权威的HTA监管机构和完善的HTA流程，是规范化开展HTA医保准入工作的重要基础。我国HTA起步较晚，目前尚未建立直接服务医保药品目录准入等国家决策的国家级独立 HTA 机构。随着国家医保制度改革的不断推进，其对高质量 HTA 证据的需求将不断增加，亟须成立国家层面的权威 HTA 机构，制定健全机制和流程，从而发挥项目协调、过程监管、方法学规范和学术引领的作用，以提高循证证据的整体质量，促进证据的政策转化和应用。虽然我国正在加强 HTA 在医保药品准入、价格谈判等领域的应用，但由于 HTA 体系尚不完善，应用经验需要进一步丰富和完善，因此要做到从法律法规等层面为 HTA 提供支撑可能尚需时日。

（二）数据支撑不足

在 HTA 开展的过程中，通常需要有三类数据的支撑：流行病学数据，用于预测创新药品等医疗卫生技术所面向患者人群基数；疗效数据，用于评估创新药品等医疗卫生技术在临床应用中的治疗效果；成本数据，用于评估创新药品等医疗卫生技术在临床应用中所产生的成本。以上三类数据由于缺乏可靠的数据来源，成为我国 HTA 支持医保决策过程中所面临的主要困境之一。主要表现在以下几方面。

在流行病学数据方面，由于我国的流行病学研究较少，且现有研究质量整体较差，根据文献汇报数据计算得到的患者数量往往与真实情况存在很大差距，因此，HTA 研究需要使用国家调查数据或患者登记数据，但国家调查数据库的更新速度较慢、患者登记数据的获取也较为困难。在疗效数据方面，一方面缺乏本土的临床疗效数据，尤其是我国本土开展的随机临床试验数据；另一方面缺乏患者自报健康数据，本土化的健康相关生命质量测量工具较少，疾病特异性量表与通用效用量表之间数据转化困难，国内临床医生对患者报告健康产出的重视程度也不够。在成本数据方面，地方医保数据库的数据获取困难，若患者出现多家医疗机构就诊的情况，不同医疗卫生机构之间也难以实现数据链接和数据共享。

（三）阈值不确定性

成本—效用分析（Cost-Utility Analysis，CUA）是 HTA 支持医保决策中

应用最为广泛的一种方法，其临床产出用 QALYs 表示，通过将两种医疗卫生技术的增量成本（$\Delta Cost$）与增量效用（$\Delta QALY$）做比值，得到增量成本效果比（Incremental Cost-Effectiveness Ratio，ICER）阈值。判断所评估产品是否具有经济性，需要将 CUA 得到的 ICER 值与特定阈值进行比较，若 ICER 小于该阈值，则具有经济性；若 ICER 大于该阈值，则不具有经济性。由此可见，ICER 阈值的设定，对于 HTA 评估结果和药品医保准入等医保决策至关重要。

目前，我国对于 ICER 的支付阈值尚无统一的标准，在过往几年的卫生决策过程中，主要根据世界卫生组织的推荐意见，将阈值参考范围规定为 1~3 倍人均 GDP。但近年来，有不少研究学者认为，1~3 倍人均 GDP 的 ICER 阈值可能并不适用于中国人群。其他一些国家根据本国的情况，分别设置了不同的 ICER 阈值。如英国一般药物的 ICER 阈值为 2 万~3 万英镑，相当于 0.64~0.95 倍英国人均 GDP。关于中国的 ICER 阈值标准应该设置为多少的问题尚有待探索。此外，孤儿药、创新药等特殊药品的 ICER 阈值是否应与普通医药产品保持一致，也一直是 HTA 结果在医保决策应用中争议的焦点。

（四）利益相关方参与不足

一个有效的 HTA 系统，其基本要素是多点参与。而现阶段，我国 HTA 在医保决策应用过程中，仅有两个主要利益相关方参与 HTA 过程，即医保支付方和生产企业。其中生产企业作为大多数 HTA 项目的委托方，全程参与 HTA 过程，而医保支付方仅在决策阶段对 HTA 证据进行简单审查。由于很少有患者和消费者组织参与 HTA 过程，HTA 证据中缺乏患者群体的主观感受和意见，因此，在反映患者真实需求上存在一定偏移。同时，医疗服务提供者在 HTA 中的参与程度不深，HTA 开展过程中常常面临缺乏可靠临床证据支持的困境。在缺乏多个利益相关群体充分参与的情况下，现有 HTA 机制对生产企业评估结果必定存在偏见，可能导致评估结果缺乏权威性和公平、公正性。

三 HTA 在医疗保障中应用的国际经验总结

通过借鉴他国在本国问题上的探索与尝试，可快速获取有关的历史经验，为国内相关研究提供启示。针对前文提到的 HTA 在我国医疗保障中的应用挑战，本部分选取了世界上将 HTA 应用于医保决策较早的三个国家——英国、加拿大和德国。通过分析 HTA 在这些国家的应用发展历程，聚焦于专业监管机构、HTA 辅助决策、利益相关方参与等内容，进行相关国际经验的总结。

（一）英国

英国在法律法规层面上将 HTA 结果作为医保目录遴选用药的主要依据，它也决定了某种药物是否进入国家医疗服务体系（National Health Service，NHS）报销支付范围。英国医保体系发展整体相对成熟、分工明确，政府委托国家卫生和临床技术优化研究所（National Institute for Health and Clinical Excellence，NICE）进行评估工作，NHS 为 NICE 提供资金。英国 HTA 大致分为两部分：第一部分进行初步评估来确定是否进行完整的 HTA；第二部分通过收集现有资料，基于循证证据得出结论。对于不同的药品和医疗技术，NICE 有对应的严格流程，每个步骤有对应的部门和专家小组负责。同时，为了提高 HTA 的专业化程度，英国 NICE 长期致力于开发各种 HTA 相关指南，促进国内 HTA 的规范化发展，实现了就不同类型的临床证据在医疗卫生决策中的应用。对临床随机试验（Randomized Clinical Trial，RCT）、真实世界证据（Real World Evidence，RWE）等不同证据依据质量进行了分级，对不同来源的真实世界数据（Real World Data，RWD）也进行分析和研究，并不断尝试规范真实世界数据的研究与应用，解决其可能存在的干扰因素和偏倚。[①] 因此，HTA 在

---

① 田磊、徐赫、孟蕊、马爱霞：《不同类型临床证据在卫生决策中的应用进展：以英国 NICE 为例》，《中国循证医学杂志》2020 年第 1 期。

英国的应用已几乎全面融入医药相关决策的方方面面，并取得了较好的收益。

（二）加拿大

与英国不同，加拿大卫生保健体制实施分权化管理，各省管理自己的药品报销计划，确定各自的药品报销目录。2003 年起，加拿大卫生部开始实施统一药物评审，委托加拿大药物和卫生技术局（Canadian Agency for Drugs and Technologies in Health，CADTH）对是否将药品列入报销目录给出推荐意见，各省在参考推荐意见的基础上自主制定本省的药品报销目录。加拿大大多数药品 HTA 需求都是由卫生部提出要求，CADTH 组成项目组，在约定时间内完成评估报告，并作为决策的重要依据。CADTH 在组织功能定位、资源保障措施、质量控制与促进、成果传播与决策转化和新技术评估等方面的成功经验，也为我国 HTA 研究机构更好地开展相关工作提供了借鉴。此外，2011 年，CADTH 设立的加拿大外部搜索健康网络（CNESH）机构，用于创新药品等卫生新技术的识别并进行早期评估，为卫生行政部门的早期决策提供了重要的参考，确保创新药品等新技术在临床应用上的安全性与有效性。

（三）德国

HTA 的研究发现和结果需要准确地传达给不同的决策者，鉴于 HTA 结果受众众多，因此有必要制定出有效的沟通策略和机制，以满足不同利益方的各种需求。德国的 HTA 制度更加重视在整个评估和决策转化过程中各相关利益方的参与程度。德国医疗质量和效率研究所（Institute for Quality and Efficiency in Healthcare）对 HTA 流程有着明确的指导原则，其中就包括涉及多学科利益相关方的范围界定流程；同时，该研究所也引入了一套流程机制，在评估各阶段中邀请各利益相关方以非正式的途径参与其中，并听取他们的意见，最终会将所有的评论和讨论内容在评估报告的补充部分进行阐述，从而使整个评估过程和决策结果更容易被相关利益方所接受，最终形成决策转化并被顺利实施。

德国的 HTA 机制同样将患者偏好纳入了评估考量，会在评估过程中通过定性研究的方法收集患者的意见和建议。德国医疗质量和效率研究所在处理评估问题和生成评估报告时会咨询患者或患者代表的意见。另外，普通群众也是 HTA 研究结果的主要受众，而德国的 HTA 组织同样认识到了这一点，参与 HTA 活动的一些组织也会向公众发布评估报告的非学术版本，其目的是确保患者和公众可以更好地了解科学证据，从而指导他们的决策和行为。在一些医疗费用高昂的情况下，通过这种方式能够帮助患者理解为什么在不同的治疗技术和不同的患者亚群中医保支付水平会有所不同。

四　HTA 助力医疗保障决策的未来展望

（一）建立和规范以国家级 HTA 机构为主导的组织架构

目前，我国能按照国际通用标准开展 HTA 研究的机构较少，人才资源匮乏，故应着手谋划从国家层面凝心聚力，以医保药品准入等具体工作为抓手，构建专业的 HTA 协调管理机构，逐渐孵化专业技术队伍力量。我国可效仿英国、加拿大、德国等国家，着手设立国家级 HTA 监管机构，建立基于循证的评价流程。评估和评审大致可分为两个阶段，针对每个阶段设立部门及专家小组，对不同类型的药物和技术进行评价。同时，制定评估模板以完善评估准则，发布详细的方法学指南、标准化临床疗效、成本效益分析的过程。另外需要强调的是，统一和规范工作流程和技术标准，有助于提高效率，避免重复性、无效工作，从而加快学科发展和应用；同时，还应保证评估过程的公正、公开，参与评估的专家必须符合回避制度，在一些环节中增加公众意见征集的环节，从而考虑更多利益相关方的意见，最终评估和评审的结果、决策及其考量因素都应公布在相关政府权威网站上，接受公众的监督。

结合我国医疗保障体制，在设立国家级 HTA 监管机构的基础上，还可探索省市级 HTA 监管机构的建立，鼓励各省市充分整合利用现有资源，建立区域性的权威 HTA 机构，逐步构建起以国家 HTA 机构为主导、区域 HTA 机构为基础的发展体系，全面引导各层级政府医保经办部门决策者正确认识和应用 HTA，培育形成良好的 HTA 发展环境。

（二）提高数据整合能力，开发和建设相互关联的数据平台

我国特有的人口优势、医疗资源优势，本应可以产生海量、丰富的数据资源为国内 HTA 的发展提供动力。然而，由于前文所提到的数据支撑不足的问题，HTA 发展面临严峻的数据资源限制问题。突破数据资源限制瓶颈可以尝试探索以下途径：一方面，鼓励国内研究学者开展高质量流行病学研究、疾病经济负担研究、荟萃分析等高级别循证研究工作，为国内 HTA 研究提供可靠的文献数据；另一方面，加快推动我国的真实世界数据建设工作。具体来说，提高财政投入用于数据库平台的建设和数据收集工具的开发；倡导建立国家和地方级患者登记库，如国家罕见病登记制度；加强真实世界数据管理工作，实现患者登记数据库、医疗索赔数据和电子健康记录之间的有效链接；同时，应尝试效仿德国的做法，积极开发适合中国人群的健康相关生命质量测量工具（EQ-5D-3L、EQ-5D-5L、SF-6Dv2 等），探索疾病特异性量表与通用效用量表的转换关系；提高临床医生对患者报告健康产出的重视程度，鼓励在临床试验中加载健康相关生命质量测量，为后期 HTA 研究支持医保决策提供可靠的数据支持。

（三）制定与我国医药决策相适应的 ICER 阈值标准

近年来，我国的 HTA 专家针对中国的 ICER 阈值开展了实证研究。2020 年，英国约克大学的 Jessica、中国上海卫生和健康发展研究中心的王海银等人，采用边际生产力方法，从供给方角度，测算得到中国的 ICER 阈值大约为 0.63 倍人均 GDP；2021 年，中山大学蒋亚文、天津大学吴晶等人，采用统计生命价值方法，从需求方角度，测算得到中国的 ICER 阈值大约为 1.5 倍人均 GDP。然而，国内现阶段对 ICER 阈值的研究重视程度不够，现有研

究成果较少。

未来我国也应持续加大对 ICER 阈值相关研究的力度，积极探索开展多种方法进行测算，形成适合我国特点的主流阈值测量方法。在此基础上，探索建立国家 ICER 阈值标准，同时参考加拿大兼顾区域差异性的有关成功经验，考虑设置针对罕见病、终末期疾病等特殊疾病，创新药、中成药等特殊药品，以及儿童、老年人等特殊群体的专属阈值。[①] 当然，所有标准均应充分结合医保资金承受度，综合对各项研究进行多项验证，制定与我国医药、医保决策相适宜的 ICER 阈值标准。

（四）积极构建药政、药企和患者等各方参与的透明评估机制

理想化的 HTA 规则应该包含公开透明、问责制、法定诉讼程序、利益相关者参与等。为了提高 HTA 的权威性和公平、公正性，避免受到任何一个利益相关群体的偏见和影响，应该允许更加广泛的利益相关群体成为国家开展 HTA 的参与者。

在这方面，可研究借鉴德国相关经验，邀请患者、消费者组织、医疗服务提供者、医保支付方和生产企业各个利益相关群体代表参加 HTA 的协商会议；明确定义不同组织和利益相关者之间的角色和责任；促进各个利益相关者之间的直接沟通，并将不同利益相关者的意见纳入 HTA 证据的生产和应用过程中；建立专门用于传播公示 HTA 结果的官方权威网站，提高决策的透明度；建立申诉机制，允许利益相关者对不满意的 HTA 结果提起申诉等。通过对评审流程各方参与的制度进行设计，可有效提高评估的透明性、规范性与公平性。

[①] 王海银、金春林、顾源远：《卫生技术成本—效果阈值测算方法、应用进展及启示》，《中国卫生经济》2020 年第 7 期。

B.4
刍议《药品经营和使用质量监督管理办法》制定与主要亮点

蒋 蓉*

摘 要: 《药品经营和使用质量监督管理办法》是加强药品经营和使用质量管理的重要部门规章。该办法围绕《药品管理法》《疫苗管理法》基本理念和要求,聚焦经营领域"放管服"改革成果和新业态新模式发展实际,以防控质量安全风险为底线,从术语定义、经营许可条件、经营许可程序、经营活动管理、日常监管要求等方面细化具体规定,强化主体责任和监管意识,为保障药品经营使用环节质量安全、促进高质量发展提供坚实基础。

关键词: 放管服 经营许可 委托活动 跨省监管 风险管理

2024 年 1 月 1 日,由国家市场监督管理总局公布的《药品经营和使用质量监督管理办法》(简称《办法》)正式施行。《办法》全面落实《药品管理法》《疫苗管理法》有关药品经营和使用相关要求,以风险管理为基本原则,强化监管和鼓励发展相结合,深化药品经营领域"放管服"改革,规范新业态新模式高质量发展。为配合《办法》落地实施,国家药品监督管理局于 2024 年 4 月 22 日发布《国家药监局关于进一步做好药品经营监督管理有关工作的公告》(简称《公告》),衔接《办法》监管思路,细化统一实施标准和规则,进一步推动药品经营监管基本制度和要求的全面落实。

---

* 蒋蓉,副教授,中国药科大学国际医药商学院药事管理系副主任,中国药科大学国家药物政策与医药产业经济研究中心青年研究员,主要研究方向为药品安全监督立法、医药卫生政策。

本文以《办法》制定的背景为切入点，对《办法》框架进行分析，并结合《公告》要求剖析《办法》主要亮点内容，以期为行业企业深入了解、熟悉并落实《办法》规定提供参考。

一 《办法》制定背景

（一）《药品管理法》修订、《疫苗管理法》制定提出新理念、新要求

2019 年，第十九届全国人大常委会正式审议通过《药品管理法》和《疫苗管理法》，并于同年 12 月 1 日施行。两部法律以人民健康为中心，提出风险管理、全程管控、社会共治的原则，建立科学、严格的监督管理制度。在药品经营和使用领域，立法提出药品上市许可持有人委托销售、药品追溯、药物警戒等要求，首次提出鼓励、引导药品零售连锁经营的发展理念。因此，有必要在法律基础上，通过规章制定与修订，对相关要求予以细化和具体落实，为相关活动有序、合规开展提供规范依据。

（二）各地药品经营"放管服"改革不断深化，新业态层出不穷

2001 年以来，党中央、国务院深化行政审批制度改革，简政放权和流程优化结合，有效提升审批效率、优化营商环境、释放市场主体活力。在药品经营领域，国务院和各省区市在经营许可证照分离、取消药品零售企业开办距离限制、仅经营乙类非处方药零售许可告知承诺等方面持续深化改革，积极为市场主体松绑减负，激发市场发展内生动力。同时，市场资源不断优化配置，批零一体化、自助售药机、委托储存运输、异地设库等药品经营领域新业态也快速发展。然而，随着改革向纵深推进、新业态向高质量发展，药品经营领域法律法规体系完善迫在眉睫。一方面，改革成果固化为法律制度有助于推动改革进一步深入；另一方面，各省区市促进药品经营领域高质量发展的创新发展举措呈现多样化趋势，需要通过立法确立基本要求，为各省区市规范管理提供参考。

（三）药品经营和使用环节潜在风险和监管形势依然严峻

药品经营和使用环节是面向患者用药的直接环节，且活动主体数量多、差异大，一直是监管重点领域。2019~2023 年，药品经营企业数量不断增加，从 54.4 万家增至 68.8 万家，其中药品零售企业数量呈明显增长趋势。药品经营企业在数量规模不断扩张的同时，无证经营、超范围经营、非法渠道购进药品等违法行为时有发生。以 2023 年为例，全国检查发现违法违规药品生产、经营企业和使用单位 121943 家次，其中多为药品经营企业和使用单位，达到 119077 家次，经营资质不合法、购销行为不规范、记录管理不完整等违法违规风险隐患较大，以风险管理为导向的药品经营监管体系和措施有待细化和完善。①

二 《办法》章节框架与主要亮点

《办法》共包括七章，分别为总则、经营许可、经营管理、药品使用质量管理、监督检查、法律责任和附则，共七十九条。与原《药品经营许可证管理办法》相比，《办法》结合《行政许可法》立法精神，将"药品经营许可证"的申领、变更和换发统一为经营许可章节内容，细化从事药品经营活动的条件、许可证核发和变更程序，为药品监督管理部门行政许可工作提供全面指导和参考，为行政相对人明确许可相关事项要求提供指引。

与原《药品流通监督管理办法》相比，《办法》在经营管理章节明确了药品经营企业从事相关活动的权利和义务，确保经营活动依法合规。同时，聚焦医疗机构药品使用中的质量管理活动，对医疗机构购进、储存、使用药品的相关要求予以强化，并强调其协助药品召回和建立追溯体系的基本义务。

---

① 数据来源于国家药品监督管理局《药品监督管理统计年度数据》。

（一）界定四类主体概念，统一内涵特征

明确术语定义是明晰法律意义、确立适用范围的前提，通过法律条款确立定义是立法的基本功能之一，也是法治的依据。在药品经营和使用环节中，主要涉及药品批发企业、药品零售企业、药品零售连锁企业和药品使用单位。对这四类主体定义进行明确，有助于确立《办法》适用范围。

一方面，《办法》沿用《药品管理法实施条例》对药品批发企业和零售企业的概念，根据销售对象不同，界定两类企业属性。另一方面，《办法》首次在立法文件中明确药品零售连锁企业和药品使用单位概念。随着药品零售连锁化率与集中度不断提升，零售连锁已形成较强的规模优势和品牌竞争力，成为药品经营行业重要分支。然而，药品零售连锁的法律定义一直缺失。虽然广东等省区市药品监督管理部门在规范性文件中予以界定，但是各省区市理解存在差异，未在全国层面统一要求，此次《办法》则从组织结构和管理要求两个维度，将其界定为由总部、配送中心和若干个门店构成，在总部的管理下，实施规模化、集团化管理经营。

关于药品使用单位定义，也存在类似问题。药品使用单位如何界定，并未明确。《办法》从用药单位类型出发，列举使用单位类型，提出包括医疗机构、疾病预防控制机构等。实践中，除这两类单位外，戒毒机构、血站等有用药行为的单位，也应作为使用单位管理。

（二）明确经营许可条件，细化法律要求

从事药品批发、零售等经营活动应当取得药品经营许可证，这是《药品管理法》确立的基本制度。《办法》在《药品管理法》第五十二条、第五十三条基础上，对从事药品批发、零售连锁、零售活动的条件进行细化。

对于药品批发活动，《办法》强调关键人员包括企业法定代表人、主要负责人、质量负责人、质量管理部门负责人等，且应当具有自营仓库和现代物流条件。《药品管理法》修订中强化主体责任要求，明确药品经营企业法定代表人、主要负责人对本企业药品经营活动全面负责。其中，《药品经营

质量管理规范》（简称 GSP）第十四条、第一百二十二条中企业负责人是药品质量的主要责任人，因此主要负责人应当理解为企业负责人，其资质应当符合 GSP 相应要求。关于自营仓库，业内就其界定和理解存在一定争议。《公告》第一条对此予以明确，即自营仓库应由本企业人员自行运营管理。因此，仓库产权归属不是界定是否自营的标准，无论是购买还是租赁，药品批发企业都应压实企业质量管理的主体责任，配备相应岗位人员、建立质量管理体系，履行仓库管理责任，确保符合法律法规和 GSP 要求。

对于药品零售连锁活动，《办法》明确参照药品批发企业管理，但不要求具备自营仓库和现代物流，可以通过委托储存、运输的方式优化仓库资源利用。此外，《办法》第四十三条明确零售连锁"七统一"管理要求，强调在企业标识、规章制度、计算机系统、人员培训、采购配送、票据管理、药学服务标准规范等方面均应由总部统一管理，以解决目前部分连锁门店存在自行采购、连而不锁的问题。

对于药品零售活动，《办法》结合药品分类管理要求，对人员配备、陈列、质量管理要求进行明确，充分体现分类施治的理念。关注到近年来各地自助售药机快速发展且管理要求差异明显的现状，《公告》直面新业态发展诉求，允许药品零售企业按照药品储存要求设置自助售药机，但销售范围仅限于乙类非处方药，且质量管理体系应纳入零售企业质量管理体系内，由此规范其依法依规健康发展，有效防范药品质量安全风险。

（三）优化行政许可程序管理，深化"放管服"改革

首先，随着"放管服"改革不断深化，各地积极落实 2020 年国务院深化"放管服"改革优化营商环境电视电话会议精神，推行仅从事乙类非处方药零售活动的经营许可实行告知承诺制。此次《办法》制定中，第十三条第四款从规章层面明确实施程序，规定申请人提交申请材料和承诺书后，符合条件准予许可，当日颁发药品经营许可证。在提升行政许可效能的同时，强化事中事后监管，明确要求许可决定作出之日起三个月内组织技术审查和现场检查，对不符合条件的责令限期整改或撤销药品经营许可证。

其次，根据《行政许可法》第四十六条、第四十七条规定，行政许可涉及公共利益和第三人重大利益时，应当举行听证或由利害关系人申请听证。对此，《办法》第十六条明确听证程序，为各方利益保障和诉求表达提供渠道，有效保障各方参与权和监督权。

最后，优化审批流程、缩短审批时限，是"放管服"改革的重要内容。《办法》结合各省区市药品经营许可制度改革实践，有序压缩许可管理时限，将药品经营许可核发、许可事项变更、登记事项变更时限分别调整为二十日、十五日和十日，进一步优化审批服务、提高相对人管理预期。对于许可证换发申请的期限，则调整为有效期届满前六个月至两个月，并规范有效期届满两个月内提出换证申请的要求，强调许可证到期不得继续经营。

（四）理清三类委托活动要求，优化行业资源配置

委托活动是促进行业资源细分和专业化分工、助力企业降本增效的重要途径。《办法》通过细化委托活动的监管要求，积极促进行业资源最优配置，构建现代药品流通体系。

《药品管理法》全面实施药品上市许可持有人制度，规定药品上市许可持有人可以自行销售药品，也可以委托销售药品。但委托销售的程序和管理要求并未明确。《办法》第三十四条规定受托方应当是具有相应经营范围的药品经营企业，且不得再次委托。委托方和受托方应当签订委托协议，并由委托方履行报告管理手续，履行对受托方销售行为的监督义务。

对于委托储存和运输，《办法》明确委托方应当对受托方进行质量保证能力和风险管理能力评估，并签订委托协议，对受托方进行监督和定期检查。委托储存活动中，委托方如为药品上市许可持有人，应当向所在地省局报告；如为药品经营企业，则需按照变更仓库地址办理。对于接受委托储存的单位，《办法》从人员、计算机系统、场所设备方面规定了具体条件，尤其强调计算机系统应当与委托单位实现数据对接。考虑到运输活动特殊性和干线运输需求，《办法》允许受托运输单位在征得委托方同意后，可以再次委托运输药品。委托活动中，受托方还应履行质量问题报告义务，发现药品

存在重大质量问题时，应立即向药品监督管理部门报告并主动采取风险控制措施。

（五）明确跨省监管协作机制，厘清监管职责

随着全国统一大市场建设，药品经营领域跨地区仓储、运输等资源联系更为紧密，市场要素流动更加频繁。在此背景下，建立跨区域监管协作机制对规范药品流通市场发展秩序、促进高质量发展显得尤为必要。《办法》制定中，无论是委托销售、储存或运输，还是异地设库，市场主体均可跨省合作。对此，《办法》第四十八条、第六十一条确立由委托方或异地设库的药品批发企业所在地省局负责对跨省经营或仓储活动实施监督管理，受托方或仓库所在地省局负责协助日常监管，并强调省局间应当加强信息沟通，相互通报监督检查等情况。通过地区间协同合作、信息共享、联合执法等方式，可以有效传递监管信息、降低监管成本、实现监管资源的高效利用。

（六）基于风险构建监督检查体系，提升监管效能

《药品管理法》将风险管理作为基本原则之一，在药品全生命周期监管中始终贯穿以风险为基础的理念。为确保监管资源有效分配，《办法》明确根据风险因素，构建药品经营和使用单位监督检查体系。第五十九条规定，药品监督管理部门应当根据药品经营使用单位的质量管理，所经营和使用药品品种，检查、检验、投诉、举报等药品安全风险和信用情况，制订年度检查计划、开展监督检查并建立监督检查档案。第六十条则基于质量管理风险，确定监督检查频次要求，对高风险品种确立每年不少于一次或两次的检查频次，对其他品种的药品经营企业每三年不少于一次药品经营质量管理规范符合性检查，对疫苗储运、接种单位每年不少于一次疫苗储运规范检查，对医疗机构药品使用质量管理每三年不少于一次检查。基于此，可对风险发生率高、可能性大、危害后果严重的企业加大检查频次，有利于药品经营和使用单位加强风险防范，及时化解风险，推动监管关口前移。

三 结语与思考

药品经营和使用环节主体类型多样、经营渠道复杂、新兴业态多样，需要完善的法律法规体系作为保障。《办法》深化药品经营领域改革成果，回应行业发展诉求，以规范经营和使用质量管理活动、保障质量安全为宗旨，细化许可程序和管理要求，明晰权责利，强化监管责任，充分体现保安全守底线、促发展追高线的药品监管使命，必将在药品流通行业高质量发展中发挥重要支撑作用。

行业篇

B.5
2023年对罕见病药物的医保准入阈值
调整的调研分析报告[*]

中国医药商业协会商业保险与药品流通分会
"罕见病药物的医保准入阈值调整"课题组[**]

摘 要： 为了进一步完善现行的中国医保支付制度，本课题项目组开展了中国ICER阈值实证研究及调整机制的探索。综合研究发现，中国的医疗保险决策者在其他条件相同的情况下，并不倾向于优先考虑罕见病的报销。然而，当罕见病满足特定条件时，如病情严重或者治疗完全依靠某种创新药，他们又表现出支持罕见病药物的意愿。本研究为医疗保险部门在制定或调整罕见病药物报销标准时提供了宝贵的定量信息，有助于进一步完善和优化医疗保险系统。

---

[*] 本文是中国医药商业协会商业保险与药品流通分会"罕见病药物的医保准入阈值调整：中国医保基金决策专家的偏好分析"课题的部分成果。

[**] 课题组负责人：王海银；课题组成员：石瑛、彭小宸、顾一纯；课题顾问：石晟怡、金春林、顾源远、姜山、李顺平。执笔人：王海银，博士，上海市卫生和健康发展研究中心卫生技术评估研究部主任、副研究员（副高级），主要从事卫生技术评估、卫生政策研究；姜山，博士，主要从事针对基因测序的卫生技术评估、高散选择实验、建模方法、中国的医疗和药品政策的评估等研究；顾一纯，上海市卫生和健康发展研究中心卫生技术评估研究部研究实习员，主要从事卫生技术评估和卫生政策研究。

关键词： ICER 阈值　罕见病　医保基金　支付意愿

一　研究背景

罕见病是指发病率极低的疾病，其患病率通常在 0.65‰~1‰区间。相较于普通药物，罕见病药物的研发难度和成本较高，同时也面临受众群体狭小等问题。由于罕见病药品的可及性较差，罕见病患者的合法权益如生命健康权和医疗权难以得到保障。

自 2018 年起，我国逐步将卫生技术评估纳入创新药品谈判准入工作，并建立了基于价值的创新药品定价机制。其中，增量成本效果比（Incremental Cost-Effectiveness Ratio，ICER）阈值成为谈判准入的重要决策指标。然而，我国尚未针对罕见病的特点对阈值进行调整，且缺乏相应的决策偏好证据。

近年来，越来越多的研究开始探索罕见病的社会偏好差异，旨在为阈值的调整提供科学支持。在此背景下，本课题项目组中心团队已经开发了我国首个罕见病 ICER 参考阈值，以适应当前罕见病用药谈判的需求和价值偏好差异。本研究旨在在此基础上进一步探索罕见病用药偏好特征，为我国 ICER 阈值体系提供理论支持。

二　研究目标方法与实施方案

本研究主要基于离散选择实验（Discrete Choice Experiment，DCE）的方法，定量研究参与国家医保谈判或测算的专家对罕见病药物医保报销阈值的支付意愿，为决策者在医保政策中制定和调整罕见病的医保报销阈值提供了科学依据。通过了解专家的偏好，有助于推动医保制度的发展，提高罕见病患者的福利水平，助力"健康中国 2030"建设。

为了实现研究目标，我们采用了两阶段的离散选择实验。这种新颖的实验设计方法旨在逐步引导受访者深入理解研究主题，减轻他们的认知负担，从而使他们能够对所提出的选择任务做出更加准确和有效的回应。

（一）离散选择实验1

第一阶段的DCE题目设定了两个选项，分别针对常见病和罕见病。每个选项都依据五个关键属性进行描述，包括疾病严重程度、是否在儿童时期（6岁以下）发病、是否导致灾难性医疗支出、是否有替代药物，以及治疗产生的健康收益。此阶段的DCE旨在探究在何种特定条件下，医保决策者会更倾向于优先考虑用医保覆盖罕见病的治疗。

通过文献检索，最终为第一阶段DCE确定了5个特征属性，并给每个特征属性赋予不同的水平（见表1）。

表1　第一阶段 DCE 所使用的属性及属性的水平

属性	水平
罕见病(标签)	是
	否
关于疾病:疾病严重程度	严重
	中等
	轻微
关于疾病:是否在儿童时期(6岁以下)发病	是
	否
关于药物:是否导致灾难性医疗支出	是
	否
关于药物:是否有替代药物	没有替代
	有替代
关于药物:治疗产生的健康收益	高水平
	中等水平
	低水平

资料来源：课题组根据文献整理。

第一阶段 DCE 问卷示例见图 1。

影响因素	常见病治疗方案	罕见病治疗方案
关于疾病：疾病严重程度	中等	严重
关于疾病：是否在儿童时期(6岁以下)发病	否	是
关于药物：是否导致灾难性医疗支出	否	是
关于药物：是否有替代药物	否	是
关于药物：治疗产生的健康收益	中等水平	高水平
就题目中两种疾病的治疗方案而言，您认为哪种更应该被纳入医保?	○	○

图1　第一阶段DCE问卷示例

资料来源：课题组根据文献整理。

（二）离散选择实验2

在第二阶段的DCE中，我们在每道题目中对两种罕见病的情景进行了对比。这一阶段的实验在保留第一阶段DCE五个属性中的四个属性（疾病严重程度、儿童时期发病、灾难性医疗支出、有无替代药物）的同时，去掉了一个属性（治疗产生的健康收益），又增加了两个定量属性，即治疗每位患者所获得的平均质量调整生命年（QALY）和预计每位参保人所应增加的保险费用。通过这些新增加的属性，我们可以测量决策者对每个QALY的支付意愿，以及在不同罕见病治疗情景下，他们提升保险费用的意愿和程度。另外，这两个阶段DCE之间的属性重叠，为我们提供了一个独特的机会，可以通过比较两个模型中相应属性系数的一致性来验证研究内部的有效性。

本阶段DCE所使用的属性一至四和第一阶段DCE所使用的属性一至四完全一致，这里不进行重复描述。为了能够计算出中国的基本医保基金对于罕见病的支付意愿（Willingness to Pay，WTP），本阶段的属性五即治疗每位患者所获得的平均质量调整生命年（QALY），采用了连续型变量的方式。通过研究《第一批罕见病目录》中的 121 种罕见病在治疗后所能够增加的 QALY 的基础上，询问专家并结合中国的实际情况，以确定本属性中水平的最高值和最低值。[①]

为了能够计算出中国的基本医保基金对于罕见病的支付意愿，本阶段的属性六选取了医保筹资的增加幅度作为计算中的成本依据，通过咨询专家意见以及结合江苏、浙江实施的罕见病用药保障基金的实际情况，将医保筹资的增加幅度的最高值设为 3 元，最低值设为 0.2 元。最终，本阶段 DCE 所使用的属性和水平如表 2 所示。

表 2　第二阶段 DCE 所使用的属性及属性的水平

属性	水平
关于疾病:疾病严重程度	严重
	中等
	轻微
关于疾病:是否在儿童时期(6 岁以下)发病	是
	否
关于药物:是否导致灾难性医疗支出	是
	否
关于药物:是否有替代药物	没有替代
	有替代
关于药物:治疗每位患者所获得的平均质量调整生命年(QALY)	增加 0.1 个 QALY
	增加 0.5 个 QALY
	增加 1 个 QALY
	增加 2 个 QALY
	增加 4 个 QALY

---

① Canadian Agency for Drugs and Technologies in Health, "Pharmacoeconomic Report: Emicizumab (Hemlibra)", 2021; Chambers J. D., Silver M. C., Berklein F. C., etc., "Orphan Drugs Offer Larger Health Gains but Less Favorable Cost-effectiveness than Non-orphan Drugs", *Journal of General Internal Medicine* 35 (9), 2020: 2629-2636.

续表

属性	水平
	增加 0.2 元
	增加 0.5 元
关于药物:预计每位参保人所应增加的保险费用	增加 1 元
	增加 2 元
	增加 3 元

资料来源：课题组根据文献整理。

在计算支付意愿的基础上为了进一步得出我国罕见病 ICER 阈值调整范围，本研究对目前我国罕见病患病人数的均值进行了简单的测算。即以《第一批罕见病目录》的 121 种罕见病为基础，通过文献综述的方式对应找出我国 121 种罕见病的患病人数或患病率后进行加权测算[1]，最终得出在全国范围内的罕见病患病人数均值为 3 万人。加权测算的结果见图 2。

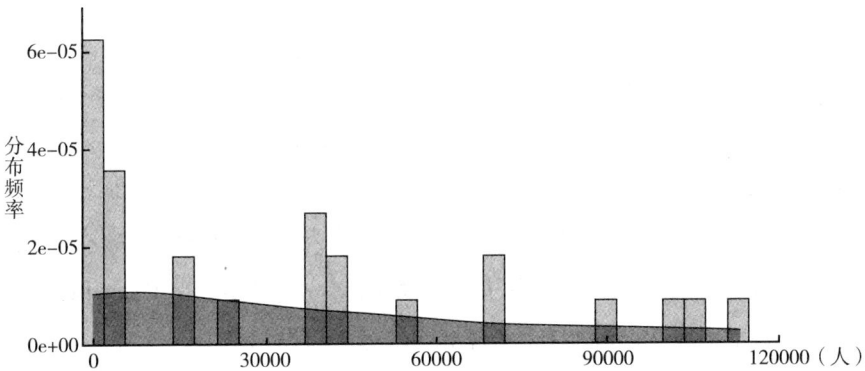

图 2　全国罕见病患病人数均值测算

资料来源：课题组测算。

图 3 为在第二阶段 DCE 所使用的问卷示例。

---

① Lu Y., Gao Q., ReN X., etc., "Incidence and Prevalence of 121 Rare Diseases in China: Current Status and Challenges: 2022 Revision", *Intractable & Rare Diseases Research* 11 (3), 2022: 96-104.

影响因素	治疗药物A	治疗药物B
关于疾病：疾病严重程度	完全健康状态的严重	完全健康状态的中等
关于疾病：是否在儿童时期（6岁以下）发病	0年<LE<2年	2年≤LE<5年
关于治疗：是否导致灾难性医疗支出	婴幼儿及学龄前期（0~6岁）	学龄期及青春期（6~18岁）
关于治疗：是否有替代药物	没有替代	有替代
关于药物：治疗每位患者所获得的平均质量调整生命年（QALY）	0.1	增加0.5个QALY
关于药物：预计每位参保人所应增加的保险费用	平均每人增加0.2元	平均每人增加0.1元
就题目中的两种药物而言，您认为哪种更应该被纳入医保？	○	○

图3 第二阶段 DCE 问卷示例

资料来源：课题组根据文献整理。

三 调查对象基本信息

本研究邀请了 120 名参与国家基本医保药品目录谈判的决策专家，覆盖了目前该领域内全部的医保决策专家。在这些受邀者中，共有 101 人接受了邀请且完成了全部问卷，并被纳入最终分析。从参与者的分类统计特点来看，约 47.5% 的参与者是女性，超过一半的参与者（58.4%）拥有超过十年的专业经验。许多参与者在医疗保险系统研究（占比 48.5%）和药物经济学研究（占比 77.2%）方面具有丰富的专业知识和经验。

表3 调查对象的基本信息

单位：人，%

特征	受访决策专家	
	人数	比例
工作年限		
小于 5 年	19	18.8

特征	受访决策专家(共 101 人)	
	人数	比例
5~10 年	23	22.8
11~20 年	33	32.7
大于 20 年	26	25.7
性别		
男	53	52.5
女	48	47.5
专业领域		
医疗保险	49	48.5
药学	21	20.8
药物经济学	78	77.2
医保谈判		
参与过	91	90.1
未参与	10	9.9

资料来源：课题组测算。

四 公平性因素的权重

当其他条件相同时，决策专家在面临治疗常见病和罕见病的选择时，通常会优先考虑治疗常见病。然而，当所有其他因素保持不变，如果罕见病的严重程度超过常见病，决策专家将倾向于选择治疗罕见病。同样地，在其他属性都处于基准水平的情况下，如果罕见病的治疗具有创新性，而常见病的治疗不具备这种特性，决策者会偏向于选择治疗罕见病。此外，当罕见病治疗的健康收益较高，而常见病治疗的健康收益处于中等或较低水平时，决策专家同样会倾向于选择罕见病治疗。

关于儿童时期发病和灾难性医疗支出，这两个因素在决策专家的选择中并没有显示出明显影响（见表 4）。

研究的结论是：在中国，多数被列入名录的罕见病都是严重的，并且其治疗药物通常具有创新性。因此，决策专家会优先考虑治疗这些罕见病。这表明，专家们愿意为了罕见病治疗提升医保支付的门槛。

表4　DCE1-Mixed logit 模型的主效应结果

属性水平	常见病药物（均值）	常见病药物（标准误）	罕见病药物（均值）	罕见病药物（标准误）
常数项（罕见病选项标签）			-1.96 **	0.67
疾病严重程度				
轻微（参照水平）	0.00		0.00	
中等	0.36	0.26	2.29 **	0.51
严重	1.53 *	0.93	3.42 **	1.05
儿童时期发病				
是	1.10 **	0.31	0.32	0.33
否（参照水平）	0.00		0.00	
灾难性医疗支出				
是	0.78 **	0.22	0.26	0.35
否（参照水平）	0.00		0.00	
是否有替代药物				
没有替代药物	1.50 **	0.51	2.01 **	0.75
有替代药物（参照水平）	0.00		0.00	
健康收益水平				
低（参照水平）	0.00		0.00	
中	0.29	0.42	1.13 **	0.35
高	2.30 **	0.63	2.99 **	0.46

注：* 表示 $p < 0.05$，** 表示 $p < 0.01$。

资料来源：课题组测算。

五　罕见病药物医保准入的阈值

第二阶段 DCE 的深入分析，测量出了决策者在面对不同的罕见病场景时的心理阈值和支付意愿。第二阶段 DCE 的模型结果如表5所示。

表5 DCE2-Mixed logit 模型的交叉效应结果

属性水平	均值	标准误
QALY	0.04	0.09
纳入医保所需增加的医保筹资金额	−0.31**	0.07
QALY与公平性因素之间的交叉效应		
QALY与疾病严重程度	0.32	0.07
QALY与药物没有替代品（即创新药）	0.49**	0.08
QALY与儿童时期发病	0.13	0.10
QALY与造成灾难性医疗支出	0.22**	0.09

注：＊表示 $p<0.05$，＊＊表示 $p<0.01$。
资料来源：课题组测算。

根据模型结果，专家们认为当罕见病很严重时，医保的支付阈值应该为2023年人均 GDP 的 1.23 倍。如果疾病严重，并且在儿童时期发病，那么医保支付阈值应该进一步上升到人均 GDP 的 1.33 倍。如果疾病严重、在儿童时期发病，并且会造成灾难性的医疗支出，那么支付阈值应进一步上调到人均 GDP 的 1.5 倍。在前述条件满足的前提下，叠加治疗药物是创新药，那么阈值应进一步上调到人均 GDP 的 1.89 倍。上述阈值调整幅度是先根据DCE 的结果计算出各种情形下专家们对罕见病药物的支付意愿相对于人均GDP 的倍数（见表6），然后根据这些倍数，对同一类情形下的不同情况进行算术平均计算得出（见图4），这部分结果在表6中展示。

表6 罕见病药物的支付意愿

因素数量	罕见病场景	疾病严重程度	儿童时期发病	灾难性医疗支出	创新药	人均GDP倍数	置信区间
0	base	No	No	No	No	0.06	−0.22~0.34
1	1	Yes	No	No	No	0.57	0.23~0.91
	2	No	Yes	No	No	0.26	0~0.52
	3	No	No	Yes	No	0.40	0.08~0.72
	4	No	No	No	Yes	0.83	0.40~1.27

续表

因素数量	罕见病场景	疾病严重	儿童发病	灾难性支出	创新药	人均GDP倍数	置信区间
2	5	Yes	Yes	No	No	0.77	0.19~1.34
	6	Yes	No	Yes	No	0.91	0.29~1.54
	7	Yes	No	No	Yes	1.35	0.62~2.08
	8	No	Yes	Yes	No	0.60	0.02~1.19
	9	No	Yes	No	Yes	1.04	0.41~1.67
	10	No	No	Yes	Yes	1.18	0.48~1.89
3	11	Yes	Yes	Yes	No	1.11	0.19~2.04
	12	Yes	Yes	No	Yes	1.55	0.57~2.53
	13	Yes	No	Yes	Yes	1.69	0.65~2.73
	14	No	Yes	Yes	Yes	1.38	0.41~2.36
4	15	Yes	Yes	Yes	Yes	1.89	0.56~3.32

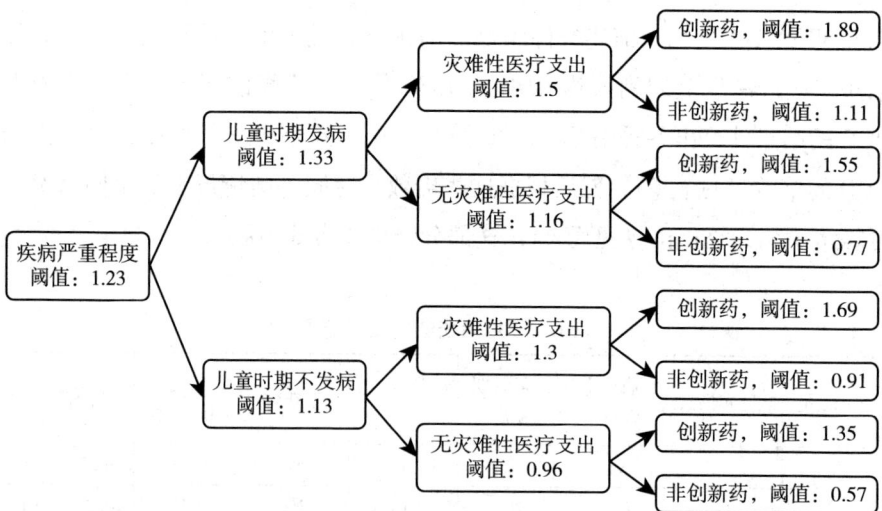

图4 罕见病药物的支付意愿

资料来源：课题组测算。

六　讨论与建议

综合上述研究结果，我们发现中国的医疗保险决策者在其他条件相同的情况下，并不倾向于优先考虑罕见病的报销。然而，当罕见病满足特定条件时，如病情严重或者治疗完全依靠某种创新药，他们表现出支持罕见病药物的意愿。本研究为医疗保险部门在制定或调整罕见病药物报销标准时提供了宝贵的定量信息，有助于完善和优化医疗保险系统。

基于本研究结果，提出以下建议。

（一）兼顾公平与效率，对罕见病患者给予更多的重视

罕见病等重大疾病患者面临疾病复杂、病程长、照护负担重和治疗费用高昂等问题，是医疗保障领域中因病致贫、因病返贫的"重灾区"。[1] 国内外的多项研究证实，罕见病患者在医疗资源分配时往往会因为以上种种特征受到不公平的对待。因此，不少国家和地区在对罕见病药物进行评价时，并未只着重于药物经济学的经济性评价结果，甚至对罕见病的阈值标准做了更宽松的调整。[2] 其实很多罕见病的患者只要早发现早治疗，就能极大提升其寿命和生命质量，不能单纯地因为其健康收益低和治疗成本高就相对减少罕见病患者所分配到的资源。在推动和实现共同富裕的道路上，强调公平可及和群众受益是医疗保障的重要作用之一。因此，未来在兼顾公平与效率的同时，我们应当对罕见病患者给予更多的重视。

（二）建立与不同公平性因素相适应的罕见病患者的多层次福利保障制度

为了更好地满足罕见病患者的特殊需求，并考虑到不同公平性因素带来

---

[1] 蔡海清：《思考 | 如何有效保障高价罕见病患者的用药可及性？》，https：//www. zgylbx. com/index. php？ m＝content&c＝index&a＝show&catid＝15&id＝40914。

[2] 宣建伟、孙巧：《中国罕见病药物经济学评估适用模型与支付阈值参考标准探讨》，《国际药学研究杂志》2019 年第 9 期。

的影响，我们需要建立一个多层次的福利保障制度，以确保罕见病患者能够获得公平和全面的医疗保障。这个多层次福利保障制度将充分考虑到不同公平性因素，如收入差距、地域差异、疾病严重程度、治疗成本等，并为罕见病患者提供个性化的福利保障方案。

首先，该制度将通过优化医保政策和规定，确保罕见病患者能够获得高质量的医疗服务和必需的药物治疗。这可能包括对罕见病药物的报销比例提高、医保支付范围的扩大、医疗服务网络的拓展等。

其次，该制度将关注罕见病患者的经济负担，通过设立特殊的医疗救助基金或资助计划，为经济困难的罕见病患者提供财务支持和医疗费用减免。

再次，多层次福利保障制度还将注重提高公众对罕见病的认知和理解，促进社会支持和关爱，减少罕见病患者面临的社会隔离和歧视。

最后，该制度将加强与相关部门和机构的合作，建立协调机制，确保罕见病患者的权益得到充分保障。这可能涉及医疗机构、医生、药企、患者组织和社会组织等各方的合作与支持。

建立与不同公平性因素相适应的罕见病患者的多层次福利保障制度是一个复杂而重要的任务，它要求政策制定者、医疗机构、专家学者和社会各界共同努力，致力于为罕见病患者提供公平和全面的医疗待遇保障。

（三）基于不同公平性的因素，建立动态化的阈值调整体系

众多研究发现，罕见病的稀有性并不足以支撑其比常见病有更高支付阈值。相较于稀有性，受访者更重视疾病的严重程度、治疗的成本，以及治疗为患者带来的健康收益等方面。这提示我们未来对罕见病的阈值调整应更加谨慎，在对罕见病予以更多关注的同时，要更关注疾病、药品本身的属性水平特征，建立动态化的阈值调整体系。然而，建立和实施这样的多阈值体系是一项复杂而具有挑战性的任务，它需要综合考虑医保制度的可行性、可持续性和资源分配的公平性。我们的研究为这一领域提供了一个起点，探索了如何在不同情景下调整罕见病的阈值，以提高罕见病患者的福利水平。

另外，不同人群是否应当有不同的阈值调整范围也是未来研究需要关注

的一个重点。以条件估值法（CV）的研究结果为例，可以发现在剔除的4例样本中，其中1份未作答的受访者认为"针对不同疾病医保支付的成本不同，要根据疾病的具体情况判断"，该受访者认为罕见病药物纳入医保基金不应设定参考阈值。还有1位受访者认为"罕见病的阈值应设定为5~10倍人均GDP"，该受访者认为"罕见病的患病人数相对于常见病少很多，因此，针对单个病人的可接受的成本就更高"，值得注意的是，该受访者对于题目一（常见病）给出的支付成本转折点为16万元，即2倍人均GDP。有2位受访者在题目二（罕见病）中给出"支付成本50万元"的回答，在补充问题"罕见病阈值设定"的回答中，一位受访者给出的答案是3倍人均GDP，另一位给出的答案是3~10倍人均GDP，可能的原因是，由于题目中假设情景是"生命终末期"的疾病状态，"生命终末期"属性显著提高了受访者的支付意愿，对于前一位受访者，生命终末期可能是其提高支付意愿的重要影响因素，而对于后一位受访者，可能考虑了药物治疗所带来的临床获益之外更多维度的价值，因此对题目假设的场景中给出的支付成本（50万元，约6倍人均GDP），并不是其对罕见病阈值设定的上限，而是落入了该受访者设定的范围3~10倍人均GDP内。若不考虑剔除的样本，还有2位受访者在补充问题中，对阈值设定的回答是10倍人均GDP。但大部分受访者的回答集中在2倍人均GDP和3倍人均GDP，与研究结果保持一致。这也进一步说明，在大多数情况下，在生命终末期阶段，作为公平性考量因素之一，正好处于疾病严重程度的较高水平，可能是影响支付偏好阈值结果的重要因素。当然，这个结论需要在未来进一步开展相关研究。

本研究也具有一定的局限性，由于本研究基于委托代理人理论设计，调研对象选取的专家，是医保支付方的代理人，并不能完全反映医保支付方的偏好。为了更准确地了解医保支付方的偏好，我们需要在未来进行针对广大公众的研究。这样的研究将扩大样本范围，包括不同人群、社会经济背景和地域的个体。通过对广大公众的调查和研究，我们可以更全面地了解社会大众对于罕见病的关注程度、对医保阈值调整的意见以及支付意愿的真实情况。

参考文献

宣建伟、孙巧：《中国罕见病药物经济学评估适用模型与支付阈值参考标准探讨》，《国际药学研究杂志》2019 年第 9 期。

Stafinski T. , Glennie J. , Young A. , et al. , "HTA Decision-making for Drugs for Rare Diseases：Comparison of Processes Across Countrie", *Orphanet Journal of Rare Diseases* 17 (1), 2022：258.

Whitty J. A. , Lancsar E. , Rixon K. , et al. , "A Systematic Review of Stated Preference Studies Reporting Public Preferences for Healthcare Priority Setting", *The Patient* 7 (4), 2014：365-386.

Schwappach D. L. B. , "Resource Allocation, Social Values and the QALY：A Review of the Debate and Empirical Evidence", *Health Expectations：An International Journal of Public Participation in Health Care and Health Policy* 5 (3), 2002：210-222.

Gu Y. , Lancsar E. , Ghijben P. , et al. , "Attributes and Weights in Health Care Priority Setting：A Systematic Review of What Counts and to What Extent", *Social Science & Medicine* 146, 2015：41-52.

Desser A. S. , Gyrd-hansen D. , Olsen J. A. , et al. , "Societal Views on Orphan Drugs：Cross Sectional Survey of Norwegians Aged 40 to 67", *BMJ (Clinical research ed.)* 341, 2010.

Mentzakis E. , Stefanowska P. , Hurley J. , "A Discrete Choice Experiment Investigating Preferences for Funding Drugs Used to Treat Orphan Diseases：An Exploratory Study", *Health Economics, Policy and Law* 6 (3), 2011：405-433.

Linley W. G. , Hughes D. A. , "Societal Views on Nice, Cancer Drugs Fund and Value-Based Pricing Criteria for Prioritising Medicines：A Cross-Sectional Survey of 4118 Adults in Great Britain", *Health Economics* 22 (8), 2013：948-964.

Desser A. S. , Olsen J. A. , Grepperud S. , "Eliciting Preferences for Prioritizing Treatment of Rare Diseases：The Role of Opportunity Costs and Framing Effects", *Pharmaco Economics* 31 (11), 2013：1051-1061.

Dragojlovic N. , Rizzardo S. , Bansback N. , et al. , "Challenges in Measuring the Societal Value of Orphan Drugs：Insights From a Canadian Stated Preference Survey", *The Patient* 8 (1), 2015：93-101.

Chim L. , Salkeld G. , Kelly P. , et al. , "Societal Perspective on Access to Publicly Subsidised Medicines：A Cross Sectional Survey of 3080 Adults in Australia", Plos One 12 (3), 2017.

Wiss J. , Levin L. A. , Andersson D. , et al. , "Prioritizing Rare Diseases: Psychological Effects Influencing Medical Decision Making", *Medical Decision Making: An International Journal of the Society for Medical Decision Making* 37 (5), 2017: 567-576.

Bourke S. M. , Plumpton C. O. , Hughes D. A. , "Societal Preferences for Funding Orphan Drugs in the United Kingdom: An Application of Person Trade-Off and Discrete Choice Experiment Methods", *Value in Health: The Journal of the International Society for Pharmacoeconomics and Outcomes Research* 21 (5), 2018: 538-546.

Rizzardo S. , Bansback N. , Dragojlovic N. , et al. , "Evaluating Canadians' Values for Drug Coverage Decision Making", *Value in Health: The Journal of the International Society for Pharmacoeconomics and Outcomes Research* 22 (3), 2019: 362-369.

Bae E. Y. , Lim M. K. , Lee B. , et al. , "Who Should be Given Priority for Public Funding?", *Health Policy* 124 (10) 2020: 1108-1114.

Toumi M. , Millier A. , Cristeau O. , et al. , "Social Preferences for Orphan Drugs: A Discrete Choice Experiment Among the French General Population", *Frontiers in Medicine* 7, 2020.

Yamoah L. , Dragojlovic N. , Smith A. , et al. , "Evaluating New Zealanders' Values for Drug Coverage Decision Making: Trade-Offs Between Treatments for Rare and Common Conditions", *PharmacoEconomics* 39 (1), 2021: 109-119.

Pharmacoeconomic Report: Emicizumab (Hemlibra), Canadian Agency for Drugs and Technologies in Health, 2021.

Chambers J. D. , Silver M. C. , Berklein F. C. , et al. , "Orphan Drugs Offer Larger Health Gains but Less Favorable Cost-effectiveness than Non-orphan Drugs", *Journal of General Internal Medicine* 35 (9), 2020: 2629-2636.

Lu Y. , Gao Q. , Ren X. , et al. , "Incidence and Prevalence of 121 Rare Diseases in China: Current Status and Challenges: 2022 Revision", *Intractable & Rare Diseases Research* 11 (3), 2022: 96-104.

Ochalek J. , Wang H. , Gu Y. , et al. , "Informing a Cost-Effectiveness Threshold for Health Technology Assessment in China: A Marginal Productivity Approach", *PharmacoEconomics* 38 (12), 2020: 1319-1331.

B.6
医学营养发展分析

中国医药商业协会医学营养发展分会*

摘　要：　作为一门重要的独立学科，医学营养学近年来受到医学界和公众的广泛关注。本文就医学营养治疗中的肠外营养、肠内营养和特殊医学用途配方食品的定义、分类、发展现状和趋势进行了详细阐述。本文认为，肠外营养在医疗领域已占据举足轻重的地位，且人们对肠外营养药物的需求也在不断增长。肠内营养在临床医学中作为营养支持和治疗的关键手段，其地位和作用也日益显著。未来肠内营养将逐步从医院内扩展到社区和家庭中，成为促进患者康复、提升生活质量的重要支撑。特医食品在我国起步较晚，但特医食品凭借在临床营养支持中不可替代的作用，将得到快速发展，在发展中应注意建立规范和顺畅的销售渠道。

关键词：　医学营养　肠外营养　肠内营养　特殊医学用途配方食品

一　医学营养概述

医学营养研究的目的，是分析人类身体所需营养素，根据大量的临床、营养指导及实践验证，为人们提供科学合理的膳食建议和营养干预措施。通过适当的营养管理，提高人们的生活质量，减少疾病的发生和发展，并达到健康长寿的目的。作为一门重要的独立学科，医学营养学近年来受到医学界和公众的广泛关注。如今，医学营养学已经成为一个涵盖临床、科研、教

---

* 执笔人：刘炳楠，中国医药商业协会医学营养发展分会会长，费森尤斯卡比华瑞制药有限公司副总经理。

育、政策等多个领域的综合性学科，形成了较为完善的理论体系和实践方法，为保障人类健康提供科学指导并发挥重要作用。

医学营养治疗（Medical Nutrition Therapy，MNT）包括口服营养补充、肠内管饲营养及肠外营养，其核心目标是优化人体的营养状况，预防和治疗与营养相关的健康问题，如肥胖、糖尿病、心血管疾病、骨质疏松症等，从而控制疾病、调节异常代谢、改善免疫功能、提高生活质量，并最终延长生存时间。同时，它还关注不同生命阶段、特殊人群（如孕妇、婴儿、老年人、患有慢性疾病的人等）的营养需求和营养管理，为人们提供科学合理的膳食建议和营养干预措施。因此，我们需要充分发挥医学营养治疗的价值和医疗作用，促进健康医疗的发展。

根据分类不同，医学营养学可分成七类：临床营养学、流行病学营养学、营养生理学、营养生物化学、儿童营养学、老年营养学和运动营养学。随着我国老龄人口的增加，慢性疾病患者数逐年递增，本文将阐释各类营养治疗促使人体获益的机理，重点包括肠外营养和肠内营养。

二　肠外营养概述及发展趋势

（一）肠外营养定义和分类

肠外营养（Parenteral Nutrition，PN），作为营养支持领域的一大重要支柱，在20世纪的后1/4世纪中，凭借其卓越的治疗效果，赢得了医学界的广泛赞誉。肠外营养的核心目标是通过静脉途径，为患者提供高效且经济合理的营养支持，从而显著改善患者的整体健康状况。

具体来说，肠外营养涉及将精心配比的氨基酸、脂肪、碳水化合物、电解质、维生素和微量元素等营养成分，通过静脉途径直接输送到患者体内。这种方法尤其适用于那些由于胃肠道功能障碍、严重腹泻、感染、大面积烧伤或营养不良等原因，无法或不宜通过口腔或肠道摄取足够营养的患者。肠外营养不仅满足了患者的基本营养需求，还有助于维持其正常的生理功能，并促进疾病的康复。

1. 肠外营养的分类

肠外营养根据补充形式的不同，主要分为两种：完全肠外营养（Total Parenteral Nutrition，TPN）和补充性肠外营养（Supplementary Parenteral Nutrition，SPN）。

（1）完全肠外营养：当患者需要全面依赖肠外途径来获取营养时，这种营养支持方式被称为完全肠外营养。完全肠外营养为那些无法通过胃肠道摄取营养的患者提供了全面的营养保障，确保他们在治疗过程中能够获得足够的营养支持，从而加快康复进程。研究显示，采用完全肠外营养支持的患者，其营养状况明显改善，有助于加速康复过程。

（2）补充性肠外营养：是一种辅助性的营养支持方法。在某些情况下，尽管患者能够摄入部分肠内营养，但其摄入量可能无法满足身体对能量的需求（≤60%）。此时，通过静脉途径为患者补充所需的营养素，能够确保患者获得足够的能量和营养。这种方法特别适用于重症患者，有助于维持他们的生命体征和营养平衡。最新数据显示，补充性肠外营养在重症患者中的应用越来越广泛，其效果也得到了临床实践的验证。

2. 肠外营养的输注方式

肠外营养的输注方式根据其系统不同，主要分为三种类型：多瓶串输、医院配置的全营养混合液（Total Nutrient Admixture，TNA）以及工业化多腔袋。

（1）多瓶串输方式。是通过"三通"或 Y 型输液接管将多瓶营养液混合串输，虽然操作简便，但其弊端较多，因此并不推荐作为主要输注方式。

（2）医院配置的全营养混合液或全合一（All-in-One）技术。是将所有肠外营养所需的成分（包括葡萄糖、脂肪乳剂、氨基酸、电解质、维生素和微量元素）在一个无菌的袋中预先混合，是一种更为先进和合理的选择。全合一肠外营养液能够充分混合各种营养成分，更加符合人体的生理需求，有助于促进机体的合成代谢，同时减少因营养素不平衡而导致的代谢并发症，如高血糖和高甘油三酯血症等。为了减少潜在的毒性反应，现代的全营养混合液已经普遍使用聚乙烯醋酸酯（EVA）作为袋子的主要原料，替代了之前可能引发问题的聚氯乙烯（PVC）袋。需要注意的是，在配制全营养混合液时，必须按照规定的顺序进行，以确保各成分的稳定性。

（3）工业化多腔袋（如两腔袋、三腔袋）。随着新材料和技术的出现，这种方式逐渐崭露头角。这种新型的全营养液多腔袋产品可以在常温下保存长达 24 个月，有效避免了医院内配制营养液时可能发生的污染问题。这种袋子对于满足不同营养需求的患者来说，无论是通过中心静脉还是周围静脉进行肠外营养液的输注，都更为安全和便捷。然而，该方式一个主要缺点是难以实现配方的个体化。随着工业化多腔袋技术的不断完善和发展，其已成为未来肠外营养领域的必然趋势。自 2004 年我国上市首款工业化三腔袋脂肪乳氨基酸（17）葡萄糖（11%）注射液以来，因其成本效益高、灭菌生产安全性强等优势，已成为肝肾功能和脂肪代谢功能正常患者的首选。从 2022 年起，我国已陆续推出更多含有结构脂肪乳、多种油脂肪乳的工业化三腔袋产品，以满足不同患者的需求，让更多患者从这一安全、方便、经济的营养支持方式中获益。

（二）肠外营养的未来发展趋势

肠外营养在医疗领域已占据举足轻重的地位，但随着全球人口老龄化趋势的加剧和慢性疾病的普遍增多，特别是癌症和消化道疾病患者数量的攀升，人们对肠外营养药物的需求也在不断增长。这一趋势极大地推动了肠外营养市场的扩张，全球市场规模在过去几年里以超过 10% 的年均增长率稳步上升，预计未来将持续保持强劲的增长势头。在中国市场，肠外营养的需求同样呈现强劲的增长态势，市场规模已突破数十亿元大关，并以每年约10% 的速度持续增长。

1. 家庭肠外营养的崛起与壮大

近年来，家庭肠外营养（Home Parenteral Nutrition，HPN）治疗逐渐成为需要长期或较长期肠外营养支持的患者的重要选择。采用该方式，患者在家中就能进行营养治疗，不仅有助于维持和改善他们的营养状况，还有部分患者能够重新融入工作和学习中，显著减轻了经济负担。然而，安全的家庭肠外营养治疗需要医护人员、患者及其家庭成员的密切合作与参与。随着社会的进步，监测与随访机制的完善、分级诊疗制度的推行以及医保付费等政策的优化，家庭肠外营养的应用前景将更加广阔，潜力巨大。

2. 营养信息化与智能化管理的推进

当前，以大数据、云计算、移动互联为代表的新兴信息技术正引领着新一轮的科技革命，不仅推动了健康医疗领域新模式、新业态、新技术的蓬勃发展，也极大地促进了营养与健康大数据的应用。这为营养与健康工作的信息化建设提供了广阔的舞台。信息化建设已成为实现规范化营养诊疗活动的关键手段。国务院办公厅在 2017 年发布的《国民营养计划（2017～2030年）》中强调，需要建立和完善临床营养工作制度，开展住院患者营养筛查、评价、诊断及治疗，推动营养相关慢性疾病的营养防治，规范特殊医学用途配方食品和治疗膳食的应用，并加强营养健康基础数据的共享利用。营养信息化的完善正逐步成为衡量营养规范化管理水平和服务质量的重要标志。借助大数据、人工智能等先进技术，可以对肠外营养治疗过程进行智能化管理，从而提升治疗效果和患者满意度。

总之，肠外营养作为医疗领域的重要组成部分，其现状和未来发展趋势都呈现积极的态势。随着技术的不断进步和临床需求的不断变化，肠外营养将在未来发挥更加重要的作用，为更多患者带来福音。

三 肠内营养概述及发展趋势

（一）肠内营养的定义与分类

肠内营养（Enteral Nutrition，EN）是一种通过胃肠道，利用口服或管饲手段，为患者提供满足、超过或补充其代谢所需的营养物质和各类营养素的营养支持方法。肠内营养特别适用于因各种原因导致口服摄入不足，但消化道功能正常或部分正常的患者。比如存在吞咽和咀嚼困难、意识障碍或昏迷无法进食的患者，以及消化道疾病处于稳定期的患者（如消化道瘘、短肠综合征、炎性肠疾病和胰腺炎等），肠内营养都是理想的选择。此外，对于高分解代谢状态的患者，如严重感染、手术、创伤及大面积灼伤患者，或慢性消耗性疾病患者（如结核、肿瘤等），肠内营养同样能提供有效的营养支持。

肠内营养不仅更符合人体的生理需求，而且更安全有效。它能够减轻全身炎症和分解代谢反应，有助于维持胃肠道的吸收能力，降低肠通透性和高血糖的发生率。通过肠内营养支持，患者的住院时间得以缩短，医疗费用得以节省，同时保持了肠屏障的功能和完整性，降低了肠道细菌移位的风险，进而减少了胃肠道手术、创伤患者的感染并发症，降低了病死率。肠内营养的核心目的是确保患者的营养需求得到满足，并为其提供充足的热量、蛋白质、维生素和矿物质等关键营养素，以支持身体的正常运作和组织的修复。

肠内营养的给予方式因患者的具体情况而异，主要可分为口服营养补充（Oral Nutritional Supplement，ONS）、经管喂养和经幽门后或空肠管饲三种类型。

目前，临床上可选择的肠内营养制剂琳琅满目，其分类方式也多种多样。根据制剂的剂型，肠内营养制剂可分为粉剂、混悬液和乳剂。特别值得一提的是肠内营养乳剂，它作为第二代液体制剂，通过特殊的高速乳化工艺，使两种原本不相溶的液体混合后形成微粒，这些微粒的大小约为0.5μm，与天然乳糜的粒径相当，因此能够轻松被肠黏膜吸收。而且，这种乳剂在长期存放过程中也不会出现颗粒聚集的情况，大大降低了堵管的风险。

按氮源分类，肠内营养制剂主要分为三大类别：氨基酸型、短肽型和整蛋白型。其中，氨基酸型和短肽型被统称为要素型。

1. 氨基酸型

这种制剂的氮源主要来自氨基酸，其显著特点是无须经过消化过程即可被直接吸收。其脂肪含量极低，无残渣产生，且对胰腺的外分泌不产生刺激。然而，氨基酸型制剂的渗透压较高，口感欠佳，若浓度过高或输注速度过快，可能导致患者出现腹泻的情况。此外，它对肠道功能的代偿作用相对较弱。因此，它主要适用于肠功能严重受损、无法耐受短肽型和整蛋白型肠内营养制剂的患者。

2. 短肽型

这种制剂的氮源主要来源于乳清蛋白经过水解后形成的短肽，其脂肪成分则是由中链甘油三酯和长链甘油三酯混合而成。其显著优势在于只需稍加消化便可迅速被吸收，且无残渣产生。然而，传统的短肽型肠内营养制剂存在渗透压高、口感欠佳的问题，若浓度过高，容易引发腹泻，部分患者在使用后还可能出现腹胀现象。为了解决这些问题，新型短肽肠内营养制剂在配方上进行了优化，调整了碳水化合物和肽的水解程度及分布，实现了等渗透压，同时增加了中链甘油三酯的含量，并添加了鱼油成分。这样的优化不仅提高了其抗炎效果，还显著提升了吸收率，使其更适用于肠道吸收功能较弱的患者，如短肠综合征、胰腺炎等患者。

3. 整蛋白型

这种制剂的氮源主要来源于完整的蛋白质。这种制剂具有良好的口感，其渗透压接近等渗，因此不容易引起高渗性腹泻。在体内的消化吸收过程与正常食物相似，能有效刺激肠道的代偿功能。它特别适用于那些消化吸收功能正常或接近正常的患者，是临床上使用最为广泛的肠内营养制剂。

整蛋白型肠内营养制剂进一步细分为平衡型、疾病特异型和免疫增强型三大类。其中，疾病特异型肠内营养配方是专为那些存在脏器功能不全或衰竭、代谢障碍，或者因特定疾病导致对某一营养素需求增加或需要限制某一营养素摄入的患者设计的。这些疾病特异型肠内营养配方包括肿瘤专用型、糖尿病特异型、肺疾病专用型以及肝功能衰竭专用型等，以满足不同患者的特殊营养需求。

（1）肿瘤专用型肠内营养制剂：常采用高能量、高脂肪低糖类配方，以符合宿主和肿瘤细胞的代谢特点。此外，肿瘤专用型肠内营养制剂应富含 $\omega-3$ 不饱和脂肪酸、免疫增强物质及抗氧化剂维生素等。$\omega-3$ 不饱和脂肪酸具有免疫增强作用，可抑制肿瘤生长，对肿瘤恶病质具有治疗作用，改善肿瘤患者的营养状况，增强肿瘤患者免疫功能，抑制手术后急性炎性反应。

（2）糖尿病特异型肠内营养制剂：配方符合国际糖尿病协会的推荐和要求，提供的营养物质符合糖尿病患者的代谢特点，处方的特点主要是碳水化合物来源于木薯淀粉和谷物淀粉，可改善糖耐量异常患者的血糖曲线下面积及胰岛素曲线下面积，因此能减少糖尿病患者与糖耐受不良患者的葡萄糖负荷。适用于患有糖尿病的患者，或一过性血糖升高者合并有营养不良，有肠道功能而又不能正常进食的患者。

（二）肠内营养发展趋势

随着医学界对营养学认识的日益深化、营养支持技术的不断发展和对机体代谢机制的深入理解，营养供给的策略也经历了阶段性的变迁。这种变迁以大约十年为一个周期，体现在营养支持的金标准上。在 20 世纪 70 年代，当患者需要营养支持时，医学界普遍首选静脉营养；到了 80 年代，则更倾向于使用周围静脉营养；90 年代，随着对肠道功能重要性的认识加深，医学界开始推崇"当肠道功能完好且可安全使用时，应优先使用肠道进行营养支持"；而当前，更倾向于全面营养支持策略，优先选择肠内营养，并在必要时结合肠外营养，以实现最佳的营养支持和治疗效果。

肠内营养领域在理论与实践中均呈现持续的发展与优化态势。随着医学科技的飞速进步，尤其是肠内营养制剂和置管技术的革新，更多的患者能够在家庭环境中接受营养支持治疗。家庭肠内营养（Home Enteral Nutrition，HEN）自 20 世纪 80 年代在美国兴起以来，已获得了迅速的发展。由于其便捷、安全、高效且经济的特点，家庭肠内营养逐渐受到患者及其家属的广泛欢迎。家庭肠内营养的应用方式简便且安全，已成为当前主要的营养支持形式。其显著优势在于能够降低医疗费用，并显著提升患者的生活质量。近年来，国内外接受家庭肠内营养治疗的患者数量不断增长，使家庭肠内营养成为营养支持领域及社会医疗改革中一个备受关注且充满发展潜力的方向。

在全球范围内，包括欧洲、美国、日本和中国等国家和地区，都已经广泛开展了针对先天性疾病、慢性病、恶性肿瘤以及创伤或手术后并发症患者的家庭肠内营养治疗。这些地区同时还进行系统的监测、评估和卫生经济学评价。这些评价的结果充分证实了家庭肠内营养在多个方面的优势。

1. 有效性

家庭肠内营养能够为患者提供必要的营养支持，满足其代谢需求，从而有效地促进患者康复。

2. 安全性

通过专业的医疗团队和家庭护理人员的配合，家庭肠内营养治疗被证明是安全可靠的，减少了患者在治疗过程中可能面临的风险。

3. 合理性

从卫生经济学的角度来看，家庭肠内营养不仅减少了患者因住院而产生的医疗费用，还提高了患者的生活质量，使这种治疗方式在经济上更加合理。

家庭肠内营养作为一种家庭营养支持治疗方式，在全球范围内得到了广泛的认可和应用，其有效性、安全性和合理性均得到了充分的验证。

在一些发达国家如欧洲、美国和日本，肠内营养开展较早，因此家庭肠内营养的应用非常普遍，这也促使了相关研究的不断增多。然而，相较于这些国家，我国的社区医疗服务体系尚待完善，肠内营养与肠外营养的应用还处于不断探索和完善的阶段。

随着我国经济的稳步增长和医疗技术的日益提高，尤其是营养支持水平的显著提升，未来肠内营养支持将能够安全地走进千家万户。同时，随着人们对生活质量要求的不断提高，越来越多的患者倾向于选择家庭肠内营养作为他们的营养支持方式。

在这一过程中，家庭营养支持小组的管理将扮演至关重要的角色。一个合理、有效的管理策略将直接影响到家庭肠内营养的成败。通过科学地管理，可以确保家庭肠内营养的顺利实施，为患者提供高质量的营养支持，促进他们的康复，提高生活质量。因此，我们有理由期待，随着管理的不断完善，家庭肠内营养将在我国得到迅速的发展。

随着中国肠内营养实施模式的转变，其销售和服务渠道也展现出越来多样化、个性化和专业化的趋势，由传统的医疗卫生机构逐步延伸到更广泛的院外市场。

（1）随着网络技术的普及和电子商务的迅猛增长，电商平台和互联网医疗平台正在成为药品获取的新渠道。患者可以通过互联网医院的在线问诊服务，然后在天猫、京东、淘宝等电商平台上的官方店铺轻松购买肠内营养产品，并获取专业的营养咨询和用药指导。

（2）社区医疗和基层医疗机构，如社区医院、康复中心和养老院等，也在逐渐成为肠内营养药品的重要销售渠道。通过转诊服务和药品覆盖范围的扩大，患者能够在家附近的基层医疗机构获得肠内营养产品的推荐和使用指导，极大提升了便利性。

（3）药店的专业化服务水平也在不断提升。配备专业的营养师或药师的药店，能够针对患者的不同需求提供个性化的营养咨询和用药指导，进一步满足了患者的多样化需求。

（4）社交媒体和线上社区在信息传播和交流互动中发挥着越来越重要的作用。利用这些平台，可以开展肠内营养知识的科普教育，塑造肠内营养药品的品牌形象，并提供专业的营养咨询服务，吸引更多患者关注和购买。

展望未来，肠内营养在临床医学中作为营养支持和治疗的关键手段，其地位和作用将日益显著。随着医疗科技的飞速进步和公众健康意识的提高，肠内营养将逐步从医院内扩展到社区和家庭中，成为促进患者康复、提升生活质量的重要支撑。同时，肠内营养领域的科研与临床实践将持续深化，推动其标准化和个性化发展，以满足患者日益增长的多样化需求，为全人类的健康事业发展贡献更多的创新智慧和强大动力。

四　特殊医学用途配方食品概述及发展趋势

特殊医学用途配方食品（简称"特医食品"），是为了满足进食受限、消化吸收障碍、代谢紊乱或特定疾病状态人群对营养素或膳食的特殊需要，专门加工配制而成的一类配方食品。该类产品必须在医生或临床营养师指导下，单独食用或与其他食品配合食用。① 根据类型不同，特医食品被分成全营养配方食品、非全营养配方食品和特定疾病全营养配方食品三类。根据适用人群年龄不同，特医食品被分成 1 岁以下、1~10 岁和 10 岁以上三类。

特医食品是一类食品，属于特殊膳食类食品。当目标人群通过正常膳食或日常膳食无法满足其营养需求时，特医食品可作为一种营养补充途径，为患者的疾病治疗、康复及机体功能维持起到重要的营养支持作用。针对不同年龄阶段、不同疾病的特异性代谢状态，特医食品对相应的营养素含量提出了特别规定，以更好地适应目标人群的需要，为患者提供有针对性的营养支持。

为了严控特医食品质量和品质，我国的特医食品采取注册制，其中特定疾病全营养配方食品需要在注册前进行临床试验。

特医食品在我国起步较晚，之前一直被当作肠内营养制剂类药品获批。直到 2018 年 2 月，首家国内企业获准注册特殊医学用途配方食品。截至 2024 年 3 月 31 日，通过查询国家市场监督管理总局"特殊食品信息查询平台"发布的特医食品批准信息，统计共有 181 款特医食品获批。

总的来说，特医食品在中国机遇和挑战并存。艾媒数据中心数据显示，2022 年中国特医食品市场规模达 119.3 亿元，未来在人口老龄化、下游需求不断加大及医院营养科建设发展等因素驱动下，特医食品凭借在临床营养支持中不可替代的作用，预测到 2027 年，市场体量将达到 234 亿元。其快速发展的主要驱动力有如下几个方面。

1. 特医食品市场需求量大、渗透率低

我国仅 1.6% 营养不良患者使用特医食品②，与发达国家相差较大，国内市场潜力巨大。

---

① 国家食品安全风险评估中心、中国营养学会法规标准工作委员会、中华医学会肠外肠内营养学分会：《特殊医学用途配方食品系列标准实施指南》，中国质检出版社（中国标准出版社），2015。
② 《营养不良人群使用特医食品人数占比仅 1.6%，特医食品行业将成为下一个医疗蓝海》，https://baijiahao.baidu.com/s? id=1727432859498534710&wfr=spider&for=pc。

2. 消费者需求持续提升

随着慢性疾病患者增加、人口老龄化，尤其是在新冠疫情后，人们对预防性解决方案和自我保健的需求增加，消费者对医疗保健的认识也有所提高。这些因素推动了特医食品行业的快速增长，尤其是非婴儿类特医食品的需求正在迅速扩张，而成人产品注册数量在政策放开后激增，预计未来非婴儿特医食品市场将赶超婴儿市场。

3. 诊疗意识的提升使特医食品的使用更加规范

临床科室与营养科对于特医食品的认知加深，院内使用不断规范，患者教育不断加强，特医食品使用渗透率将不断提高。

4. 企业加速市场布局

大量现有肠内营养制剂（药品、保健品与婴儿食品）生产的外资厂家通过特医食品注册办法将产品注册为特医产品，内资企业纷纷建立子公司与生产线进入该市场。

同时，我们需要关注到，对于任何一个新兴领域的发展，都需要一定的时间，对于特医食品来说，建立规范和顺畅的销售渠道尤为重要。为此，可聚焦以下几个发力点。

（1）进一步加强特医食品的宣贯，包括对临床医生、营养师、消费者等需要或能接触到特医食品的相关人员，建立对特医食品的正确认知。

（2）进一步建立并完善特医食品的临床管理规范，包括：在医疗机构内建立特医食品管理委员会；完善特医食品的准入管理、物流管理、配置管理、信息化管理；从营养筛查、评价、诊断、治疗4个步骤建立规范的临床应用流程，并给予监测、重复筛查和评价等。

（3）鼓励多渠道销售规范化发展，规范药店端特医食品的培训等。

B.7
2023年药品流通行业创新发展的
成效与趋势分析

温再兴 *

摘　要： 2023年，随着我国医保、医疗、医药"三医"协同发展和治理持续深化，国家出台相关政策措施有利于促进药品流通企业健康、可持续发展。广大药品流通企业积极落实商务部《关于"十四五"时期促进药品流通行业高质量发展的指导意见》提出的发展目标和各项重点任务，加快数字化转型步伐，向高质量发展的目标奋进，取得了显著的成效。本文简要介绍了2023年与药品流通行业相关的政策出台及实施情况，重点分析了药品流通企业创新发展取得的新成效：大型数字化、综合性药品流通企业稳健发展；药品零售连锁企业开辟专业化、多元化的创新之路；数字化转型促进"互联网+药品流通"向更广更深发展；医药电商创新发展呈现新气象。同时，本文还对药品流通行业下一阶段发展的趋势进行了分析和预测。

关键词： 医药集采　数字化转型　药品零售

2023年，在国家出台的关于医保、医疗、医药协同发展和治理持续深化等一系列文件以及商务部《关于"十四五"时期促进药品流通行业高质量发展的指导意见》（简称《指导意见》）指引下，药品流通行业在创新和高质量发展方面取得了新的进展与成效，呈现良好的发展趋势，为未来的发展奠定了更加扎实的基础。

---

* 温再兴，商务部原市场秩序司巡视员，中国医药商业协会特聘专家。

一 2023年与药品流通行业相关的政策出台及实施情况

（一）医药集中采购和国家医保谈判

2023年3月1日，国家医疗保障局办公室发布《关于做好2023年医药集中采购和价格管理工作的通知》，要求"到2023年底，每个省份的国家和省级集采药品数累计达到450种，其中省级集采药品应达到130种"[①]，2023年地方集采工作均照此全面展开。2023年3月29日和11月6日分别进行了第八、第九两批国家带量采购，拟中选药品平均降价分别为56%和58%，按约定采购量测算，预计每年可节约药费分别为167亿元和182亿元。[②]

2018~2022年连续五年国家医保谈判（简称"国谈"），医保目录累计新增618种药品，超过80%的新药在上市2年内被纳入医保。2023年"国谈"结果于12月13日公布，143个目录外药品参加了谈判或竞价，其中121个药品谈判或竞价成功，成功率84.6%，是谈判成功品种数量最多的一次，平均降价61.7%。[③]

（二）零售药店纳入门诊统筹

2023年2月15日，国家医保局发布了《关于进一步做好定点零售药店纳入门诊统筹管理的通知》，这是为推进门诊共济保障机制改革采取的重大

---

① 《关于做好2023年医药集中采购和价格管理工作的通知》，http：//www.nhsa.gov.cn/art/2023/3/1/art_109_10207.html。
② 《39种药品平均降价56%——第八批国家组织药品集采看点解读》，https：//www.gov.cn/lianbo/2023-03-30/content_5749272.htm；《第九批国家组织药品集采41种药品采购成功 拟中选药品平均降价58%》，https：//baijiahao.baidu.com/s? id=1781817426449203138&wfr=spider&for=pc。
③ 《126种新药进医保 2023年国家医保药品目录发布》，http：//app.www.gov.cn/govdata/gov/202312/14/510257/article.html。

措施。据国家医保局数据统计，截至 2023 年 8 月，全国已有约 14.14 万家药店纳入了门诊统筹管理。多地医保局还发布了门诊统筹报销起付线、最高限额和报销比例等详细规定，且退休职工的政策多优于在职职工。此外，国家医保局出台了《医疗保障信息平台电子处方中心技术规范》，指导各地依托全国统一的医疗保障信息平台，推动医保电子处方中心落地应用。目前已有 20 个省份正式上线应用，实现了电子处方在定点医疗机构的顺畅流转，满足了参保群众使用医保电子处方购药的需求。

（三）加强乡村医疗卫生和医疗保障建设

2023 年 2 月 13 日发布的《中共中央 国务院关于做好 2023 年全面推进乡村振兴重点工作的意见》（中央一号文件）提出"加强乡村两级医疗卫生、医疗保障服务能力建设"。2 月 23 日，中办、国办又发布《关于进一步深化改革促进乡村医疗卫生体系健康发展的意见》，提出引导资源和患者向乡村两级医疗卫生机构下沉。3 月 23 日，中办、国办再出台《关于进一步完善医疗卫生服务体系的意见》，要求"发展壮大医疗卫生队伍，把工作重点放在农村和社区"。2023 年 12 月 29 日，国家卫健委、中央编办等 10 部门发布了《关于全面推进紧密型县域医疗卫生共同体建设的指导意见》，明确县域医共体年度任务目标和绩效考核指标。上述文件的密集出台，说明党和国家对乡村医疗的重视程度之高、支持力度之大前所未有，乡村医疗振兴即将全面展开，为药品流通行业的未来发展拓展了很大的空间。

（四）实施中医药振兴发展重大工程

2023 年 2 月 28 日，国务院办公厅《关于印发中医药振兴发展重大工程实施方案的通知》提出建设 130 个左右中医特色重点医院，布局 35 个左右国家中医疫病防治基地，在"三区三州"建设 64 个中医县域医疗中心，建设 50 个左右中西医协同"旗舰"医院。《"十四五"优质高效医疗卫生服务体系建设实施方案》也提出建设约 30 个国家中医药传承创新中心。上述机构一旦建成，中医药振兴事业将进一步加快，也将为药品流通行业发展提供新的增长点。

（五）集中整治医药领域腐败问题

2023年5月8日，国家卫健委、国家医保局等14部门印发《2023年纠正医药购销领域和医疗服务中不正之风工作要点》，全面部署纠正医药购销领域和医疗服务中不正之风的工作。7月6日，国家卫健委、公安部等10部门联合印发《关于开展全国医药领域腐败问题集中整治工作的指导意见》，开启了为期一年的全国医药领域腐败问题集中整治工作。医药领域反腐工作的深入进行，进一步净化了医药领域市场环境，也有利于药品流通行业健康发展。

二 药品流通企业创新发展取得的新成效

2023年随着我国医保、医疗、医药"三医"协同发展和治理持续深化，国家出台的相关政策措施总体上有利于促进药品流通企业健康、可持续发展，机遇大于挑战。在各项利好政策的推动下，药品流通企业锐意改革，通过创新引领、科技赋能，不断加快数字化转型步伐，向高质量发展的目标攻坚克难，努力奋进，取得了耀眼的成绩和显著的成效。

（一）大型数字化、综合性药品流通企业稳健发展

商务部《指导意见》提出，"十四五"时期要培育形成1~3家超5000亿元、5~10家超千亿元的大型数字化、综合性药品流通企业。从营收总规模来看，国药控股自2021年超越5000亿元后持续增长，2022年达到5521.48亿元；2022年，上海医药、华润医药和九州通也都已迈入超千亿元的大型数字化、综合性药品流通企业的行列。①

---

① 资料来源：商务部《2022年药品流通行业运行统计分析报告》。

进入 2023 年，在 DRG/DIP、集采"国谈"常态化、药品价格治理等背景下，这四大企业营销持续保持快速增长的势头，如国药控股实现营业收入5965.70 亿元，同比增长 8.05%。

1. 四大集团分销网络渠道布局全面提升

截至 2023 年底，国药集团的分销网络已覆盖全国 31 个省区市，分销业务在甘肃、宁夏等西北地区实现了较快增长。上海医药分销网络覆盖全国25 个省区市，建立了高效、智慧的现代化供应链服务渠道。华润医药分销网络覆盖全国 28 个省区市，客户数约 24 万家，其中包括二、三级医院 1 万余家和基层医疗机构约 10 万家。九州通集团分销网络覆盖全国 90% 以上的行政区域，有效覆盖城市及县级公立医院 1.38 万家，基层及民营医疗机构客户 25.49 万家，连锁及单体药店客户 21.41 万家（合计覆盖零售药店数量约 38 万余家）。[①]

2. 大型企业通过创新和跨界融合不断增强核心竞争力

2023 年，各大型药品流通企业坚持科技引领，创新赋能，不断增强企业核心竞争力。如国药一致聚焦新零售和数字化，加快线上线下业务融合发展，O2O 业务网络已覆盖 9000 多家门店，现有夜间售药门店超 1000 家，并对接智慧药房项目。国药健康商城全新升级，已完成测试上线 3000 家门店，2023 年底实现全面覆盖。此外，国大药房结合智能 AI、自动化、物联网等技术不断开发高新技术产品，数字化转型逐步推进落地。[②]

华润医药集团加快兼并重组步伐，优化工商结构，加快布局创新领域。此外，加强药房一体化、规范化、专业化、数字化建设，打造零售业务差异化和专业化的竞争优势。其中 DTP 专业药店总数已达 272 家（包括"双通道"药店 153 家），积极承接处方外流，持续丰富和优化产品结构，零售业务同比增长 26.2%，零售收入中 61% 都是由 DTP 药房贡献的。

---

① 资料来源：华润医药及九州通 2023 年上市公司年报。
② 资料来源：国药一致 2023 年半年度报告。

（二）药品零售连锁企业开辟规模化、专业化、多元化的创新之路

商务部《指导意见》提出，"十四五"时期要培育5~10家超500亿元的专业化、多元化药品零售连锁企业。在这一目标的指引下，2023年全国药品零售连锁企业奋发有为，努力做大做强，突出表现在"加盟"和"万店时代"两个方面。同时，随着零售药店集中度的提高，以及朝大健康新零售方向发展，企业的效益也明显提升。2023年六大上市药品零售连锁企业多数营收净利双增长，其中有4家营收已破百亿元规模。

1. "药店加盟"成为药品零售连锁企业扩张的主要手段

近年来，一些上市的大型药品零售连锁龙头企业借助资本加速并购，迅猛扩张门店。但由于资金限制和激烈竞争，药店的并购难度不断加大，区域扩张和门店占有率提高步履缓慢，如2023年前三季度上市公司数据显示，老百姓完成9起并购，益丰药房完成22起并购，大参林完成19起并购。因此，一种创新型的药店加盟模式开始出现，很快就吸引了药品零售连锁企业和单体药店的青睐。进入2023年，"药店加盟"模式成为连锁药店扩张的主要手段之一，老百姓、大参林、益丰药房、一心堂等企业都大张旗鼓开展了加盟招商活动。截至12月31日，老百姓的加盟店已近4400家，占总门店数的32.4%。好药师2024年第一季度末加盟店超过2.1万家。药店"加盟"的热度持续不减。从招募加盟对象的标准来看，已逐步从单体药店转向中小连锁药店。

2. 药品零售连锁企业步入"万店时代"

早在2018年，高济健康通过"闪电战"式收购，迅速成为国内第一家"门店破万"的药店企业。2022年6月老百姓实现万家门店。同年，大参林、益丰药房、国药控股和九州通集团旗下好药师自营及加盟药店总数也都已经超过1万家。2023年9月，一心堂也加入"万店俱乐部"。"万店时代"的出现主要有以下几个原因：一是相关部门政策的推动，如商务部《指导意见》提出"支持药品流通企业跨地区、跨所有制兼并重组"，各地有关部门也纷纷出台政策支持药品零售连锁企业通过兼并、重组、加盟等方式，整

合其他药品零售企业，加速做大做强和提高市场集中度；二是广大中小药店愿意通过加盟得到赋能，便于参与 B2C、O2O 电商、多元化经营、慢病管理等创新业务；三是上市公司在资本的助力下，通过大量收购中小药品零售连锁企业，整合资源，不断提升上市企业区域扩张面和门店覆盖率，实现企业跨越式的发展。

3. 专业化服务成为药品零售企业高质量发展的核心竞争力

随着门诊统筹、双通道、医保个账改革等政策的深入推进，以及市场环境的变化、企业微利时代的到来，药品零售行业企业如国药系、华润系和上药系等"批零一体化"企业，以大参林、老百姓、益丰药房等为代表的传统药房，以及以新技术赋能、借助上级公司医疗资源，打造智慧 DTP 药房的圆心、思派等企业，均借助公司资源优势，积极布局专业化药房，建立以特药药品为主的 DTP 药房，为患者提供疾病建档、处方审核、用药指导、患教管理、追踪随访、慈善援助等全病程的一体化药学服务。进一步推动了行业高质量发展。

4. 药品零售企业多元化创新，发展大健康新零售

2023 年初，因新冠疫情结束需求速降，一些药店部分药品库存积压，资金流转困难，加上受药品集采影响，利润有所下滑。为了走出困境，企业努力寻找新的业务增长点，走差异化经营之路，一些有实力的企业开始向诊疗和健康管理服务拓展，如开设中医坐堂、店内诊所、中医馆、社区诊所、体检中心等，探索"药店+"的新模式。

与此同时，不少企业开始探索发展大健康新零售。主要的办法是加快调整和丰富销售的品类结构，布局多元化经营，如药店卖养生茶饮或快消健康食品，迎合年轻消费者的喜好。一些零售药店与制药企业开展合作，利用数字化赋能为慢性病患者服务，如海王星辰与赛诺菲合作打造"菲糖小屋"，借助数字化工具提供个性化服务。此外，广东、江西等地监管部门推动"连锁药店+便利店"的模式，使便利店与药店的商品结构形成了很好的互补。

5. "药店+商业保险"成为医疗健康领域创新发展的新亮点

近年来，随着医疗和健康产业的不断发展，零售药店逐步演变成提供综合性医疗和健康服务的重要角色。"药店+商业保险"是其中创新发展的一大亮点。如漱玉平民商保直付业务年销售额达2亿元以上，覆盖药店比例达到100%。其他各大头部连锁企业都在紧锣密鼓地扩展商保市场。目前，"药店+商业保险"在国内市场已经有多个品牌推出，取得了较好的市场反响。2023年3月8日，国药控股公司与中国太保寿险在上海签署战略合作协议，探索"保险+健康管理"新模式，围绕保险业务为用户提供就医指导、便利就医和康复管理等服务，助力健康中国建设。

（三）数字化转型促进"互联网+药品流通"向更广更深发展

进入"十四五"时期，药品流通行业不断推进数字化、智能化转型，加速"互联网+药品流通"向更广和更深发展。许多企业通过大数据、人工智能等新技术赋能，逐渐从传统的药品销售向数字化营销演变。特别是2023年2月，中共中央、国务院印发了《数字中国建设整体布局规划》，要求在医药卫生领域加快数字技术创新应用，全行业积极落实，2023年数字化转型和"互联网+药品流通"取得明显的进展和成效。

1. 政策利好促进网上药店高速发展

2022年8月3日，国家市场监督管理总局发布了《药品网络销售监督管理办法》，自2022年12月1日起施行。该新规从政策层面肯定了网售处方药的发展，网上药店销售规模迅速增长，处方药成为重要的增量。据有关机构统计，2023年网上药店终端药品（化学药、中成药）销售规模已超过600亿元，同比增长超30%。药品零售连锁企业积极开展"网订店取"和"网订店送"线上业务，如老百姓、健之佳、漱玉平民线上渠道业务增速均超过30%。许多连锁企业开通天猫、京东、拼多多、美团等第三方主流B2C平台，如拼多多大药房旗舰店已超过1000家。

同时，2023年多地还开展"互联网+医保"的探索，也一定程度扩展了网上药店的市场空间。处方流转进程加快，甘肃、广东、福建等省份相继建设处方流转平台，慢特病用药成为药店新的利润点。上海、义乌、金华，以及大连、沈阳等城市已展开O2O线上医保支付试点的相关探索。山西明确已接入处方平台的定点零售药店，均可开展门诊统筹的"互联网+"医保结算服务。

2.药品流通行业开始向全面智慧化和人工智能方向进军

2023年，药品流通企业加快数字化转型步伐，除了继续与各大电子商务平台融合发展，还致力于智慧供应链、智慧物流、智慧药房等新业态的打造，利用大数据和私域流量推动发展线上线下结合的新零售，如河北、山东、天津、江西等省级药监部门都发文支持智能化的药房和自动售药机。目前在上海、武汉、衢州等各地多个城市街头陆续出现了数字智慧药房或无人智慧柜，为百姓提供24小时售药服务。

2023年出现的一个创新亮点是：药品流通行业开始向人工智能方向进军。如厦门国大药房推出厦门市首家封闭式AI机器人，该药房空无一人，用户只需在中控屏幕上向线上医师问诊与购药，机器人可根据清单快捷取药配货。此外，在人工智能方面重大的突破是：华为开始赋能药店。2023年12月，广西柳药集团发文称，该公司与华为云、润达医疗全面合作，将通过"智慧医疗云"赋能药店，应用智慧检验、智慧随访、智慧患教、数字人健康宣教等AI场景，为药店终端客户提供检测报告辅助分析、数字化陪护疗养、个性化健康管理等增值服务，推动互联网医院、处方共享、实体药店服务有效衔接，实现从预防诊疗到用药康复全病程的一体化智慧管理。

（四）医药电商创新发展呈现新气象

2022年和2023年，京东、阿里、美团、好药师等医药电商平台都实现了两位数的增长，一些平台已开始盈利，而且处方药占比超30%，并且还在快速增长中，如美团买药已覆盖350个城市，覆盖药店门店27万家，合作的健康品牌超过3000个。2023年京东健康在O2O业务上密集发力，实施向药店让利政策，综合费率由过去的15%调整为"5%技术服务费+3元履约服务费"的标准，还包括千万级流量激励、精准营销工具等，使第三方药店能够通过在平台开展 O2O 业务实现盈利。另外，从 12 月中旬开始，上海多家药店启动 O2O 业务线上医保支付试点工作。

三　药品流通企业未来发展趋势分析

2024 年的政府工作报告提出要继续"促进医保、医疗、医药协同发展和治理"。"三医"协同发展是近年来政府各部门加强制度衔接和各项改革措施密切配套的有效举措，指明了"十四五"时期医改的前进方向，也是促进药品流通行业高质量发展的指南。此外，政府工作报告提出的其他具体政策，如提高居民医保补助标准、落实和完善异地就医结算、推动优质医疗资源下沉基层、加强老年用品和服务供给等，对促进药品流通行业的发展均是利好消息。

（一）大型药品流通企业将继续保持扩张和高质量发展的势头

从 2023 年药品流通行业发展整体趋势看，国药控股、上海医药、华润医药和九州通等四家营收超千亿元的大型数字化、综合性的药品流通企业持续增长态势明显。重庆医药、南京医药、华东医药、嘉事堂、柳药集团、百洋医药等十多家省域药品流通龙头企业总体上都有不同程度的增长，并在数字化转型、供应链管理等创新和高质量发展方面取得不菲的成绩。目前这些大中型综合性药品流通企业已成为药品流通行业发展的主力军，在未来仍将保持强者恒强态势。特别是随着"三医"协同发展和治理继续深化、国家医保谈判和医药集中采购常态化，由于这些企业实力强大，现代物流优势明显，资金较为充裕，抗压能力强，因此，每一批次集采中选产品拟配送企业名单大多以千亿级和省域龙头企业为主，市场集中度不断提升，而许多中小型药品批发企业将逐渐被边缘化，甚至淘汰出局。商务部《指导意见》提出：要培育 100 家左右智能化、特色化、平台化的药品供应链服务企业，有条件的中小药品批发企业可以借助互联网信息技术和跨界融合的趋势，加快向此方向转型。

（二）药品零售发展面临瓶颈，未来集中度将不断提高

从2023年药品零售市场发展整体趋势看，虽然上市的药品零售连锁企业门店数扩张迅猛，创新发展也有不少亮点，但总体看发展的步伐仍然比较缓慢。商务部《指导意见》提出：要培育5~10家超500亿元的专业化、多元化药品零售连锁企业。目前"十四五"已经过半，但年销售额超500亿元的药品零售连锁企业尚未产生，差距还相当大。药品零售发展的瓶颈和面临的挑战主要在以下几个方面。一是全国零售药店达到66.7万家，总量庞大，集中度低，竞争激烈。但目前上市的药品零售连锁企业仅有9家，仅依靠这些上市公司和一些区域龙头药品零售连锁企业对零售药店进行并购或"加盟"，要整合重构全国药店格局非常困难。二是随着网售药品新规出台，医药电商平台对零售药店的冲击越来越大。如2023年"双十一"各大B2B、B2C平台刮起药品"血拼低价"的价格风暴，致使线下实体药店客户不断流失。三是老年患者被社区、医院等终端分流，减少了药店的客流。加上药店房租、人工成本等运营费用不断升高，一些药店利润持续下滑。未来随着国家医保、医疗、医药协同发展和治理持续深化，药品流通行业兼并重组力度不断加强，药品零售的集中度将不断提高。目前许多药品零售企业正向专业化、精细化、多元化服务发展。国大、华润以及大参林等利用资源优势，在布局专业化药房的基础上，参照中国医药商业协会制订的肺癌、乳腺癌、结直肠癌等单病种药学服务标准，对患者开展更精准全流程的药学服务，以满足患者个性化的需求。大健康药房主要以覆盖社区为特点，除了提供慢性病、康复管理服务，还通过引入丰富多样的"非药"类营养滋补、中药养生、保健药妆等商品，满足消费者对健康和美丽生活品质的追求。

（三）处方外流加速将促进院外市场规模逐步扩大

近年来随着药品集中采购、国家谈判的常态化，医保支付体系的改革，以及"双通道+药店门诊统筹"等政策的落地，特别是2022年全国统一的医疗保障信息平台建成，国家医保局发文要求2023年12月31日前，各省

份要依托这一平台，建立标准规范的医保电子处方中心，实现定点医疗机构处方顺利流转到定点零售药店。有的省份还鼓励开设"自助药房"，可以预见，今后零售药店尤其是院边店、DTP药房承接处方流转的机会日益增多，加上医药电商平台的业务持续以每年两位数增长，院内处方外流速度将加快。现在医院药房已是零加成，国家又加大力度治理医药领域腐败问题，医院处方流向院外的阻力将逐渐减弱，预计院外药品市场的规模会进一步提升。从长远来看，药品处方不断流向院外，有助于加快医药分开，杜绝医药腐败，但需要经过一个缓慢渐进的过程。如日本医药经过几十年的改革，医药分业率从1998年的30.3%增加到2023年的80%左右。

（四）数字化转型和人工智能将加快行业高质量发展进程

数字化转型是"十四五"时期药品流通行业高质量发展的重要引擎。药品流通企业正积极加快数字化营销的进程，推动线上与线下的融合发展，除自建电商平台外，还加强与其他电商平台合作，未来仍将继续保持这一发展态势。据报道，京东健康、阿里健康等互联网巨头已经开始盈利，叮当健康等医药垂直电商平台也成功登陆二级资本市场。2023年下半年出现的一个新的情况是，医保支付开始逐渐进入网上药店。例如，上海已启动试点互联网药店医保支付工作，美团、饿了么平台已有部分药店标注"医保支付"字样，消费者在这些线上药店购买带"医保"标签的药品，即可选择使用医保支付。可见，随着政策放宽，未来电商有"医保支付"的加持，线上售药的增量将会不断上升。此外，已有一些省份有关部门出台政策，鼓励药品零售企业在机场、火车站、汽车站、商场、超市等场所内设置药品销售专柜，或者依托自身实体药店在注册地址设置自动售药机，销售乙类非处方药，解决百姓在外出行和夜间购药问题。2023年抖音在药品电商领域不断试水。2024年1月，抖音为入驻的商家经营处方药解除了限制，有可能是医药新零售发展的又一次"风口"，但这个创新的商业模式也给传统药店带来了巨大的挑战与转型压力，值得我们密切关注。

此外，人工智能进入药品流通领域是行业高质量发展的新趋势，特别是 AI 大模型的推广应用将加速药品流通数字化时代到来。以 2023 年 12 月华为云入局线下药店为标志，华为云携手柳药集团和润达医疗共同打造了"智慧医疗云"平台，华为提供全场景的人工智能解决方案，搭建一站式"医+药+健康管理"的全生命周期服务闭环，运用最先进的人工智能技术为药店赋能，如合作试点成功后，这一模式有望在药品流通行业广泛推广运用，进而把药店打造成真正为百姓提供医药和健康管理服务的重要平台。

B.8

2023年药品流通行业上市公司运行情况分析[*]

孙媛媛　陈晓　孟令余[**]

摘　要： 上市公司数据是反映行业发展情况的重要指标。本文以28家药品流通行业上市公司公开披露的2023年年报资料为依据，对其收入情况、盈利水平、费用控制、资本运作和战略实施等情况进行分析。2023年我国药品流通行业呈现稳步发展态势，但也面临政策调整、市场竞争加剧等挑战。为应对挑战并抓住发展机遇，药品流通行业的上市公司需加强战略规划，提升执行能力，强化内部管理和风险控制能力，不断推动行业的高质量发展。

关键词： 药品流通　上市公司　运营分析

　　当前，药品流通行业已进入"十四五"规划的关键时期。随着医药卫生体制改革不断深化和新技术跨界融合，行业在降价、控费、结构调整、竞争加剧等压力下，加速数字化转型和服务升级，在供应链韧性、医药流通效率和综合服务等方面能力显著提升。"两票制"全面实施和带量集采常态化，推动行业规模化运作及强化流通成本控制，加快行业整合，集中度持续提升。本文通过对28家药品流通行业上市公司2023年年报公开的收入情况、盈利水平、费用控制以及资本运作等指标数据进行具体分析研究，旨在揭示2023年国内药品流通行业上市公司的经营情况和未来发展趋势。

---

　　* 本文引用的财务数据来自同花顺iFinD及上市公司年报，感谢安永华明会计师事务所（特殊普通合伙）给予的部分数据支持。

　　** 孙媛媛，兴业证券经济与金融研究院大健康研究中心总经理，医药首席分析师；陈晓，兴业证券经济与金融研究院医药研究员；孟令余，国药控股股份有限公司战略规划部副部长。

一 药品流通行业上市公司收入增长情况分析

从2023年药品流通行业上市公司营业收入及增长情况来看，2023年营业收入总和为18746.20亿元，同比增长8.07%，与2022年增速相比下降了0.64个百分点。其中，分销业务收入占比为78.13%，为14646.71亿元；零售业务收入占比10.01%，为1877.32亿元。从收入规模上来看，国药控股收入规模持续领先，2023年为5965.70亿元，同比增长8.05%，上海医药、华润医药和九州通分别以2602.95亿元、2447.04亿元、1501.40亿元列第二、第三、第四位。四家头部企业收入规模均超1500亿元，收入总和达到了12517.08亿元，占28家药品流通行业上市公司收入总和的66.77%（见表1）。

与2022年相比，2023年头部分销企业增速整体保持稳健，略有放缓，2023年国药控股、上海医药、华润医药和九州通营业收入之和增速为8.70%，与2022年相比下降了0.67个百分点，主要是由于医药行业外部环境变化及药品带量采购常态化对医药分销业务的增速带来影响，同时医药分销企业经过十几年的并购发展，近年来并购整合增速放缓。

2023年，以零售为主业的上市公司增速有所放缓，大参林、益丰药房、老百姓、一心堂、漱玉平民、健之佳营业收入之和增速为11.83%，相较2022年下降了17.18个百分点，主要是受上年同期高基数、运营成本上升、门诊统筹对接不及预期等因素影响，业绩短期承压。

表1 2023年药品流通行业上市公司主营业务收入增长情况

单位：亿元，%

序号	证券名称	2021年营业收入	2022年营业收入	同比增长率	2023年营业收入	同比增长率	2023年分销营收	2023年零售营收
1	国药控股	5210.51	5521.48	5.97	5965.70	8.05	4410.51	349.86
2	上海医药	2158.24	2319.81	7.49	2602.95	12.21	2337.60	91.11
3	华润医药	1936.13	2269.86	7.31	2447.04	7.81	2021.53	95.79
4	九州通	1224.07	1404.24	14.72	1501.40	6.92	1444.74	28.15

序号	证券名称	2021年营业收入	2022年营业收入	同比增长率	2023年营业收入	同比增长率	2023年分销营收	2023年零售营收
5	重药控股	625.21	678.29	8.49	801.19	18.12	768.18	30.34
6	国药一致	683.58	734.43	7.44	754.77	2.77	517.55	233.28
7	南京医药	451.23	502.22	11.30	535.90	6.71	507.26	23.28
8	国药股份	464.69	454.99	-2.09	496.96	9.23	492.29	—
9	华东医药	345.63	377.15	9.12	406.24	7.71	276.41	—
10	中国医药	362.34	375.93	3.75	388.24	3.28	292.40	—
11	海王生物	410.54	378.35	-7.84	364.19	-3.74	235.66	—
12	英特集团	267.31	306.19	14.55	320.52	4.68	290.88	27.53
13	嘉事堂	256.26	262.2	2.32	299.96	14.40	283.30	12.85
14	大参林	167.59	212.48	26.78	245.31	15.45	34.23	205.09
15	益丰药房	153.26	198.86	29.75	225.88	13.59	18.92	201.85
16	老百姓	156.96	201.76	28.54	224.37	11.21	29.31	193.49
17	柳药集团	171.35	190.53	11.19	208.12	9.23	167.88	28.22
18	鹭燕医药	175.45	194.63	10.93	198.46	1.97	182.49	10.42
19	一心堂	145.87	174.32	19.50	173.80	-0.29	39.01	126.28
20	人民同泰	93.15	96.41	3.50	103.90	7.77	86.52	16.01
21	漱玉平民	53.22	78.23	47.00	91.91	17.49	9.77	79.32
22	健之佳	52.35	75.14	43.54	90.81	20.84	—	81.42
23	瑞康医药	210.60	123.11	-41.54	80.34	-34.74	79.57	—
24	百洋医药	70.52	75.1	6.50	75.64	0.72	27.74	3.60
25	药易购	34.01	39.69	16.72	44.30	11.62	43.73	0.30
26	浙江震元	36.12	41.45	14.77	41.06	-0.94	20.75	11.88
27	达嘉维康	25.92	32.92	27.01	39.04	18.56	23.01	15.05
28	第一医药	13.98	26.56	89.94	18.20	-31.49	5.47	12.20
合计/平均		15956.09	17346.33	8.71	18746.20	8.07	14646.71	1877.32

二　药品流通行业上市公司盈利情况分析

从盈利水平情况来看，2023年28家药品流通行业上市公司的平均销售毛利率为 17.11%，平均净利率为 2.89%。近年来，"两票制"全面落地和带量集采药价下降影响了药品流通行业的利润空间。自 2018 年以来，国家医保局已开展 9 批国家组织的药品集采，共纳入 374 种药品，我国药品集采目前已进入常态化、制度化阶段，政策压力逐步释放消化；同时，随着药品流通企业充分发挥批零协同、药械协同、工商协同优势，应用新技术开展新服务、开发新产品、布局新业态，供应链服务数字化升级赋能提质增效，药品流通行业盈利水平有望企稳回升。从医药分销和医药零售两种不同的业态来看，分销业务平均毛利率为 8.12%，零售业务平均毛利率为 22.78%。

2023 年头部分销行业上市公司（收入规模超 1500 亿元，以披露分销业务毛利率的上海医药、华润医药和九州通为例）的分销业务平均毛利率为 6.58%，低于 28 家药品流通行业上市公司分销业务的平均毛利率（8.12%）。

以零售业务为主的上市公司（大参林、益丰药房、老百姓、一心堂、漱玉平民、健之佳）零售业务平均毛利率为 35.71%，显著高于 28 家药品流通行业上市公司零售业务的平均毛利率（22.78%）。28 家药品流通行业上市公司中，绝大多数公司实现了批零一体发展，但以分销为主的上市公司其零售业务受制于规模效应和品类结构问题，毛利率仍普遍偏低，平均为 17.25%，与以零售业务为主的上市公司平均毛利率（35.71%）相比差距较大（见表 2）。

表 2 2023 年药品流通行业上市公司盈利能力情况分析

单位：%

序号	证券名称	2022 年销售毛利率	2023 年销售毛利率	分销业务毛利率	零售业务毛利率	2022 年净利率	2023 年净利率
1	国药控股	8.59	8.13	—	—	2.60	2.52
2	上海医药	13.14	12.04	6.31	11.96	3.01	1.98
3	华润医药	15.40	15.67	5.90	7.60	3.09	3.18
4	九州通	7.80	8.07	7.54	17.14	1.63	1.53

续表

序号	证券名称	2022年销售毛利率	2023年销售毛利率	分销业务毛利率	零售业务毛利率	2022年净利率	2023年净利率
5	重药控股	8.58	7.87	7.32	20.91	1.71	0.96
6	国药一致	12.15	11.99	6.15	24.50	2.41	2.59
7	南京医药	6.49	6.18	5.58	14.68	1.43	1.33
8	国药股份	8.40	8.03	7.08	—	4.68	4.70
9	华东医药	31.90	32.40	6.98	—	6.72	7.01
10	中国医药	12.63	11.29	7.93	—	2.36	3.20
11	海王生物	10.02	9.76	8.98	—	-2.62	-4.72
12	英特集团	6.47	6.84	6.51	9.21	1.51	1.84
13	嘉事堂	8.04	6.59	6.62	—	1.79	1.26
14	大参林	37.80	35.90	11.24	38.15	5.08	5.02
15	益丰药房	39.53	38.21	9.36	39.59	7.18	7.00
16	老百姓	31.88	32.55	11.64	35.69	4.84	5.01
17	柳药集团	11.51	11.89	7.83	21.04	3.98	4.36
18	鹭燕医药	7.79	7.60	6.55	15.54	1.80	1.84
19	一心堂	35.05	33.00	12.32	37.97	5.81	3.22
20	人民同泰	9.52	9.59	6.87	21.08	2.73	2.81
21	漱玉平民	28.59	28.33	5.57	28.83	2.98	1.52
22	健之佳	36.14	35.88	—	34.02	4.84	4.56
23	瑞康医药	13.58	10.29	10.07	—	-14.13	0.40
24	百洋医药	27.76	29.98	12.16	—	6.46	8.46
25	药易购	7.95	8.30	8.01	17.64	0.91	1.28
26	浙江震元	18.20	18.68	8.27	20.47	1.97	2.07
27	达嘉维康	12.03	14.78	10.81	18.42	1.69	0.97
28	第一医药	20.53	19.10	7.52	21.25	5.41	4.91
	平均	17.41	17.11	8.12	22.78	2.57	2.89

三　药品流通行业上市公司费用控制情况分析

从费用控制指标来看，2023年28家药品流通行业上市公司的平均销售费用率为9.55%，较上年微增0.16个百分点；平均管理费用率为

2.58%，较上年微增0.01个百分点；平均财务费用率为0.73%，较上年下降0.08个百分点。平均三项费用率之和为12.86%，较上年微增0.10个百分点。从中可以看出，2023年28家药品流通行业上市公司在控制财务费用率方面取得一定成效，但在管理费用率和销售费用率上需要进一步关注（见表3）。

表3 2023年药品流通行业上市公司费用控制水平

单位：%

序号	证券名称	销售费用率		管理费用率		财务费用率		费用率之和	
		2022年	2023年	2022年	2023年	2022年	2023年	2022年	2023年
1	国药控股	3.02	2.93	1.48	1.45	0.58	0.41	5.08	4.79
2	上海医药	6.16	5.34	2.15	2.19	0.57	0.57	8.87	8.11
3	华润医药	7.49	7.73	2.55	2.59	0.80	0.74	10.84	11.06
4	九州通	2.94	2.94	1.82	1.88	0.81	0.79	5.56	5.60
5	重药控股	3.00	2.76	1.89	1.86	1.61	1.63	6.50	6.24
6	国药一致	7.18	7.06	1.54	1.47	0.26	0.27	8.97	8.79
7	南京医药	2.31	2.19	0.97	0.97	0.87	1.00	4.14	4.15
8	国药股份	2.10	1.94	0.96	0.94	-0.06	-0.25	3.00	2.62
9	华东医药	16.80	16.36	3.31	3.5	0.21	0.13	20.32	19.98
10	中国医药	5.19	4.15	2.69	2.82	0.37	0.29	8.25	7.26
11	海王生物	4.01	3.82	3.07	3.16	2.39	2.59	9.48	9.57
12	英特集团	2.24	2.56	1.45	1.36	0.47	0.46	4.16	4.39
13	嘉事堂	3.18	2.42	1.22	1.09	0.68	0.48	5.08	3.99
14	大参林	24.28	22.92	5.22	4.83	0.98	0.78	30.48	28.53
15	益丰药房	24.53	24.29	4.55	4.26	0.53	0.38	29.60	28.94
16	老百姓	19.32	20.35	5.49	5.29	1.15	0.79	25.96	26.43
17	柳药集团	2.80	2.66	2.19	2.26	1.16	1.20	6.14	6.12
18	鹭燕医药	2.22	2.23	1.54	1.56	1.13	1.12	4.89	4.91
19	一心堂	23.36	24.36	2.53	2.46	0.56	0.36	26.44	27.19
20	人民同泰	4.32	4.19	1.04	0.91	0.42	0.22	5.78	5.31
21	漱玉平民	20.52	21.34	2.65	3.23	0.97	1.28	24.14	25.86
22	健之佳	25.43	26.32	2.79	2.17	1.35	1.39	29.57	29.89
23	瑞康医药	6.88	5.38	5.69	5.08	2.94	1.65	15.51	12.11

序号	证券名称	销售费用率		管理费用率		财务费用率		费用率之和	
		2022年	2023年	2022年	2023年	2022年	2023年	2022年	2023年
24	百洋医药	14.94	14.05	2.62	3.14	0.64	0.74	18.20	17.92
25	药易购	4.08	4.30	1.50	1.30	0.18	0.16	5.76	5.76
26	浙江震元	10.64	11.32	3.55	3.57	-0.13	-0.27	14.06	14.61
27	达嘉维康	5.45	8.24	2.34	2.62	1.16	1.88	8.95	12.75
28	第一医药	8.43	13.15	3.19	4.28	0.03	-0.31	11.65	17.13
合计/平均		9.39	9.55	2.57	2.58	0.81	0.73	12.76	12.86

四 药品流通行业上市公司资本运作情况分析

2023年，28家药品流通行业上市公司的平均资产负债率为61.76%，较2022年同比下降了0.83个百分点。

截至2023年最后一个交易日，28家药品流通行业上市公司的市值总和为5041.37亿元，平均市值为180.05亿元，较2022年最后一个交易日的平均市值190.96亿元下降了10.91亿元（见表4）。

表4 2023年药品流通行业上市公司资本运作指标

序号	证券名称	2022年资产负债率（%）	2023年资产负债率（%）	2022年末总市值（亿元）	2023年末总市值（亿元）	2022年末市盈率（倍）	2023年末市盈率（倍）
1	国药控股	69.83	68.62	553.06	580.32	6.79	6.59
2	上海医药	60.63	62.11	601.82	619.56	12.16	13.47
3	华润医药	62.62	62.32	354.68	293.06	9.12	8.14
4	九州通	68.91	68.23	244.35	274.01	13.71	12.63
5	国药一致	54.37	55.90	131.73	161.35	10.75	9.91
6	重药控股	77.78	75.59	88.56	85.89	8.02	12.45
7	南京医药	78.85	74.46	67.09	63.42	10.66	11.21
8	国药股份	46.44	45.97	210.51	215.94	11.17	10.83
9	海王生物	83.14	86.94	91.33	86.38	—	—

续表

序号	证券名称	2022年资产负债率(%)	2023年资产负债率(%)	2022年末总市值(亿元)	2023年末总市值(亿元)	2022年末市盈率(倍)	2023年末市盈率(倍)
10	华东医药	38.52	35.59	820.87	727.38	34.38	26.87
11	中国医药	63.30	62.88	257.74	167.09	44.58	29.67
12	英特集团	70.50	65.62	35.57	58.56	18.60	14.03
13	嘉事堂	64.23	64.42	41.98	41.45	12.52	14.46
14	大参林	67.06	67.11	375.85	283.59	41.94	22.04
15	老百姓	66.83	65.67	236.71	174.84	31.72	19.60
16	益丰药房	56.64	56.72	460.74	404.64	45.37	28.08
17	鹭燕医药	76.32	74.76	32.36	34.93	9.97	9.80
18	柳药集团	65.79	64.96	67.63	68.53	10.56	8.56
19	一心堂	53.47	52.68	187.82	138.03	22.49	13.55
20	瑞康医药	68.62	66.26	61.99	49.20	92.85	—
21	人民同泰	65.11	62.95	37.00	45.35	15.76	14.53
22	漱玉平民	71.17	74.65	72.92	82.81	54.05	31.69
23	健之佳	72.73	71.41	79.40	76.54	26.73	17.17
24	百洋医药	54.68	50.13	125.18	188.3	27.33	28.94
25	浙江震元	39.73	31.99	26.50	36.39	36.83	37.86
26	药易购	48.48	49.26	27.61	30.09	226.40	39.91
27	达嘉维康	53.75	66.24	30.75	26.91	43.36	—
28	第一医药	52.99	45.87	25.16	26.81	28.60	21.19
	平均	62.59	61.76	190.96	180.05	30.81	18.53

2023年，资本市场对药品流通行业的估值出现了一定回落，平均市盈率从2022年的30.81倍下降至2023年的18.53倍（不包括海王生物、瑞康医药、达嘉维康）。其中，以零售为主业的上市公司（大参林、益丰药房、老百姓、一心堂、漱玉平民、健之佳）平均市盈率为22.02倍，较2022年末的37.05倍下降明显，头部分销行业上市公司（国药控股、上海医药、华润医药和九州通）平均市盈率为10.21倍，较2022年末的10.45倍相对平稳。这主要是由于零售板块受到涉疫产品库存、消费疲软、统筹政策短期压力影响较大，估值有一定回落，而医药分销相较于医药生物板块整体，ROE及业绩增速更稳健，分红比例更高，属于医药板块中的类红利资产，防御属性凸显。

2023年，28家药品流通行业上市公司共披露了82起与医药流通相关的投资并购活动，涉及金额33.38亿元，与2022年相比，交易数量大幅提升，但交易金额有所降低。其中，以分销业务为主的22家上市公司与医药流通相关的投资并购活动共有22起，涉及金额10.67亿元，而以零售业务为主的6家上市公司与医药流通相关的投资并购活动共有60起，涉及金额22.71亿元。分销企业经过十几年的持续整合，行业集中度迅速得到提高，因此并购活动已大幅减少；而零售上市公司随着一级市场连锁药店估值逐步降温，并购整合窗口期重新开启，2022~2023年上市公司大型并购交易次数增长。从统计的2022年及2023年已经达成的交易来看（见表5），并购估值呈下行趋势，更多起上市公司的并购交易值得期待。

表5 2022~2023年药品流通行业上市公司资本运作指标

并购年度	2022年			2023年			
并购方	老百姓	益丰药房	健之佳	老百姓		大参林	健之佳
并购标的	怀仁大药房	九芝堂医药	唐人医药	百信缘	为百姓	万家燕大药房	乐邦仁佳
区域	湖南	湖南	河北	江苏	安徽	重庆	重庆
门店数	660多家	直营190家，加盟359家	659家	150多家	129家	/	190家
并购对价	16.37亿元（71.96%股权）	2.04亿元（51%股权）	16.6亿元（80%股权）	2.15亿元（35%股权）	1.24亿元（80%股权）	3000万元（15%股权）	1.37亿元
PE	22.75	47.50	24.27	17.38	15.75	20.00	19.63
营收（亿元）	14.02	10.44	14.69	5.88	1.67	3.18	2.34
净利润（万元）	9999.20	842.18	8550.6	3535.37	984.06	999.77	697.62
PS	1.62	0.38	1.41	1.04	0.93	0.63	0.59

注：PE：市盈率；PS：价销比。

五 药品流通行业上市公司战略实施情况分析

2023年，在降价、控费、结构调整、竞争加剧等压力下，药品流通行业仍然保持了销售增长，但结构分化趋势仍在持续。为应对外部环境的变化，药品流通行业上市公司需要不断强化自身的核心竞争力，并根据外部环境的变化趋势进行战略评估及调整。

（一）医药分销类企业

因医药分销企业数量较多，规模较为悬殊，其指标和战略差异较大，因此主要选取四家头部分销企业的战略实施情况重点分析如下。

在集采常态化、"两票制"深入实施的新形势下，药品流通行业内部分化加大，全国性及区域性商业龙头企业凭借仓储网络、数字化管理、资金等优势，将有效承接中小型流通商的市场份额，持续推动行业集中度提升。四家头部分销企业国药控股、上海医药、华润医药、九州通2023年分别实现分销收入4410.51亿元、2337.60亿元、2021.53亿元、1444.74亿元，同比分别增长8.47%、13.62%、11.43%、6.92%（见表6）。基于四家头部分销企业的强大分销网络基础和多年的深耕，目前其业务均已渗透到全国的31个省市区。

2023年，药品流通企业的主要战略举措可以概括为：批零协同、工商协同、药械协同、商业模式创新及提质增效。

1. 批零协同

2023年，新冠疫情影响逐步消除，零售业务的品类结构回归常态。随着个账改革和门诊统筹等改革政策的落地实施，短期内患者向医院和基层医疗机构回流的趋势有所显现，医药零售行业的整体增速有所放缓。但处方外流以及国家医保局、国家卫生健康委联合颁布的零售药店"双通道"政策逐步落地，医药分开加速，进一步促进了处方药、创新药由院内向院外的转移，四大头部分销企业的零售业务在2023年实现正向增长。同时，2023年四家头部分销企业零售业务加快门店布局，充分发挥"批零一体化"战略优势。

截至2023年末，国药控股零售药房门店总数12109家，较2022年底合计净增1356家。其中国大药房门店总数10516家（直营门店8528家，加盟门店1988家）。2023年国大药房净增门店1203家，同比增加688家。整体加盟模式实现突破，为加盟业务快速发展奠定基础。

表 6 国药控股、上海医药、华润医药、九州通 2023 年主要财务指标

单位：%，亿元

简称	大股东	大股东持股比例	大股东性质	2023年收入规模	2023年综合毛利率	2023年扣非净利率	2023年摊薄ROE	2018~2023年收入CAGR	2018~2023年扣非净利润CAGR	2023年分销收入规模	2023年分销收入占比	2023年分销毛利率
国药控股	国药产业投资有限公司	50.36	国有法人	5965.70	8.1	1.7	12.1	11.6	13.1	4410.51	71	—
上海医药	上海医药（集团）有限公司	19.35	国有法人	2602.95	12.0	1.4	5.5	10.3	6.3	2337.60	90	6.3
华润医药	华润集团（医药）有限公司	53.05	国有法人	2447.04	15.7	1.4	8.4	7.9	-0.2	2021.53	80	5.9
九州通	上海弘康实业投资有限公司	21.58	境内非国有法人	1501.40	8.1	1.3	9.1	11.5	9.8	1444.74	96	7.5

上海医药 16 个省区市的零售药房门店数量超 2000 家，旗下上海华氏大药房是华东地区拥有药房门店数量最多的医药零售公司之一。

华润医药以华润堂和德信行等全国或地区性的优质品牌来经营 790 家零售药房，其中包括 DTP 专业药房 272 家（含"双通道"药店 153 家）。

截至 2024 年第一季度末，九州通旗下的好药师大药房门店数已达 21192 家，遍布全国 31 个省区市，覆盖 293 个地级城市、1301 个区县，预计 2025 年门店数量将超过 30000 家。

2. 工商协同

集采对仿制药利润空间造成挤压，四大头部分销企业加大创新药及特色中药品种布局力度，药品流通企业依托渠道优势，研产销一体化布局有望实现自产新品种快速放量。

国药控股积极布局器械制造等战略性新兴产业，持续培育发展新动能。2023 年初与 GE 医疗正式签署合资协议，"国药影像／SINO IMAGING"品牌于 2023 年 11 月底正式发布，标志着国药控股在高端医疗影像设备制造业务的正式启动。国药新光建成 2 条可按单生产的现代化生产线，发布自主研发的 4K 超高清内窥镜系统，实现了从采集、传输、处理和显示的全链条 4K 数据流控制，在光路设计和生产工艺方面，已达到国际领先水平，将进一步推动中国智造内窥镜产品快速发展，推动微创外科技术普及。

上海医药在工业端拥有多项强势中药品种，创新管线步入收获期。2023 年上海医药工业收入过亿元产品数量为 48 个。中药方面，上海医药通过加强销售推广等方式大幅提升生脉饮、胃复春、六神丸等过亿元的品种收入。创新药方面，截至 2023 年上海医药已有 68 项管线进入临床阶段，包括创新药 55 项、改良型新药 13 项。

华润医药外延布局制药业务，覆盖中药、化药、生物药、保健品等板块，旗下拥有华润三九、华润双鹤、江中药业、昆药集团、东阿阿胶、博雅生物、紫竹药业等重点子公司，治疗领域几乎实现全覆盖。

九州通医药工业自产及 OEM 业务已形成自有品种的集群式发展体系。西药工业方面，旗下京丰制药在产品种达 150 余个。中药工业方面，旗下九信中药可生产参茸贵细、品质精饮、平价精饮、配方普饮、平台专销、药食同源等多品类品种，并打造出"九信""九州天润""金贵德济堂""九信堂""臻养"等多系列中药品牌矩阵。

3.药械协同

2023年，四大头部分销企业的医疗器械板块营业收入继续稳步增长。其中，国药控股突破1300亿元，同比增长7.75%；上海医药营收达363亿元，同比增长6.45%；九州通营收328.15亿元，同比增长11.66%；华润医药达323亿元，同比增长7%（剔除防疫物资影响同比增长22%）。伴随医疗器械产业的发展与壮大，四大头部分销企业纷纷在医疗器械板块发力（见表7）。

表7　国药控股、上海医药、华润医药、九州通医疗器械板块营收情况

单位：亿元，%

项目	2022年医疗器械收入	收入占比	同比增长率	2023年医疗器械收入	收入占比	同比增长率
国药控股	1208.51	21.18	11.77	1302.13	21.09	7.75
上海医药	341.00	14.70	—	363.00	13.95	6.45
华润医药	301.87	13.30	—	323.00	13.20	7.00
九州通	293.87	20.93	22.38	328.15	21.86	11.66

国药控股器械分销板块积极适应带量采购提速扩面的变化，通过优化产品结构、深化器械业务网络覆盖，持续推进业务高质量发展，通过着力延伸供应链服务，积极承接设备资产管理和维修服务、SPD服务、医学检验等项目。

上海医药正在积极探索器械、医美、健康食品等非药新业务的拓展，加快全国器械业务的基础布局，提升全价值链服务能级，打造细分领域的专业化平台，进一步推动上海医药多元化、多品种、多渠道发展。

华润医药持续推动医疗器械的专业化发展和全价值链的业务布局，加强平台化建设、一体化运营管理，目前已建立40家独立医疗器械公司，下游

覆盖约 2 万家医院。

九州通旗下医疗器械集团拥有丰富的上游及全品类全渠道覆盖，与欧姆龙、鱼跃、稳健医疗等全国知名供应商达成合作，充分发挥九州通医疗器械全品类全渠道优势，通过 500 多个专业营销团队，为上下游提供全链条闭环服务。

4. 商业模式创新

四大头部分销企业顺应医改政策方向，积极开展产业链上下游整合以及创新业务拓展，包括 CSO、SPD 等以医疗供应链服务为核心的全新业态，助力医疗产业经营向合规化、高效率、低成本的方向发展。

（1）SPD（耗材集中管理模式）

随着我国医疗卫生体制改革的不断深化，"零加成""带量采购"医保支付方式改革等政策逐步实施，有助于优化当前院内耗材的招采体系与流转模式。在此背景下，越来越多的医院开始寻求新的耗材管理模式，SPD（supply+processing+distribution，供应+管理+配送）耗材集中管理模式应运而生。SPD 主要分为三种模式，分别为单一集配份额模式、运营外包模式和混合模式，主要是从医院和供应商收取相关运营服务费，不同的模式侧重点不同。目前，SPD 主要采用运营外包模式，服务费率在 1%～3% 区间。四大头部分销企业作为 SPD 项目的主要运营商，已占据 SPD 运营市场半壁江山。2023 年各企业不断创新服务模式，持续推进 SPD 发展。

截至 2023 年底，国药控股提供的集中配送和 SPD 管理项目已经覆盖 30 个省份，2023 年新增 SPD 项目 124 个，单体医院集中配送项目 158 个，区域性医联体/医共体集中配送项目新增 4 个。

上海医药布局 SPD 业务较早，截至 2023 年末，公司建成 SPD 项目已经超过 300 个，处于行业领先地位。

华润医药 2023 年新增 SPD 项目 80 个，成立专业 SPD 公司，打造自有 SPD 软件。

截至 2023 年末，九州通已服务超 100 家医院 SPD 项目，并为 10 余家公立医院提供院内运营服务。

（2）CSO（医药品牌运营服务）

医药产业链分工的逐渐细化，带来了跨国药企、国内 Biotech 及国内传统药企对医药品牌运营服务（CSO）的旺盛需求。

上海医药自 2016 年布局 CSO 业务。2023 年，公司药品 CSO 合约推广业务实现销售金额约 29 亿元，同比增长约 50%。2023 年末，上海医药与赛诺菲达成合约销售战略合作，涉及重点疾病领域 20 多个产品，合约规模超 50 亿元。

九州通发力总代总销业务持续打造公司利润增长"第二曲线"。2023 年公司总代品牌推广业务销售收入合计达 195.84 亿元，毛利额 27.89 亿元，同比增长 52.45%。其中，药品总代品牌推广业务代理可威、倍平、康王等知名品牌药品品规达 969 个（其中销量过亿元品规 27 个），销售收入达 106.96 亿元，同比增长 60.82%；医疗器械总代品牌推广业务已代理强生、雅培、费森尤斯（血透）、罗氏、麦默通等品牌厂家的品规共计 594 个（其中销量过亿元品规 24 个），销售收入达 88.88 亿元，同比增长 31.44%。

百洋医药以品牌运营业务为主业，2023 年品牌运营业务实现营收 44.00 亿元，毛利率为 43.17%：迪巧系列实现营收 18.97 亿元；海露实现营收 6.40 亿元；安立泽实现营收 2.38 亿元；纽特舒玛实现营收 0.83 亿元。

5. 提质增效

2023 年，国资委将中央企业经营指标体系优化为一利五率，新增净资产收益率和营业现金比率，强调提升企业的盈利质量和经营效率。四大头部分销企业中国药控股、华润医药、上海医药均属于国企，2023 年受益于国企改革的提质增效，ROE 表现稳健。国资委提出将市值管理纳入央企控股上市公司的考核体系，加强央企及负责人对公司资本市场表现的关注，鼓励通过增持、回购等市场化手段，传递信心、稳定预期，加大现金分红力度，更好地回报投资者。2023 年，国药控股、上海医药、华润医药、九州通分红比例均较 2022 年有所提升，分别为 30.01%、40.30%、25.10%、97.09%（见表 8）。

表8　国药控股、上海医药、华润医药、九州通分红比例

单位：%

项目	大股东	大股东持股比例	大股东性质	2022年分红比例	2023年分红比例
国药控股	国药产业投资有限公司	50.36	国有法人	29.98	30.01
上海医药	上海医药(集团)有限公司	19.35	国有法人	40.22	40.30
华润医药	华润集团(医药)有限公司	53.05	国有法人	24.24	25.10
九州通	上海弘康实业投资有限公司	21.58	境内非国有法人	88.98	97.09

（二）医药零售类企业

与医药分销市场相比，国内医药零售市场仍然处于快速整合阶段。门店快速扩张、对接门诊统筹、承接处方外流、医药新零售体系高效运行以及商品结构调整仍然是医药零售企业的战略核心。从六家以零售为主业的上市公司（大参林、益丰药房、老百姓、一心堂、漱玉平民、健之佳）的年报中可以窥见一斑。

1.门店快速扩张

2023年，六家以零售为主业的上市公司保持门店快速扩张趋势。直营门店方面，六家以零售为主业的上市公司2023年末直营门店数量同比增速大多超20%。加盟业务方面，2023年大参林、益丰药房、漱玉平民加盟业务同比增速均超25%（见表9）。

表9　六家以零售为主业的上市公司门店扩张速度

单位：家，%

项目		2017年	2018年	2019年	2020年	2021年	2022年	2023年
大参林	期末直营门店数量	2985	3880	4702	5705	7258	8038	9909
	期末直营门店同比增速	23.91	29.98	21.19	21.33	27.22	10.75	23.28
益丰药房	期末直营门店数量	1979	3442	4366	5356	6877	8306	10264
	期末直营门店同比增速	30.89	73.93	26.84	22.68	28.40	31.49	23.04

项目		2017年	2018年	2019年	2020年	2021年	2022年	2023年
老百姓	期末直营门店数量	2434	3289	3894	4892	6129	7649	9180
	期末直营门店同比增速	32.43	35.13	18.39	25.63	25.29	29.11	20.16
一心堂	期末门店数量	5066	5758	6266	7205	8560	9206	10255
	期末门店同比增速	24.00	13.70	8.80	15.00	18.81	7.55	11.39
健之佳	期末门店数量				2130	3044	4055	5116
	期末门店同比增速					42.91	33.21	26.17
漱玉平民	期末直营门店数量				2129	2592	3325	4104
	期末直营门店同比增速					21.75	28.28	23.43

2023年，大参林新增门店4290家，其中包括自建门店1382家、并购门店750家，加盟门店2158家。2023年大参林关闭门店261家。截至2023年末，大参林门店总数14074家（含加盟店4165家），较2022年末净增门店4029家。

2023年，益丰药房新增门店3196家，其中包括自建门店1613家、并购门店559家、加盟门店1024家。另外，2023年，益丰药房迁址门店61家，关闭门店153家。截至2023年末，公司门店总数13250家（含加盟店2986家），较2022年末净增门店2982家。

2023年老百姓新增门店3388家，其中包括自建门店1471家，并购门店331家、加盟门店1586家。另外，2023年老百姓关闭直营门店271家。截至2023年末，公司门店总数13574家（含加盟店4394家），较2022年末净增门店2791家。

2023年，一心堂新增门店1381家，其中搬迁198家，关闭134家，截至2023年底，一心堂连锁门店达到10255家，较2022年末净增门店1049家。

漱玉平民2023年末，拥有门店7337家，全年新增门店1881家，其中，2023年末直营门店数量4104家，新增直营门店342家，并购门店445家。截至2023年末，漱玉平民门店总数7337家（含加盟店3233家），比2022年末净增门店1881家。

2023 年，健之佳新增门店 1071 家，其中自建门店 799 家，收购门店 272 家。2023 年关闭门店 10 家，截至 2023 年末门店总数达 5116 家，较 2022 年末净增门店 1061 家。

2. 医药新零售体系高效运行

线下连锁药房具有药品即时购买和提供专业药事服务等优势，可与线上业务实现协同。连锁药房利用门店网络覆盖周边的社区和医院，能更好地满足中老年、慢病患者等主要人群的用药及时性、专业性需求。同时，连锁药房通过自建线上平台，或与大型电商平台、O2O 平台等合作快速发展线上业务，方便购药的同时为客户提供更多增值服务，提升客户黏性。六家以零售为主业的上市公司线上线下业务融合的新零售体系持续发展，全面满足各类消费者不同渠道的购药需求。

2023 年，六家以零售为主的上市公司线上业务增速有所放缓，其中健之佳的线上业务规模最大、增速最快、占比最高，2023 年健之佳线上业务实现营收 21.64 亿元，同比增长 54.58%，占比 23.83%。老百姓、漱玉平民及健之佳的线上业务增速均高于其零售业务整体增速（见表 10）。

表 10　六家以零售为主业的上市公司线上业务发展情况

单位：亿元，%

项目	2023 年营业收入	同比增长	2023 年零售业务收入	零售业务增长	线上业务	线上业务占比	线上业务同比增长
大参林	245.31	15.45	205.09	6.58	—	—	—
益丰药房	225.88	13.59	201.85	12.00	18.18	8.05	3.89
老百姓	224.37	11.21	193.49	9.96	20.00	8.91	38.00
一心堂	173.80	-0.29	126.28	-8.52	8.76	5.04	—
漱玉平民	91.91	17.49	79.32	16.46	12.90	14.04	39.60
健之佳	90.81	20.84	81.42	21.83	21.64	23.83	54.58

3. 优化品类结构

随着门诊统筹付费在药店占比的提升，门店毛利率呈下行趋势。零售药店需要通过专业化服务提升关联销售能力，做好优势品种推荐，同时提升顾客的购药体验，增强顾客黏性。六家以零售为主业的上市公司通过精选商品、强化商品品类规划，加强院内外流品种引进、资源承接，挖掘健康相关品类需求，发展优势品种和自有品牌，弥补毛利率的下降的损失。六家以零售为主业的上市公司中药材及饮片占比从 2022 年的 7.50% 增长至 2023 年的7.88%（见表 11）。

表 11　六家以零售为主业的上市公司品类结构

单位：%

项目	中西成药占收入比		中药材及饮片占收入比		非药品占收入比	
	2022 年	2023 年	2022 年	2023 年	2022 年	2023 年
大参林	71.42	72.15	12.17	12.12	16.41	15.73
益丰药房	74.15	75.68	8.89	9.65	16.96	14.67
老百姓	77.6	78.56	6.96	7.40	15.44	14.04
一心堂	74.51	75.02	7.51	8.37	17.98	16.61
漱玉平民	72.87	75.57	5.65	5.72	21.48	18.71
健之佳	67.59	71.33	3.83	4.04	28.58	24.63
平均	73.02	74.72	7.50	7.88	19.48	17.40

六　药品流通行业未来趋势展望

长期来看，随着人口老龄化和医疗消费水平的提高，医药分销行业发展稳健。而随着行业集中度的不断提升，行业龙头企业强者恒强，同时新业务和新业态的发展壮大也将为相关公司带来新的增长亮点。

连锁药店是稳健成长、商业模式优秀的板块，专业化服务和规模效应使龙头连锁企业强者愈强。经营层面，随着各门诊统筹地区准入持续推进，处方流转和支付标准不断完善，药店客流有望延续快速增长趋势，药店通过精选商品、专业服务提升盈利能力。扩张层面，政策推动行业集中度提升，"自建+并购+加盟模式"将助力药品零售连锁龙头企业开启新一轮扩张。

然而，日益复杂的国际局势和经济发展的不确定性，以及药品带量采购提速扩面、医保谈判持续推进和 DRG/DIP 等政策的不断推行，势必进一步引发医药行业的变动与调整，这也为药品流通行业的稳定发展带来一定挑战。药品流通企业应结合所处的细分领域，从政策引领、市场需求、技术创新和资本驱动等多个维度分析影响产业发展的关键因素，把握行业发展的脉络和新趋势，加强科技赋能，创新引领，因地制宜发展新质生产力，不断寻找新的增长点，坚持依法合规经营，以诚信为本，在高质量发展的道路上奋勇前行。

数字化转型篇

B.9
2023年中国药品流通企业数字化
转型情况调查分析[*]

中国医药商业协会数智化应用分会[**]

摘　要： 为充分了解中国药品流通企业数字化转型的现状和成果，本报告通过企业访谈和调查问卷等多种形式，广泛收集企业数字化转型建设评估情况、企业数字化转型战略和目标、企业数字化转型思路、企业数字化技术选择与应用情况、数字化转型成果与挑战、信息化应用创新和国产化情况等涉及企业数字化转型现状和成果的综合信息。同时，继续关注企业在数字化转型过程中已经落地的数字化成果和希望政府及相关单位做的支持工作等方面的情况，结合行业专家的建议，形成本调查分析报告。本报告认为，未来药品流通企业数字化转型战略和路径逐渐清晰，一些企业已经取得阶段性成果，人工智能方面需求强烈、成果较少，同时药品流通行业的信创和国产化之路面临挑战，数据安全和数字资产发展空间大。

---

[*] 本文数据均来源于中国医药商业协会典型企业调查数据。

[**] 执笔人：高庆辉，中国医药商业协会数智化应用分会秘书长，北京英克信息科技有限公司董事长。

关键词： 药品流通企业 数字化转型 数字化技术 信息化应用创新 数字化成果

一 调研的基本情况

为保障商务部《关于"十四五"时期促进药品流通行业高质量发展的指导意见》提出的主要目标和任务如期完成，促进药品流通行业的持续健康发展及药品流通企业的转型升级，中国医药商业协会在 2023 年完成了对 119 家药品流通企业关于企业数字化转型情况的调查和重点访问，其中有效问卷 111 份，被访企业的年销售收入规模分类及占比如图 1 所示。

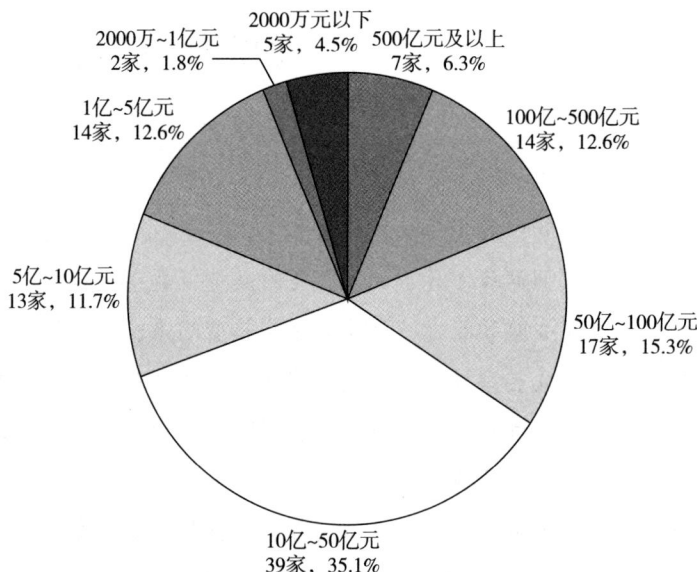

图 1 被访企业按年销售收入规模分类情况

饼图数据：
- 2000万元以下 5家，4.5%
- 500亿元及以上 7家，6.3%
- 2000万~1亿元 2家，1.8%
- 100亿~500亿元 14家，12.6%
- 1亿~5亿元 14家，12.6%
- 50亿~100亿元 17家，15.3%
- 5亿~10亿元 13家，11.7%
- 10亿~50亿元 39家，35.1%

在 111 家被访企业中，87 家企业的主营业务中包含批发业务，62 家企业包含零售业务，39 家企业包含第三方物流业务，44 家企业包含电子商务业务，24 家企业包含单体零售药店业务，另有 15 家企业包含医药信息服务业务。在业务经营区域范围方面，有 29 家企业业务经营区域范围为全国，有 30 家企业业务经营区域范围为多个省份，有33家企业业务经营区域范围为省内，有17家企业业务经营区域范围为市内，有2家企业业务经营区域范围为县区。特别说明的是，在本次调查的样本中，增加了市、县区域范围内的企业，也希望从中了解到这些企业的数字化情况。

本次调查内容重点分了几个采样的方向，分别是企业数字化转型建设评估情况、企业数字化转型战略和目标、企业数字化转型思路、企业数字化技术选择与应用情况、数字化转型成果与挑战、信息化应用创新和国产化情况等。同时，本次调查继续关注企业在数字化转型过程中已经落地的数字化成果，聚焦政府制定的相关政策及相关单位对数字化转型实施过程中的支持。

本次调查数据收集汇总后，中国医药商业协会数智化应用分会与多位业内信息化专家一起，对回收的有效调查问卷进行了编码、统计分析和研讨，最终撰写完成本报告。

二 调查数据分析

（一）企业数字化转型建设评估情况

本次调查从企业经营管理数字化、营销数字化、销售（批发、零售）数字化、物流数字化、供应链协同的水平五个角度展开自评，从当前数字化能力对企业管理和核心业务的支撑中了解到企业当前的数字化转型建设情况，为后续的数字化分类调查打下基础。

经过企业自评，发现有近70%的药品流通企业已经开启了数字化转型之路。可喜的是，有个别企业在某一领域完成了数字化转型，为行业树立了标杆。但还有一部分企业尚处在系统化和信息化阶段，急需进行数字化转型发展，这些企业需要解放思想，迎头赶上。

（二）企业数字化转型战略与目标

企业战略为企业发展指明方向，而数字化战略作为企业战略的一部分，同样可以为企业数字化转型指明方向。本次主要从企业数字化战略清晰度、数字化转型战略规划能力和数字化转型目标方面进行了调查。

111 家被访企业中,85 家企业的数字化战略清晰,占比 76.58%;不清晰的有 26 家,占比 23.42%。

从企业数字化转型的战略规划能力上看,通过多选题的设置,有 68 家企业已经制定了清晰的数字化远景和发展战略;46 家企业设立了专门负责数字化转型规划的独立部门;78 家企业已经开始洞察未来业务模式创新;61 家企业可以通过数据分析获得企业预测和决策能力。从调查中可以看出,在药品流通行业发展过程中,企业开始洞察未来创新的业务模式,希望通过数字化转型找到可持续发展和持续创新之路。具体数据如表 1 所示。

表 1 2022 年企业数字化转型战略规划能力统计

单位:家,%

选项	小计	比例(多选)
企业制定了清晰的数字化远景和发展战略	68	61.26
企业设立了专门负责数字化转型规划的独立部门	46	41.44
开始洞察未来业务模式创新	78	70.27
企业可以通过数据分析获得企业预测和决策能力	61	54.95

从企业数字化转型目标可以看出,排在前四名的分别是"以客户为中心,构建全方位客户体验""以数据驱动,形成全价值链数据赋能""业务协同,推动企业内部数字化协作""提升资源最优配置水平,构建企业竞争新优势"。由此可以看出,我国药品流通企业已经逐步确立了以"客户为中心"进行数字化转型的目标,深刻认识到数据的价值,并开始为全价值链数据而努力,以期加强企业内部业务协同,提升资源配置效率,具体数据如表 2 所示。

表 2 2023 年企业数字化转型目标统计

单位:家,%

选项	小计	比例(多选)
以客户为中心,构建全方位客户体验	88	79.28
以数据驱动,形成全价值链数据赋能	85	76.58

选项	小计	比例(多选)
业务协同,推动企业内部数字化协作	84	75.68
提升资源最优配置水平,构建企业竞争新优势	75	67.57
夯实数字化能力,推动企业平台化变革	66	59.46
建立跨机构的数字化协作平台,实现多机构业务协作	52	46.85
强化人机协同,重塑智能化业务模式	50	45.05
建立自主演进模型,实现企业持续发展	19	17.12

(三)企业数字化转型思路

本次调查从企业数字化转型的基本原则、转型的主要思路、转型的重点任务、转型的切入点方面,了解企业数字化转型的基本思路。

在111家被访企业中,有103家企业选择了"业务引领,技术支撑",77家选择了"统一规划,迭代实施",66家选择了"价值导向,集约建设"。根据调查结果可以看出,企业认为"业务引领,技术支撑"是最重要的基本原则,这也符合技术支撑业务发展的基本逻辑。

在对"企业数字化转型主要思路"的调查中,企业选择以"业务创新"为主要思路,后面依次为"可持续发展""转型价值""数字能力""数字规划""组织和团队保障""数据要素""生态协作",具体见表3。

表3　2023年企业数字化转型主要思路统计

单位:家,%

选项	小计	比例(多选)
业务创新	97	87.39
可持续发展	73	65.77
转型价值	71	63.96
数字能力	70	63.06
数字规划	69	62.16
组织和团队保障	66	59.46
数据要素	57	51.35
生态协作	46	41.44

在对"企业数字化转型重点任务"的调查中，企业选择以"提升企业新型能力"作为首要重点任务，后面依次为"推进业务优化创新""打造数据治理体系""明确企业发展战略""构建系统解决方案""培训数字化人才团队"，具体见表4。

表4　2023年企业数字化转型重点任务统计

单位：家，%

选项	小计	比例（多选）
提升企业新型能力	88	79.28
推进业务优化创新	83	74.77
打造数据治理体系	74	66.67
明确企业发展战略	73	65.77
构建系统解决方案	73	65.77
培训数字化人才团队	54	48.65

在对"企业数字化转型切入点"的调查中，75.68%的企业以"信息系统提升"作为切入点，58.56%的企业以"业务场景优化"作为切入点，后依次将"创新业务转型"、"数字化人才建设"和"组织架构变革"作为切入点，具体数据如表5所示。

表5　2023年企业数字化转型切入点统计

单位：家，%

选项	小计	比例（多选）
信息系统提升	84	75.68
业务场景优化	65	58.56
创新业务转型	63	56.76
数字化人才建设	43	38.74
组织架构变革	33	29.73

（四）企业数字化技术选择和应用情况

数字化技术选择是企业数字化转型中非常重要的部分，本次调查分别从企业对数字化技术关注点、数字化技术框架选择和企业核心数字化技术的获取渠道等三个方面进行了调查。同样，针对当前数字化技术应用情况的调查中，分别从业务系统的云计算服务使用情况、业务场景中的大数据使用情况、人工智能的使用情况、数据集中安全管理情况、数字资产化的阶段情况、数据作为数字资产产生的价值、企业已经获得的数字化资质和能力等诸多方面进行了调查。

在企业对数字化技术的关注点上，111家被访企业中，有98家企业关注大数据，占比88.29%，排名第一。排名第二的是信息安全，有81家企业关注。后面依次是人工智能、云计算、移动化、物联网、低代码、区块链。在近几年的调查中，大数据和信息安全一直是企业关注的热点，人工智能和云计算也是比较关注的热点，而低代码和区块链技术一直不太被药品流通企业关注，具体见表6。

表6　2023年企业数字化技术关注情况统计

单位：家，%

选项	小计	比例（多选）
大数据	98	88.29
信息安全	81	72.97
人工智能	64	57.66
云计算	55	49.55
移动化	53	47.75
物联网	47	42.34
低代码	33	29.73
区块链	19	17.12

在数字化技术框架选择上，49.55%的企业选择传统一体化架构，25.23%的企业选择微服务架构，10.81%的企业选择SOA架构，14.41%的企业选择云原生和其他架构，说明在数字化技术框架方面，传统一体化架构和微服务架构一直被企业认可，在被访的企业中，业务规模较大的企业对微服务架构的关注度最高，微服务架构正逐步被大型企业应用。

在"企业核心数字化技术选择"方面，"自主研发+第三方企业采购"是大多数企业最好的选择，有66.67%的企业选择了这种模式；"完全采购第三方"有29.73%的企业选择，"完全自主研发"的只有3.6%。由此可见，选择完全自主研发的企业很少，而"自主研发+第三方企业采购"是药品流通企业核心数字化技术第一选择。

在调查企业数字化技能应用方面，针对"企业哪些业务系统使用了云计算服务"调查，企业针对性地选择了ERP系统、OA系统、电商系统、数字化中台等系统，说明企业已经逐渐接受并使用了云计算服务的数字化技术。

同样在进行"哪些业务场景使用大数据"的调查中，排在前几名的分别是销售供应链、采购供应链、库存管理，选择的比例都在50%左右，说明企业供应链和财务核算方面较早地应用了大数据技术进行相关的管理，而排在后面的分别是质量管理、电商管理、物流作业、运输作业、会员管理。选择的比例小于或等于20%。

在企业使用人工智能业务场景调查中，整体来看只有10%左右的企业选择在一些场景使用了人工智能，包括物流作业、财务核算、采销供应链等，这也从侧面反映出，药品流通企业在人工智能应用场景上使用较少，还有很大的发展空间。

在对"企业是否实现数据集中安全管理"的调查中，有73.87%的企业建立了数据安全组织结构，55.86%的企业建立了数据安全技术保护体系，45.05%的企业建立了成熟的数据集中安全管理制度，43.24%的企业建立了数据安全运营管控体系，具体数据见表7。

表7　2023年企业数据集中安全管理统计

单位：家，%

选项	小计	比例(多选)
建立了数据安全组织结构	82	73.87
建立了数据安全技术保护体系	62	55.86

选项	小计	比例(多选)
建立了成熟的数据集中安全管理制度	50	45.05
建立了数据安全运营管控体系	48	43.24

在对"企业数字资产化达到哪种阶段"和"是否把数据作为一种生产要素产生价值"的调查中,80.18%的企业已经进行了数字资产化,并且有44.14%的企业对数据资源产品化,形成了一些数据集、数据信息服务和数据应用。但是超过一半的企业数据并没有作为一种生产要素产生价值,这也是企业未来数字化资产努力的方向。

企业在数字化转型中,已经具备了一些能力或资质,具体数据如表8所示。

表8　2023年企业数字化能力或资质统计

单位:家,%

选项	小计	比例(多选)
业务流程梳理能力,熟悉 BPM	74	66.67
数据治理能力,CDMP、CDGA 等认证	44	39.64
项目管理能力,PMP、IPMP 等认证	30	27.03
人工智能算法能力	6	5.41

（五）数字化转型的成果和挑战

从"数字化转型的成果和挑战"的调查结果看,111家被访企业中,有65家企业在数字化转型过程中"已经和上下游实现企业部分数字的共享",整体占比58.56%;有46家企业"已经成立专门的数字化组织机构",整体占比41.44%;有42家企业"已经构建了专门的数字化技术底座",整体占比37.84%;有41家企业"已经建设互联互通、共享的信息化系统",整体占比36.94%;有40家企业实现了"企业的决策大部分都以'数字'为基准"，整体占比36.04%；9家企业反馈暂时无成果，整体占比8.11%。

在"企业数字化转型成果应用在企业的哪些方面"的调查结果中，86.49%的企业认为对传统ERP进行了优化；69.37%的企业认为提升了企业整体业务效率；54.95%的企业认为对创新业务进行了支撑，具体数据如表9所示。

表9 企业数字化转型成果应用统计

单位：家，%

选项	小计	比例（多选）
传统ERP的优化	96	86.49
业务效率的提高	77	69.37
创新业务的支撑	61	54.95
业务场景的实现	50	45.05
客户服务水平的提升	50	45.05
业务移动化	45	40.54
实现跨机构（上下游）业务协作	41	36.94
成本降低	39	35.14
其他	4	3.60

本次对企业数字化转型过程中面临的挑战进行了调查。从数据来看，111家被访企业中，86家企业认为"数字化转型投入资金大、企业有压力"；79家企业认为"缺乏数字化转型的人才"；24家企业认为"对口的数字化转型第三方服务商太少"；20家企业认为"企业领导对数字化转型的认识不到位"；12家企业认为"数字化转型无从下手"，具体数据如表10所示。

表10 企业数字化转型过程中面临的挑战

单位：家，%

选项	小计	比例（多选）
数字化转型投入资金大、企业有压力	86	77.48
缺乏数字化转型的人才	79	71.17
对口的数字化转型第三方服务商太少	24	21.62

选项	小计	比例（多选）
企业领导对数字化转型的认识不到位	20	18.02
数字化转型无从下手	12	10.81
其他（由上级统一安排等）	4	3.60

（六）信创（信息化应用创新）和国产化情况

作为国家"新基建"的一部分，信创产业是"新基建"的重要内容。本次对药品流通企业使用的核心系统，信创和国产化概念，国产操作系统、国产数据库、国产中间件的使用情况，企业国产化周期和信创成果进行了调查。

目前企业的 ERP 和 WMS 两款核心系统使用国外系统的占比分别为 21.62% 和 17.12%，其他系统占比较少。

在对"企业是否清楚信创和国产化概念"的调查中，有将近 30% 的企业还不清楚这个概念，需要相关部门进行普及，具体数据如表 11 所示。

表 11　企业是否清楚信创与国产化概念统计

单位：家，%

选项	小计	比例（多选）
清楚	49	44.14
听说过	29	26.13
不清楚	33	29.73

从信创使用情况看，45.05% 的企业开始使用国产操作系统，31.53% 的企业开始使用国产数据库，52.25% 的企业开始使用国产中间件。但是 84.68% 的企业目前没有信创成果。另外，42.34% 的企业认为国产化进程需要 6~10 年时间，36.04% 的企业认为需要 3~5 年时间，12.61% 的企业认为需要 1~2 年时间，9.01% 的企业认为不可能实现。

（七）企业希望获得政府部门或相关机构的支持

1. 资金和税收支持

企业希望政府或行业机构能够在企业数字化转型时给予资金和税收方面的支持，比如希望相关机构或者行业协会可以成立数字化转型支持专项基金，用于企业数字化转型过程中新技术研发和引进、新产品与新模式推广及应用；制定针对企业在信息化、数字化转型建设方面投入的相关专项奖励或补贴政策；制定对数字化转型过程中的资金投入比例可以退税或者减税等优惠政策。

2. 监管和税收政策统一

在本次调查过程中有企业反映，不同地区的药品监管部门对于政策的解读标准不一，导致企业在推广数字化工作中，部分地区监管部门不认可，企业数字化协同进展滞后。希望在加强监管的基础上，重点支持零售连锁企业通过数字化建设实现医保药店非药品的一体化销售、医保线上结算的快速扩面、加快推进处方外配进程等。

此外，希望积极协调卫健委在医疗机构推动电子发票使用落地；支持企业数字化系统可以与政府平台数据连通，比如两票制核验、税务发票。

3. 行业标准化建设

建立全国药品统一编码，统一电子监管平台。

企业希望政府或相关单位牵头将整个业务生态打通，打通药企、患者、医院、研究院和药监局之间的信息通路，形成一个大数据平台，采取统一的标准进行质量监控，使医院和药企能够有效地进行数据互通和共享。

希望政府或相关单位能够及时制定行业数字化建设标准指引，推进上下游数据共享。

4. 搭建培训和交流平台

涉及人工智能新技术与不同业态业务场景融合时，希望政府和相关部门提供安全相关的法律法规培训和支持，如《数据安全法》《生成式人工智能服务管理办法》《互联网信息服务算法推荐管理规定》《互联网信息服务深度合成管理规定》《新一代人工智能伦理规范》等相关政策规范的专题培训，具体涉及隐私权与资料管理，知识产权、商业道德要求，安全可信的软件、工具、计算和数据资源等人工智能算法应用过程中如何合法合规和准确使用相关算法及安全评估。

希望政府或者相关组织为企业搭建数字化转型经验交流平台，组织优秀企业分享经验。希望有专门的机构为企业提供与其他地区相关行业的交流机会，分享行业优秀的数字化转型经典案例。

政府部门和相关机构可以建立专项供应商数据库，会员可在库内查找并遴选优秀的数字化供应商。

5. 数字化人才培养

希望政府可以支持高校、培训机构等开展数字化人才培养项目，为企业提供具备数字化技能的人才资源。同时，鼓励企业开展内部培训，提升员工的数字化素养。

三 结论

（一）企业数字化转型战略和路径逐渐清晰

上述调查显示，被调查的大部分企业制定了清晰的数字化远景和发展战略，开始洞察未来业务模式创新，在"业务引领，技术支撑"的首要原则下，明确了以"以客户为中心，构建全方位客户体验"和"以数据驱动，形成全价值链数据赋能"为主的转型目标，以及以"业务创新"为主要思路，通过应用云计算和大数据等数字化技术，以"信息系统提升"为主要切入点，通过"自主研发+第三方企业采购"的途径，开始对传统ERP系统进行优化，从而充分利用自身优势，定义未来的商业模式，积极开展数字化转型，基于自身特点和现实条件规划企业数字化转型愿景和发展战略。

（二）企业数字化转型成果显著

虽然企业数字化转型过程充满挑战，但很多企业根据自身优势，积极探索，取得了丰硕的成果，报告摘选了 2023 年部分企业数字化转型建设的部分成果。

国药控股智慧物流依托智慧指挥中心，高效统筹调配各地物流资源，提升全网响应能力，最大限度满足药械物资调配需求，保障及时、安全、高效、可视送达。智能追溯项目依托智慧指挥中心的"全溯"系统，可实时对疫苗存储、配送进行全过程监控。

上药控股有限公司的智慧税务平台，以"业财票税管"深度融合为核心，建设打造标准化、智慧化、数字化的税务管理体系。以"纸数电一体化"实现从"以票管税"向"以数治税"转变，致力提供便捷高效、稳定多端的开票模式，以涉税大数据为驱动力的具有高集成功能、高安全性能、高应用效能的智慧税务管理平台，智能客服，RPA 智能机器人等应用。

九州通 AI 智能采购项目经过大量数据测算与仿真，结合不同业务场景及优秀采购人员经验，直接由 AI 模型自动输出采购计划，通过抓取商品、客户原始数据，经过数据整理、特点刻画进行商品销量预测，同时对预测结果进行修正，并依托 AI 决策依据，对采购时机、采购数量进行决策判断，输出决策结果作为采购计划单，替代采购员人工判断下单的传统操作，极大提升了采购计划的质量及采购工作效率。

（三）人工智能需求强烈，成果较少

药品流通行业对人工智能（AI）有多方面的需求，主要涉及以下几个方面：第一，在库存优化管理方面，希望通过 AI 技术，在大量历史数据的基础上，实现精确管控库存，即通过精确管控批次批号，确保药品的及时供应，并在保障供应的前提下，降低库存积压，提升周转率；第二，希望利用 AI 技术对交通状况、运输距离等因素的精确分析，快速优化制定物流运输方案；第三，在供应商管理方面，希望通过 AI 技术，在本企业供应商历史数据的基础上，及时充分发掘外部更多的关联信息，准确做好供应商的动态评价与选择，及时规避经营风险，提高供应链的可靠性；第四，在药品市场营销方面，更需要 AI 技术来辅助企业精准预测市场，特别是在市场出现较大幅度波动的时候，希望能通过技术手段对市场的发展与变化给出清晰的预测分析数据，为企业决策提供可靠依据。

在药品流通行业中，尽管存在对 AI 技术的强烈需求，在本次调查数据中反馈的实际应用成果却相对较少，主要问题有以下几点。第一，技术方面遇到一定的困难，药品流通行业有其复杂多样的行业属性，药品种类繁多、规格各异，AI 技术在识别、归类、管理等方面要做好行业适配，并在大量繁杂数据中做好高质量处理分析工作，同时还要与法规的更新变化相同步。第二，药品流通行业具备 AI 技术知识和应用经验的专业人才相对短缺。第三，引入 AI 技术需要大量的资金、人力和时间的投入，对于许多药品流通企业来说，近几年的经营业绩有所下滑，没有足够的资金和能力来承担对 AI 技术的持续投入。

总之，药品流通行业在 AI 应用上成果较少的原因是多方面的，包括技术、人才、法规、投入、组织变革等方面，要克服这些障碍并取得更好的应用成果，需要行业内外各方的共同努力与合作。

（四）信创和国产化之路任重道远

本次对药品流通企业的信创工作情况进行了数据调查，从调查结果看，核心业务系统的国产化率较高，符合药品流通行业的国内特殊业务模式的特征，这是好的方面。但同时也反映了另外一个问题，就是对信创工作的认识程度还不深，在使用国产操作系统、数据库、中间件等方面还有较大的提升空间，信创作为国家"新基建"的一部分，需要药品流通企业更加重视此项工作。

显然，目前在药品流通行业的信创和国产化之路方面，还面临不少问题与挑战。第一，应用适配风险大。信创工作越进入跨部门、跨业务单元、跨领域阶段，难度也就越大，需要适配的环境越来越多。第二，技术生态建设不完善。信创产业生态体系的建设需要合适的内外部政策环境、技术能力和人才队伍。第三，资金投入和成本效益产出的矛盾。国产化软件替代需要投入大量的资金，包括购买软件、培训人员、进行系统集成和测试等；替换后的软件是否能够在短时间内带来明显的效益也是一个需要考虑的问题。

（五）企业数据安全和数字资产发展空间大

近年来，药品流通行业的快速发展和数字化转型的快速推进，给企业数据安全带来了前所未有的挑战和风险，包括数据泄露、数据篡改、数据丢失等，这些问题会对企业经营活动、企业声誉等产生很大影响。特别是在国家出台了一系列如《药品管理法》《网络安全法》等法律法规后，企业如何确保数据的完整性、保密性和可用性，如何建立数据安全管理机构、制定数据安全管理制度、加强数据加密和备份等工作，更加凸显了数据安全的重要性。

未来，药品流通企业必须加强数字化建设，提高数据处理的自动化和智能化水平，采用更加先进的数据安全技术来保护数据安全，同时加强数据安全和隐私保护的措施，落实好患者信息的安全和隐私保护工作。药品流通企业也要重视数据安全人才的培养和引进，提高员工的数据安全意识和技能水平。此外，企业还需要密切关注法律法规的变化，及时调整自身的数据安全管理策略，将企业数据安全管理工作切实落到实处。

B.10
药品流通行业数字化转型的理解与思考

张新红[*]

摘　要：　数字化的核心是发挥数据的作用，数据的基本价值包括三个方面：了解事实、辅助决策、指导行动。数据创新是数字化转型的重点，数据创新包含三要素：数据思维、数据能力、数据融合。数字能力是数字时代的核心竞争力，也是数字化转型的重要支撑。当充分理解数据价值，掌握数据创新的重点，拥有相当的数字能力后，行业和企业进行数字化转型可以事半功倍、水到渠成。

关键词：　数据价值　数据创新　数字能力　数字化转型

正确理解数据价值是实现数字化转型的前提，全面推进数据创新是实现数字化转型的核心，不断提升数字能力是实现数字化转型的保障。本文从数据价值、数据创新、数字能力三个方面，探讨数字化转型的内涵、任务和要求，希望能够帮助药品流通行业数字化转型找准方向和突破口。

一　数据价值

数字化转型的基本内涵是全面数字化，而数字化的核心是充分发挥数据的价值。因此，正确理解数据价值显得非常重要，是成功推进数字化转型的基本前提。

---

[*]　张新红，时任国家信息中心首席信息师。

2015 年以来，我国围绕充分发挥数据价值推出了一系列政策和举措。例如，2015 年 8 月，党的十八届五中全会首次提出"国家大数据战略"，《促进大数据发展行动纲要》发布；2016 年 12 月 18 日，《大数据产业发展规划（2016~2020 年）》正式发布；2021 年 11 月 30 日，工信部发布《"十四五"大数据产业发展规划》；2022 年 12 月 19 日，中共中央和国务院出台《关于构建数据基础制度更好发挥数据要素作用的意见》；2023 年 10 月 25 日，国家数据局正式揭牌，其主要职能是协调推进数据基础制度建设，统筹数据资源整合共享和开发利用，统筹推进数字中国、数字经济、数字社会规划和建设等。贯彻落实国家大数据战略和系列政策，也需要对数据价值有全面理解和正确认知。

总的来说，数据的基本价值主要体现在三个方面：了解事实、辅助决策、指导行动（见图 1）。

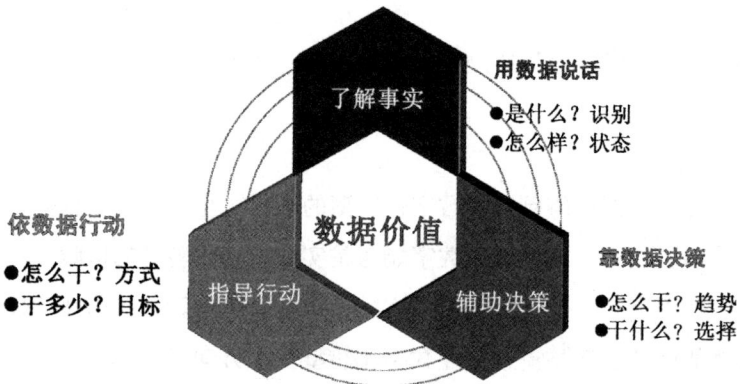

图 1　数据的三大基本价值

（一）了解事实

数据的第一个价值就是帮助人们了解事实。它能回答两个基本问题：是什么？怎么样？

例如，医疗设备经药品流通企业进入医疗机构后，设备的管理和追踪对于保障患者安全、提高医疗效率至关重要。通过引入数字化赋码技术，特别是 RFID 无线射频识别技术，让医疗设备在院内有唯一标识，可以大幅提升设备资产清查工作的准确率。并且医护人员还可以通过手持终端或智能系统对这些医疗设备进行快速调配和使用，并同步完成医疗设备使用数据的自动记录和分析。

在药品流通行业，如国药物流有限公司的"UDI 器械追溯综合数字化服务系统""OCR+医药物流票据回执智能数字化服务"、国药控股分销中心有限公司的"进口流程可视化平台"等，都是通过数据分析，了解具体业务情况方面体现出明确数据价值的典型案例。

（二）辅助决策

数据的第二个价值就是辅助决策。它能回答两个基本问题：怎么干？干什么？通过结合应用多种数据，并构建一系列的模型，就可以告诉人们未来的变化趋势，并给出需要干什么的具体建议。

以药店的零售促销策略管理为例，现在零售业务各种新的促销方法不断迭代，推陈出新，线下、B2C、微商城、自助售药机、O2O 等场景繁多，如何将各销售渠道的所有促销场景进行梳理，对促销方案进行整合，就需要建立统一规划，需要对促销规则做灵活配置，并进行促销辅助决策计算，强化促销对销售业务的支撑。

华润医药商业集团有限公司的"智慧营养数字化服务平台"、上海镁信健康科技股份有限公司的"商保智慧运营解决方案"、广州医药大药房有限公司的"广药慧订单系统业务管理模式创新"等也都在药品流通领域充分展现出了数据辅助决策方面的价值。这一切都预示着基于大数据的辅助决策会在药品流通领域发挥更大的作用。

（三）指导行动

数据的第三个价值是指导行动。它能回答两个问题：怎么干？干多少？数据模型针对出现的问题给出多个建议方案，并预测每个方案可能达成的效果，指导人们具体的操作和行动。在有些情况下，还可以将数据作为决策的依据。

以自动化药品仓库中的 AGV 入库存储作业为例：从入库料箱上架到库内存储区的动作就是由系统根据相关的指导策略来确定执行的，若按效率最优策略，则自动匹配命中率最高、搬运时间最短的货架；若按尺寸计算，则能够动态计算货位大小并推荐上架货位，以提高库位利用率；若根据仓库热度地图，加上动态冷热度计算，可将货物搬运至对应热度的区域，实现库区热度动态调整。

科园信海（北京）医疗用品贸易有限公司的"科园贸易数字化营销创新管理实践"、浙江英特物流有限公司的"基于人工智能在医药 B2C 业务的创新应用"、大参林医药集团股份有限公司的"数字化服务，助力慢病患者全生命周期管理"等案例，就在数据指导行动方面体现出明确的数据价值。

二　数据创新

数据创新，是指利用大数据进行各种各样的创新，这些创新包括创新产品、创新技术、创新业务、创新业态，甚至创新制度体系、发展模式和发展理念。

数据创新应该怎么做？其实并没有标准答案，但一般来讲，数据创新要把握好以下三要素。

（一）数据思维

数据创新的第一个要素是数据思维，数据思维是数据创新的前提。

所谓数据思维就是要学会用大数据的视角去看世界。美国物理学家约翰·惠勒一句名言叫："万物源于比特"。也就是说，在他的眼中世界万事万物都是数据，其一点一滴的变化实际上都是数据在变化。当我们用数据的视角去看时，那我们看到的一切便都是数据。

理解了世界是由数据构成的，我们就可以知道数据是无处不在的，也是无时不变的。更为重要的是，因为有了各种各样的数字技术，我们获取这些

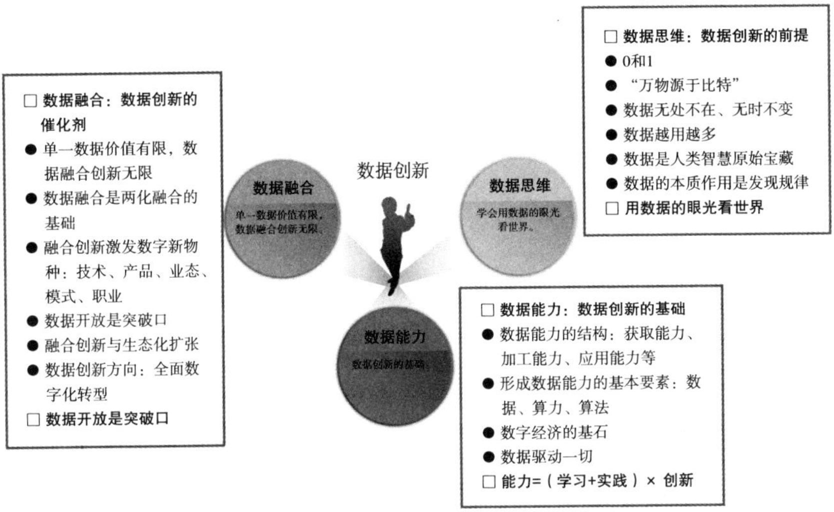

图2 数据创新的三要素

数据的渠道也变得越来越丰富。

在国药物流有限责任公司的"数字化麻精药品追溯码复核服务系统"应用过程中，国药物流与合作货主、追溯平台联动，建立多平台信息传输机制。在货品入库、出库时采集追溯码，并分别下载、上传至对应的追溯平台，同时自动获取并解析出上游企业的各包装层级追溯码信息，在后续的收、发货环节，追溯码信息与订单进行关联绑定，扫码时，系统自动与解析后的追溯码数据进行实时比对，核实追溯码、货主（客户）、生产日期、有效期、批号等信息内容，精准完成全部物流作业过程。此外，为配合公安部门麻精药特定品种的追溯管理工作，对采集到的追溯码进行特殊上传上报，以满足政府部门监管要求。

这些追溯数据经过不断的采集和整理，累积的数据量也越来越大，对业务流程运行的辅助作用也越来越有效，无论是企业还是政府监管部门，从中发现的规律也越来越多，越用价值就会越大。

数据是数字时代最重要的资产，要意识到数据资产与其他资产不同，它有着自身的特征和变化规律。

（二）数据能力

数据创新的第二个要素是数据能力，数据能力是数据创新的基础。

所谓数据能力，就是指人们利用数据进行各种创新活动的基本能力。这些能力包括数据的获得、加工储存、共享，以及利用数据进行业务创新等多个方面。

数据能力的构成也有几个基本要素，与人工智能三要素基本一致，即数据、算力、算法。首先要能得到足够的而且是有用的数据，其次要对这些数据有一定的加工能力，最后要有一套好的算法可以从中找出我们想要的信息。

近年来，药品流通企业纷纷通过搭建技术平台，利用互联网新渠道寻求新的利润增长点，越来越多的非医药企业也在借助技术优势进入医药大健康市场，行业边界变得模糊，这些因素合力推动了医药行业从"以产品为中心的工商供应链"向"以客户为中心的健康生态圈"的转变。华润医药商业依托分布在全国的200余家DTP专业药房，通过搭建"润关爱（CR-Care）平台"，将现有线下各业务断点进行系统链接，包括药品预订—订单流转—存/取管理—冷链信息—物流配送等各业务场景，实现全流程数字化闭环；建设全平台处方中心，输出标准处方接口；建设基于药师培训与知识内容库的药学知识管理功能及患者/店员小程序端应用，完成患者运营服务核心业务场景功能建设，打造数字化患者全流程管理工具，充分体现出了数据能力。

数据能力的提升是一个不断积累和进步的过程。简单来讲，如何提升数据能力可以用一个公式简单概括：数据能力=（学习+实践）×创新。具体来说如何做呢？首先要注重学习。对于新技术、新的创新实践，要保持积极的心态，主动接触、主动学习，要摒弃恐慌心理。其次要试着将学到的知识和技术用于实践。对于医药行业和药企而言，大数据在各个领域和环节都有非常多的应用场景，只要先行企业和行业有在应用，并且取得好的效果，那么就可以通过学习，大胆借鉴与实践。在此基础上，如果能有所创新，就有望取得领先优势。

（三）数据融合

数据创新的第三个要素是数据融合，数据融合是数据创新的催化剂。

单一的大数据价值有限，但多种数据结合在一起，就可以产生无限多的创新机会。

医药行业的数据类型丰富多样，有生产数据、流通数据、财务数据、研发数据、政策法规数据、市场数据、药物安全性评价、患者数据、临床研究数据、人类遗传资源信息、医疗数据、健康数据、医疗保险数据、行业投融资数据、专利布局、新药注册、医学询证数据等。

随着大数据和人工智能技术的发展，这些数据类型将在医药行业的各个环节中发挥越来越重要的作用。

在做医药大数据时，要考虑数据融合问题，每一个企业都要明白，仅依靠自身积累的数据还远远不够。不管是药物研发的数据还是药物治疗的临床大数据，单一的大数据作用并不大，而跟其他各个领域大数据结合时，才能凸显大数据的巨大价值。

尽管很多企业都知道数据融合的重要性，但并不清楚跟谁融合、如何融合。那就要认识另一个基本法则：数据开放是数据融合的突破口。也就是说，如果不懂如何让数据发挥作用，那就让数据开放。当然，数据开放也有一定规则，要进行一定处理，使开放出来的数据是合理合法的。数据一经开放，别人就知道该数据价值在哪里，就会主动寻求与数据持有方合作，作为数据持有方就可以有更多的合作机会，甚至拥有更多生态化扩张发展的机会。

无论是政府部门还是企业，都要尽可能让自己拥有的数据流动起来、开放出来，这样数据的价值才能够实现最大化。数据越不开放，其价值就越小。反之，数据越开放，使用的人就越多，数据价值也越大，数据质量也会得到提高。而且别人在使用过程中也会创造更多新的大数据，这样就会形成一个良性的循环。

三 数字能力

数字化转型是指一个企业或行业通过数字技术应用实现全面的转型，即从传统企业或行业变成全面数字化企业或行业。从内涵看，包括理念、制度、能力、模式、资源、业务、产品、技术等转型。从流程看，包括创意、研发、设计、生产、管理、营销、服务、投资等的全面数字化。从技术方向和要求看，包括数字化、网络化、数据化、智能化、平台化、生态化、个性化、共享化等。这些都可以看作企业或行业数字化转型的任务和方向，这一思路当然也适用于药品流通行业。

南京医药股份有限公司的"'十四五'数字化转型战略规划纲要"，就是在企业总体战略规划指引下，洞察内外部环境，结合自身数字化水平现状及数字化需求，将各业态业务信息系统创新融合，规划形成基于现代供应链体系的、利用数字化提质增效的"价值创造+数字运营"的闭环管理体系，构建供应链协同共赢的"数字场景+健康生态"双引擎数字化发展体系、任务和方向。

数字化转型需要数字能力做支撑。数字能力就是利用数字技术进行创新发展的能力，也是数字时代的核心竞争力。如果缺乏基本的数字能力，数字化转型也就无从谈起。

对于企业，每个员工的数字能力都需要提升。员工的数字能力提升了，企业的数字能力也就相应提升了，进而行业的数字能力必然会显著提升。

起初，通过引入和培养人才，部分药品流通企业开展仓储物流业务的数字化管理，建设仓储管理系统（WMS）和物流运输管理系统（TMS），实现库存信息的实时更新、药品批次的精准追踪以及物流运输过程的可视化监控。这些系统不仅提高了仓储空间的利用率，减少了人工错误，还显著提升了药品出库、入库、调拨等作业的效率与准确性，确保了药品质量与安全。

之后，一些大型药品流通企业开始将目光投向企业内部供应链的整体数字化管理，构建供应链管理系统（SCM），将供应商管理、采购、库存管理、销售、客户服务等关键环节紧密连接，形成闭环的供应链网络。企业能够更精准地管控和提升供应链的效率，并提升供应链的灵活性和韧性，以应对像疫情等突发事件带来的供应链挑战。

当今，我国药品流通行业的供应链体系迎来了深刻的变革。行业上下游企业之间通过互联网、云计算等先进技术实现信息共享与透明化，构建了更加紧密、协同的供应链生态，这大大促进了药品从生产到消费终端的高效流通，行业内还建立了药品追溯体系，进一步保障药品的安全性与可追溯性。药品流通行业的数字化转型还推动了行业服务的创新升级，如智能配送、数字营销等，为患者提供了更加便捷、高效的医疗健康解决方案。

（一）提升数字能力的"思维魔方"

数字能力到底是什么？2021年11月国家颁布了《提升全民数字素养与技能行动纲要》（简称《行动纲要》），其中的数字素养与技能就基本等同于我们所说的数字能力。这个《行动纲要》对数字能力的内涵和任务给出了规定，可以将之看作一个关于提升数字能力的基本模型。这个模型可以绘制成三维立体图，很像是一个魔方，所以也可以叫"提升数字能力的思维魔方"（见图3）。

具体而言，可以分成以下几个步骤：首先，画出一个横轴，上面分成四个部分，即数字能力应用的四个场景——数字生活、数字学习、数字工作、数字创新；其次，画出一个纵轴，分成九个部分，分别代表在上述四大场景里要提升的数字能力构成要素，包括数字的获取、制作、使用、评价、交互、分享、创新、安全保障、伦理道德，也就是说，在每一个应用场景里这九大能力都需要培育和提升；最后，画出一条斜边，分布的是代表数字时代需要打造的三种能力——提升对数字时代的适应力、胜任力和创造力，这三个基本能力可以看作提升数字能力的基本目标，适应力基本可以保证一个人、一个企业、一个行业在数字时代"不掉队"，胜任力可以保证个人或企业能"活得好"，创造力可以让个人或企业从行业内脱颖而出。

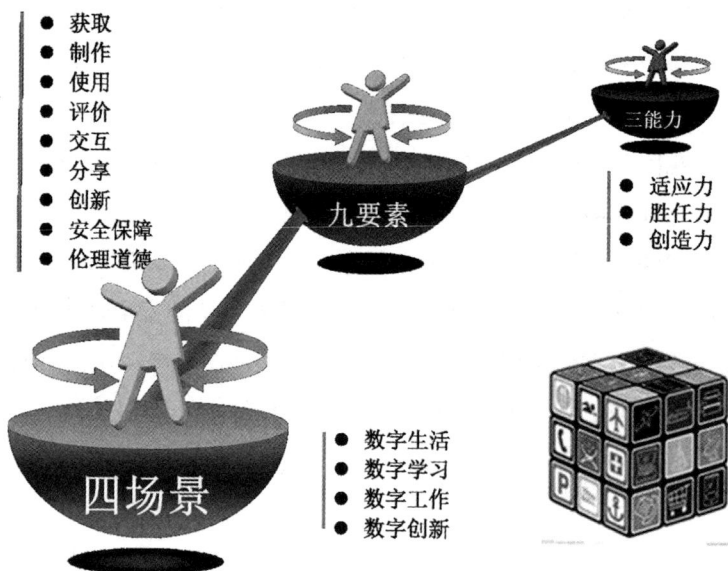

- 获取
- 制作
- 使用
- 评价
- 交互
- 分享
- 创新
- 安全保障
- 伦理道德

九要素

三能力

- 适应力
- 胜任力
- 创造力

四场景

- 数字生活
- 数字学习
- 数字工作
- 数字创新

图3 数字能力的"思维魔方"

（二）三个层次的数字技能

在具体应用时包括哪些基本的数字技能呢？这里给出一个实用工具，可以看作任务标杆，也可以看作检测工具，这就是数字技能的三层次分类法。

1. 第一个层次代表的是初级数字技能

大体包含四类数字技能：查找信息的能力、学习知识的能力、通信联络的能力、数字娱乐的能力。

2. 第二个层次代表的是中级数字技能

这个层次里大体包括三类数字技能：数字生活的能力、公共服务的能力、数字工作的能力。

3. 第三个层次代表的是高级数字技能

在这个层次上，要求能够利用数字技术进行创新创业，在数字营销、智能客服、数据建模、平台建设、人工智能等多方面掌握技能并有效利用。

总之，在药品流通行业中，企业充分理解数据价值，掌握数据创新三要素，让自身拥有相当的数字能力，则无论是医药行业中的大型集团企业还是创新发展中的成长型企业，都可以通过数字化转型来更好地实现企业战略目标，更好地为企业快速发展铺平道路，进而推动药品流通行业的整体产业升级和行业生态优化，更好地实现《关于"十四五"时期促进药品流通行业高质量发展的指导意见》的任务和《"健康中国2030"规划纲要》的目标。

B.11
数字化转型助力药品流通行业高质量发展

周 滨 *

摘 要： 本文探讨了在当前药品流通行业市场集中度提升、信息技术发展、监管政策影响、供应链升级和数据安全强化的背景下，药品流通企业对数字化转型的迫切需求和采取的主要举措。这些转型措施旨在加强集团管控，加速线上线下融合，提升企业供应链管理能力，改善用户消费体验，同时确保数据安全和个人隐私得到保护，为促进药品流通企业的高质量发展提供可靠保障。

关键词： 药品流通 数字化转型 数据安全 人工智能 供应链升级

"十四五"时期，国内信息化技术迭代升级进入加快推动数字化发展、建设数字中国的新阶段。国务院印发的《"十四五"数字经济发展规划》中提到"大力推进产业数字化转型，加快企业数字化转型升级。引导企业强化数字化思维，提升员工数字技能和数据管理能力，全面系统推动企业研发设计、生产加工、经营管理、销售服务等业务数字化转型"。此外，商务部在《关于"十四五"时期促进药品流通行业高质量发展的指导意见》中提出："稳步发展数字化药品流通。推进'互联网+药品流通'。加快5G网络、大数据等技术应用，实现各项业务迭代式升级。"药品流通行业作为医疗产业链中不可或缺的重要环节，加快推动数字化转型对于行业发展具有巨大的推动作用，既能提高流通效率、降低成本，又能提升服务质量，保障用药安

---

* 周滨，国药控股股份有限公司信息部部长。

全。因此，药品流通行业的信息化数字化转型不仅是行业的创新发展需求，也是推动整个医药产业转型升级的关键一环。

数字化转型是药品流通企业应对市场竞争、提升运营效率的关键，随着信息技术的不断发展，数字化转型可以助力药品流通企业优化供应链管理，实现库存精准控制，降低运营成本。同时，数字化转型也有助于企业在 ToB 业务上拓展营销模式和销售渠道，在 ToC 业务上打破地域限制，扩大市场份额。通过利用数据分析和人工智能等技术，企业可以更好地洞察消费者需求，提供个性化的服务，增强客户黏性。

在政策驱动、企业高质量发展以及消费者需求升级等多重因素影响下，药品流通行业的数字化转型将在提升企业运营效率、改善消费者体验、加强风险和合规管控等多方面持续发力。结合行业未来发展趋势，推动数字化转型的落地，针对不同的驱动场景，策略和方式也会各有差异。

一 行业集中度提高对集团管控的要求不断提高

药品流通行业集中度的提高以及强化集团管控，是行业发展的重要趋势，两者之间存在紧密的联系。这是因为大型企业或连锁药店需要更加精细化和更高效的管理体系来确保各个区域公司和门店的运营质量评价和管理模式一致性。集团管控要求企业健全管理制度和流程，加强监管和指导，确保经营活动都严格遵守相关法律法规和行业规范。同时，集团管控还需要通过信息化和数字化手段实现对企业经营活动的实时监控和数据分析，以便及时发现问题并采取有效措施加以解决，具体包括以下四个方面。

（1）依托云计算、大数据等技术，构建一个统一的信息化管理平台：实现对各门店库存、销售、采购等数据的实时汇总与分析。通过平台，集团能够有效监控下属门店的运营状况，为决策提供数据支持。

（2）优化供应链管理：利用物联网、人工智能，对供应链进行优化，实现库存自动化管理、智能补货等功能，助力降低库存成本、提高库存周转率，确保门店商品充足且新鲜。

（3）强化数据分析与决策支持：利用大数据、商业智能等技术，对海量数据进行挖掘和分析，为集团决策提供有力支持。此外，通过构建预测模型，可提前预判市场趋势，为集团的战略规划提供科学依据。

（4）提升风险管控能力：通过建立风险管理与监测系统，实现对各层级经营风险的实时监控，确保企业合规经营。同时，加强信息安全防护，保障企业数据安全。

二　企业从重视 B 端供应链的建设转向重视 C 端触点的建设

根据艾瑞咨询数据，中国院外药品流通市场规模增长迅速，从 2018 年的 3716 亿元增加到 2022 年的 6397 亿元，院外市场占整体药品流通市场的比重也由 27.6% 上升至 36.5%。同时，在多项政策的推动下，药店、基层医疗机构等院外终端的药品需求增加，市场占比将逐步提升。预计中国院外药品流通市场规模 2027 年将突破 1 万亿元，占整体药品流通产业比重达 47.1%。随着智能手机、5G 网络和云计算的发展与普及，消费者实现了随时随地移动上网，促使企业逐渐从重视 B 端供应链的建设转向重视 C 端触点的建设。由于云计算的发展很大程度上解决了企业交易大数据算力的问题，因此直接触达 C 端消费者的渠道更加多元化。在市场和技术发展逐步成熟的背景下，从 B 端供应链的建设转向关注 C 端的数字化转型实践，经过以下几个过程。

（1）搭建以消费者为中心的数据平台：企业利用云计算和大数据技术，整合线上线下消费者数据，搭建一个以消费者为中心的数据分析平台。通过这一平台，企业可以实时捕捉消费者行为，分析消费趋势，为产品创新和营销策略提供依据。

（2）强化移动端应用和社交媒体互动：随着 5G 网络的普及，企业聚焦移动端应用的开发，通过社交媒体和品牌 App 与消费者建立直接联系，为消费者提供便捷的购物体验和个性化的服务。

（3）发展智慧零售和无人零售模式：企业正探索利用物联网、人工智能等技术实现智慧零售和无人零售模式，以实现自动识别、智能推荐和无感支付等功能，从而提升消费者的购物效率和体验。

（4）推出定制化和差异化产品：基于对消费者数据的深入分析，企业推出定制化和差异化产品以满足消费者个性化需求，增强市场竞争力。

（5）提升客户服务智能化水平：通过引入人工智能客服、智能机器人等，企业实现 24 小时实时在线客户服务，极大提升客户服务质量并降低人力成本。

（6）构建多渠道融合的销售网络：企业不再局限于单一的销售渠道，而是构建线上线下融合、多渠道并行的销售网络，为不同类型客户提供一致的服务体验。

（7）实施精准营销和用户运营：企业利用用户数据进行精准营销，通过用户分群、标签化管理、自动化营销等手段，提升营销效果，促进用户转化。

（8）建立快速响应的即时配送能力：企业通过建立快速响应的即时配送系统，实现快速响应和精准配送，提升消费者的满意度。

三 基于政策引领导向的数字化转型

2017 年正式实施的公立医疗体系药品零加成政策以及 2019 年正式开启的国家药品集中带量采购政策，推动了公立医院破除"以药补医"经营机制的改革进程。为方便患者购药，国家医保局要求，2023 年 12 月 31 日前，各省份要依托全国统一的医保信息平台电子处方中心，建立健全全省统一、高效运转、标准规范的处方流转机制，实现省域内"双通道"处方流转电子化。

目前，处方外流产生的影响已初步显现，麦肯锡研究数据显示，药品收入占公立医院收入的比例逐年下降，从 2017 年的 35% 降至 2019 年的 32%；2019 年后国家推动药品集采政策，导致我国药品市场规模增长持续放缓；

同时，院内未中标的品种开始转向院外渠道，促使2020年后实体药店药品在三大终端市场的销售占比显著提升（见图1）。从基于政策导向引领的政企数字化转型的实践看，包括以下八个方面。

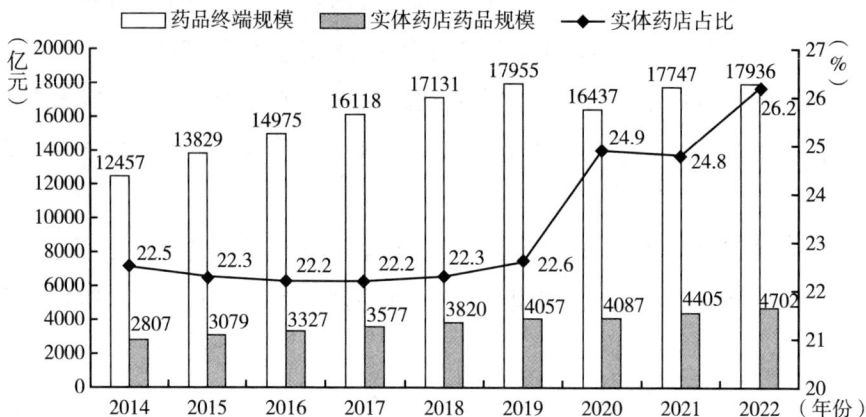

图1 实体药店药物市场占比

资料来源：米内网三大终端六大市场销售规模数据。

（1）医保信息平台的统一建设：根据国家医保局的要求，各省份正在加快构建统一的医保信息平台，特别是电子处方中心的建立，以确保处方流转的高效、规范和透明。这一平台的建立将有助于实现处方信息的跨区域流转，方便患者在不同药店间购药。

（2）推广电子处方应用：政府鼓励医疗机构和零售药店使用电子处方系统，通过电子处方流转机制，实现处方的电子化管理和院外流转。这一举措不仅提升了处方管理的效率，还增强了患者用药的安全性和便捷性。

（3）提升药店的专业服务能力：在政策引导下，零售药店积极转型升级为专业药房，通过引进专业药学人才、升级软硬件系统和提供更加专业的药事服务，满足患者对疗效更好的药品和药学服务需求。

（4）加强药品供应链管理：面对院内未中标产品转向院外渠道的现象，零售药店加强了对药品供应链的管理，通过数字化转型，实现库存的实时监控、智能补货，确保药品供应的稳定和及时性。

（5）促进线上线下融合：药店不仅加强线下专业药房的建设，还通过线上平台提供处方审核、药品购买、用药咨询等服务，打造线上线下融合的一体化药学服务平台。

（6）加强药品监管和数据分析：利用大数据和人工智能技术，实现监管部门对药品流通和使用的实时监控，防止不合理用药和药品滥用，保障患者用药安全。

（7）推动行业标准和规范的制定：政府积极推动医药行业数字化转型相关的标准和规范制定，如电子处方流转的数据安全、患者隐私保护等，以确保行业健康有序发展。

（8）培训行业人才：政府和企业共同开展数字化转型相关的培训，提升医药行业从业人员的数字化能力和专业服务水平，为行业的数字化转型提供人才支持。

四　基于线上消费行为驱动下的数字化转型

新冠疫情结束后，线上购药的习惯在许多消费者中仍然得以保留，甚至在一定程度上得到了加强。这主要得益于如下几方面。

（1）线上购药的便利性、安全性以及丰富的药品选择。

（2）政策层面，网售处方药、电子处方流转逐渐放开等一系列政策的规范与完善给医药电商带来巨大的发展机遇。

（3）线上渠道不仅仅是新开辟的一个取药端口，而是能够实现线下"求医问药"的一整套流程，提供比线下更优的服务，显然以互联网医院为处方入口的医药电商模式，成功构造了"互联网+医药供应链"的生态闭环，极大赋能更加智能化和现代化的医疗服务创新。

随着技术的进步和消费者需求的变化，互联网购药有望在未来继续发展壮大，成为药品流通行业的重要组成部分。据艾媒数据中心披露，2015~2019年我国医药电商交易规模年复合增长率达20.6%。药品流通企业正采取数字化转型的策略应对医药电商交易模式发展趋势，主要举措包括如下几方面。

（1）搭建线上自营商城：药品流通企业纷纷建立线上商城，提供药品、医疗器械、保健品等产品的在线购买服务。消费者可以随时随地通过手机App或网站进行药品购买，享受送货上门的便捷服务。

（2）实现线上线下深度融合：医药零售企业通过自建平台或与第三方平台合作，提供线上下单、线下取货或配送服务，实现全渠道的线上线下深度融合。

（3）利用互联网医院，实现线上问诊、电子处方、线下购药的无缝对接，并逐步完善线上医保、商保支付的联网结算机制体系。

（4）提供智能药箱和用药提醒服务，通过移动终端或智能设备（如手环等）应用，提醒消费者按时用药，正确用药。

（5）提供在线药学咨询服务，利用互联网解答消费者的用药疑问，为消费者提供实时在线和个性化的药学服务。

五　基于供应链升级驱动下的数字化转型

互联网数字技术的普及，为传统药品流通实现平台化和线下线上融合提供了良好基础，借助数字化手段，可以极大提升企业供应链管理能力，同时打破传统管理模式的信息壁垒，为终端提供更便捷的采购服务体验，促进了市场的开放性与竞争性。目前，药品流通行业正从以下四个方面，推进由传统分销模式向数字化分销转型：一是通过智能物流系统、冷链技术等手段提升医药产品的运输效率，保障药品质量；二是建立信息化平台，实现各环节信息的共享和互联，加强供应链的可视化管理，降低信息不对称性；三是利用物联网、区块链等技术构建药品追溯体系，实现对药品从生产到流通全程的监控和追溯，提高药品安全性；四是引入智能配送系统、无人机配送等技术，优化末端配送网络，提高配送效率和覆盖范围，满足偏远地区的医疗需求。转型过程中的实践聚焦在以下关键环节。

（1）仓配一体化管理的优化：引入先进的仓储管理系统和自动化设备，优化仓库布局和货物存储方式，提高仓储效率和空间利用率。

（2）冷链物流建设的加强：针对生物制品、特殊药品等需要低温环境的药品，加强冷链物流建设，确保药品在运输过程中的质量和安全。

（3）智能运输管理的实施：采用智能运输管理系统，实时监控运输车辆的位置、温度等信息，提高运输效率和安全性，减少运输过程中的损耗和风险。

（4）多式联运的推广：鼓励多式联运发展，将不同的运输方式（如公路运输、铁路运输、水路运输等）有机结合起来，提高整体运输效率和成本效益。

（5）末端配送服务的强化：加强末端配送网络建设，实现即时配送和智能配送，提高末端配送的覆盖范围和服务质量，满足患者的个性化需求。

（6）紧急物资储备体系的建立：建立医疗物资的紧急储备体系，保障重大突发事件时医药物流的快速响应能力，提高医药供应的安全性和稳定性。

六　基于数据安全管理驱动下的数字化转型

在药品流通企业的数字化转型过程中，确保数据安全和个人隐私的保护至关重要。企业必须严格遵守《网络安全法》《个人信息保护法》等相关法规，并不断完善其数据安全管理能力，主要包括以下七个方面。

（1）建立数据安全管理制度：明确数据收集、存储、使用、传输和销毁的规范及流程。同时，加强对员工的培训，提高数据安全意识。

（2）广泛采用加密技术：在数据传输和存储过程中，采用加密技术如SSL/TLS、VPN等，确保数据传输的安全性。同时，对敏感数据进行加密存储，防止数据泄露。

（3）实施访问控制和身份认证：确保只有授权人员才能访问敏感数据。例如，采用双因素认证、访问权限分级等手段，提高数据的安全性。

（4）建立数据脱敏和匿名化机制：在数据分析、报告等环节，建立数据脱敏和匿名化机制，防止个人隐私泄露。例如，对涉及个人隐私的数据进行脱敏处理，只保留必要的统计信息。

（5）实施数据备份和恢复策略：确保在数据丢失或系统故障时，能够迅速恢复数据，减少数据损失。

（6）建立数据安全监测和审计机制：实时监控数据安全状况，及时发现潜在的安全隐患。同时，对数据操作进行审计，确保数据的合规使用。

（7）建立数据安全事件应急响应机制：一旦发生数据安全事件，应急响应机制能够立即启动，迅速采取应急措施，减少损失。

通过以上基于数据安全管理驱动下的数字化转型实践，药品流通企业不仅能够确保个人隐私和数据安全，还能够提高用户对企业的信任度，促进企业的可持续发展。在这一过程中，企业需要不断创新，积极探索新技术在数据安全领域的应用，以实现与消费者的共赢发展。

七　人工智能技术赋能服务能力和管理能力提升

随着老龄化社会的不断深化，各类健康问题也日益突出，其中多病共存、多药共用和长期用药的情况较为普遍，使消费者对药学服务的需求更加迫切。目前，药学服务模式正朝着个性化、互联网化、智能化和专业化方向发展，不仅促进药学服务的水平和质量提升，也为消费者提供了更加便捷、高效的用药体验。主要体现在以下两个方面。

（一）智能化服务方面

（1）智能药学咨询服务：通过人工智能技术，在安全合规的前提下提供药学咨询服务。如根据消费者的病情、用药历史和过敏史等数据，结合会员、患者的管理能力，辅助执业药师提供个性化的用药建议、用药提醒，确保消费者安全合理用药。

（2）远程健康监测：可以实现对患者的远程监控和病情分析，减少就诊次数，降低医疗成本。

（3）智能用药提醒：针对容易忘记用药的情况，通过手机 App、智能药箱或智能音箱等智能终端设备提供定时提醒服务，便于患者按时服药。

（4）诊疗服务中行政流程：在专业药房，运用人工智能自动化处理行政流程，如预约挂号、费用结算等，减少人力成本，提高工作效率。

（5）店员助手和门店数字人：在门店内可以通过 AI 辅助，提高与顾客沟通效率，优化顾客体验和提升店内服务效率。

（二）智能化管理方面

（1）数据分析与决策支持：通过人工智能技术，对海量数据进行更自动化、智能化的商业分析，通过语音文字即可完成分析过程，还能利用 AI 洞察习惯性思维容易忽略的很多有价值的分析成果。

（2）智能供应链优化：通过人工智能更好地进行药品供需分析，实现更精准的需求预测、采购规划和库存管理，降低供应链成本。利用机器人技术实现药品库存的自动化管理，从入库、存储到出库，整个过程可以自动化完成，减少人为错误，提高管理效率，同时降低库存成本。

（3）门店管理：通过人工智能技术对门店陈列和促销活动的执行情况进行督导改进。

（4）培训管理：提升专业度和学习效率，间接改善行业内执业药师及从业药师缺乏问题，辅助药师、店员日常和定期的专业培训，进一步提高门店药学服务水平。

综上所述，人工智能技术不仅能够提升药品流通行业的专业服务水平，满足消费者对药学服务的需求，同时也能够帮助企业赋能基于人工智能技术应用的供应链管理创新，实现成本的有效控制和运营效率的改善。尤其是在老龄化社会背景下，人工智能技术的应用也将为药品流通行业带来更多新的发展机遇。

B.12
南京医药"十四五"数字化转型战略规划

马云涛*

摘　要： 南京医药股份有限公司制定的《"十四五"数字化转型战略规划纲要》洞察企业内外部环境，结合本企业现状和需求，通过各业态的业务信息系统创新融合及建立企业数字化服务平台，构建基于现代供应链体系的、利用数字化提质增效的"价值创造+数字运营"闭环，并形成以供应链协同共赢的"数字场景+健康生态"双引擎为目标的发展规划。基于公司现有的信息系统，打造南京医药深度融合业务场景的"三大数字平台"，通过对平台的集成整合、数据的融合共享，构建以信息安全与高效运营为核心的"中台管理系统"，不断完善"纵向各级打通、横向业务协同、内外生态互联"的数字化南药体系，在"十四五"规划期间，实现从医药流通运营向以专业化药学服务为基础的健康管理转型升级。

关键词： 数字化转型　战略规划　数字平台　中台

随着企业数字化转型需求不断提升，如何利用并融合先进信息技术手段实现医药行业的能效提升，打造前沿技术驱动下的新型医药产业运营模式并开展成熟的应用示范，是当前大型医药公司面临的现实问题与重大责任。《中华人民共和国国民经济和社会发展第十四个五年规划和2035年远景目标

---

* 马云涛，南京医药股份有限公司数字创新总监，南药智慧健康工程研究中心负责人，高级工程师。

纲要》《关于加快推进国有企业数字化转型工作的通知》等文件明确提及
"坚持创新驱动发展 全面塑造发展新优势"和"加快数字化发展 建设数字
中国",为企业数字化发展指明了方向。

南京医药股份有限公司(简称"南京医药")作为国内医药流通行业
首家上市的国有控股企业,将数字化转型作为改造提升传统动能、培育发展
新动能的重要手段,以服务驱动医药创新,以价值链促进行业发展,为客户
和企业带来价值提升。"十四五"期间,南京医药将着力构建"数字南药",
推动企业向高质量发展方向迈出新的步伐。

一 规划编制背景

(一)外部环境

2023年2月27日,中共中央、国务院印发《数字中国建设整体布局规
划》,提出数字建设的布局要按照"2522"框架进行推进,即夯实"两大基
础"——数字基础设施和数据资源体系,推进数字技术与经济、政治、文化、
社会、生态文明建设"五位一体"深度融合,强化数字技术创新体系和数字
安全屏障"两大能力",优化数字化发展国内国际"两个环境"。

2022年4月,江苏省委、省政府发布《关于全面提升江苏数字经济发
展水平的指导意见》,全面推进江苏经济社会数字化转型,着力打造数字经
济新引擎,激发数字时代新动能,培育数字经济新优势。

(二)内部环境

根据南京医药"十四五"战略规划思路,在聚焦主业及充分发挥南
京医药既有核心竞争力的基础上,主动融入"健康中国"发展战略,立
足大健康产业,形成"价值发现、批零协同、药械相长、适度延伸、数
字赋能"的发展模式,积极探索新业态、新业务,拓展转型创新发展的
新空间。

南京医药将坚持以客户为导向、以科技创新为引领，基于主业创新并不断探索实践新服务、新业务、新模式，结合现代供应链体系建设加大科技创新力度，努力由传统医药流通企业向现代健康服务企业转型。本着"优势互补、共同建设、利益共享"的原则，继续加强公司与相关企业、科研院所及高校间合作，探索"产学研用"协同创新的产业化模式。

（三）企业数字化需求、痛点分析

南京医药在数字化建设过程中仍存在基础设施不完善、业务软件需持续优化、信息化创新驱动不足等问题。基础管理软件方面，协同 OA、合同管理、知识管理等软件未全面覆盖。IT 云资源管理方面，未全面实现弹性扩展云化管理，信息安全保障体系不完善，信息安全风险评估脆弱，缺乏主数据管理，存在信息孤岛等问题。业务信息化方面，客户资信管理、上游供应链协同、第三方物流管理、客户关系管理等应用需要进一步优化实施。数字化创新驱动方面，决策支持系统、药事服务创新、互联网电商、电子处方外配等创新业务需要在探索中迭代升级，以应对行业内甚至跨界竞争。

结合南京医药数字化建设存在亟待解决的问题及数字产业化赋予的机遇，加快全流域数字化建设全面化、一体化、可视化，打造以数字化和现代供应链体系建设为基础的平台支撑，须实现基础设施管理软件的全面覆盖，完善数据治理体系，实现数据资产增值。持续提升集团数字管理水平，建设集团化业务支撑的中台系统，有力保证管控模式落地。同时数字化转型需要坚持战略与执行并重，将数字技术和具体的业务场景结合起来，满足不同业务多元化发展模式的需求。

二 数字化转型的方向和目标

在南京医药战略规划指引下，从产品需求、服务需求出发，通过不同业态业务信息系统创新融合，建立企业数字化服务平台，构建基于现代供应链体系的、利用数字化提质增效的"价值创造+数字运营"闭环，并形成以供应链协同共赢的"数字场景+健康生态"双引擎为目标的数字化发展规划。

（一）数字化转型愿景和方向

"数字赋能打造行业灯塔，科技转型成就数字南药"是南京医药数字化愿景的总体阐述（见图1）。

南京医药基于公司现有信息系统，打造南京医药深度融合业务场景的"三大数字平台"，通过对平台的集成整合、数据的融合共享，构建以信息安全与高效运营为核心的"中台管理系统"，不断完善"纵向各级打通、横向业务协同、内外生态互联"的数字化南药体系，最终在"十四五"规划期间，实现从医药流通运营向以专业化药学服务为基础的健康管理转型升级。

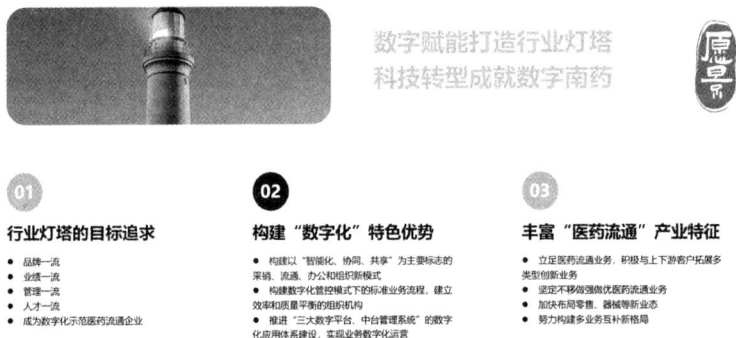

图1　南京医药数字化转型愿景

资料来源：南京医药。

（二）数字化转型目标

完成"三大数字平台"建设，分别为：面向上下游供应链协同、药事服务集成管理及物流智能执行交付的"数字供应链、数字物流服务平台"；医药零售创新服务模式与线上线下融合的"数字新零售运营平台"；利用人工智能技术为公司经营提供大数据支撑的"数字运营决策平台"。

完成"中台管理系统"建设，通过技术底座、数据中台、业务中台，实现前端业务敏捷快速迭代、中台业务统一调度、业务数据融合共享的数字化智能服务，从而更好地满足客户需求（见图2）。

三　数字化蓝图设计

（一）业务架构设计

南京医药作为集团化企业，旗下各企业在总部专业线的垂直管理下遵照统一标准、统一流程、统一规范开展业务。总部各专业线针对业务关键点、风险点，进行过程化管理以达到降风险、提效率、保效益的经营管理目标。各企业间通过具有信息共享的工具和手段，高效开展业务协同，提高业务执行效率。各企业内、各部门间在业务环节中能高效组织、便捷执行。通过信息集中的方式重构信息化架构以解决信息系统多、关系复杂的问题，集中的信息化架构还需要支持总部统一管控、企业信息共享与协作（见图3）。

（二）应用架构设计

以南京医药集团总部为建设主体，实施范围包含了南京医药下属各业务节点的核心业务系统。采用业务中台架构模式构建并实现数据集中、信息共享、业务协作、集团管控的项目目标。

以南京医药数字化愿景为指引，进行数字化架构设计，打造三大支撑平台，构建核心能力，支撑四大场景——数字化供应链、数字化物流、数字化零售、数字化运营（见图4）。

1. 技术底座

技术底座是南京医药数字化转型中的重要组成部分，其作用主要是实现企业技术资源的共享和重复利用，加快技术创新的速度、提高产品研发的效率、加强业务流程的智能化。通过技术底座，南京医药可以更好地实现数据

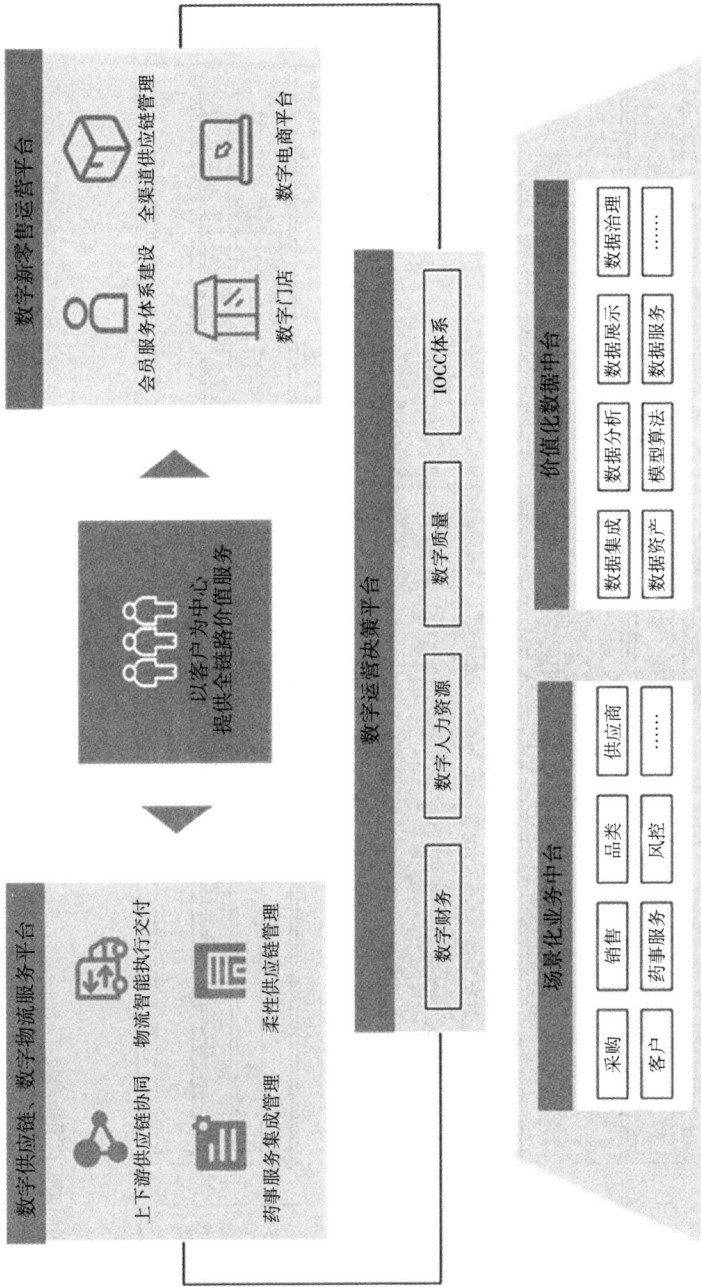

图 2　基于数字运营决策平台以客户为中心的全链路价值服务

资料来源：南京医药。

愿景：数字赋能打造行业灯塔，科技转型成就数字南药

数字化目标	数字供应链（含数字物流平台）	数字零售平台	数字运营决策平台

以客户为导向，以主业创新为基础，以科技创新为引领

数字化管控机制 | 组织运营模式与数字化KPI | 数据驱动模式变革

数字化举措（重点突破）

数字化供应链
- 推进供应链主数据治理
- 提升供应链协同管理水平
- 丰富客户增值服务
- 药事服务场景挖掘创新

数字化物流
- 打造引领行业的数字仓储体系
- 全面提升信息化管理水平
- 以数字化手段着力推进精细化管理
- 推进全面数据管理

数字化零售
- 供应链协同管理
- 社会门店标准化及精细化
- DTP药房药企与患者服务场景挖掘
- 新零售交互场景管理、数字化质量管理

数字化运营
- 数字财务平台建设
- 人力资源平台建设
- 质量管理平台建设
- 经营分析数字化创新
- 数字化协同办公
- 风险合规监控体系建设

数字化底座（支撑能力）

业务中台：客户、财务、会员、账户、营销、订单、风控、……

数据中台：数据治理、数据安全、主数据、数据仓库、数据应用、……

管理数字化：数字化人力、数字化财务、数字化质量管理

技术底座

变革管理

战略协同

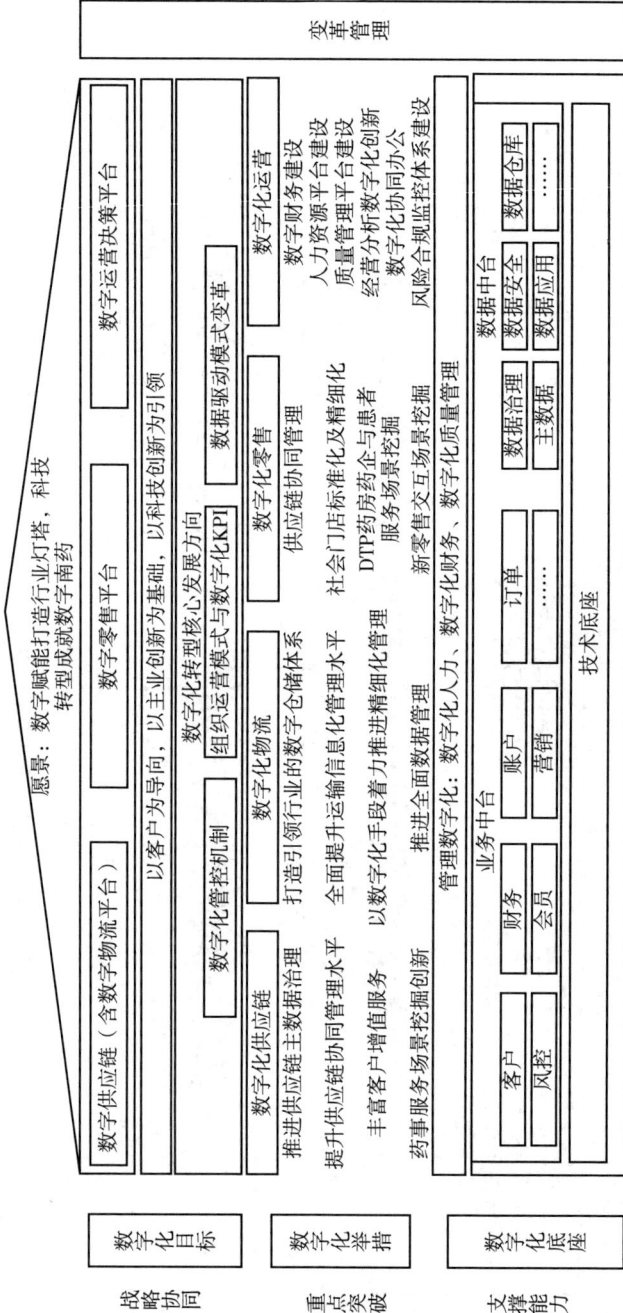

图 3　南京医药数字化转型整体蓝图

资料来源：南京医药。

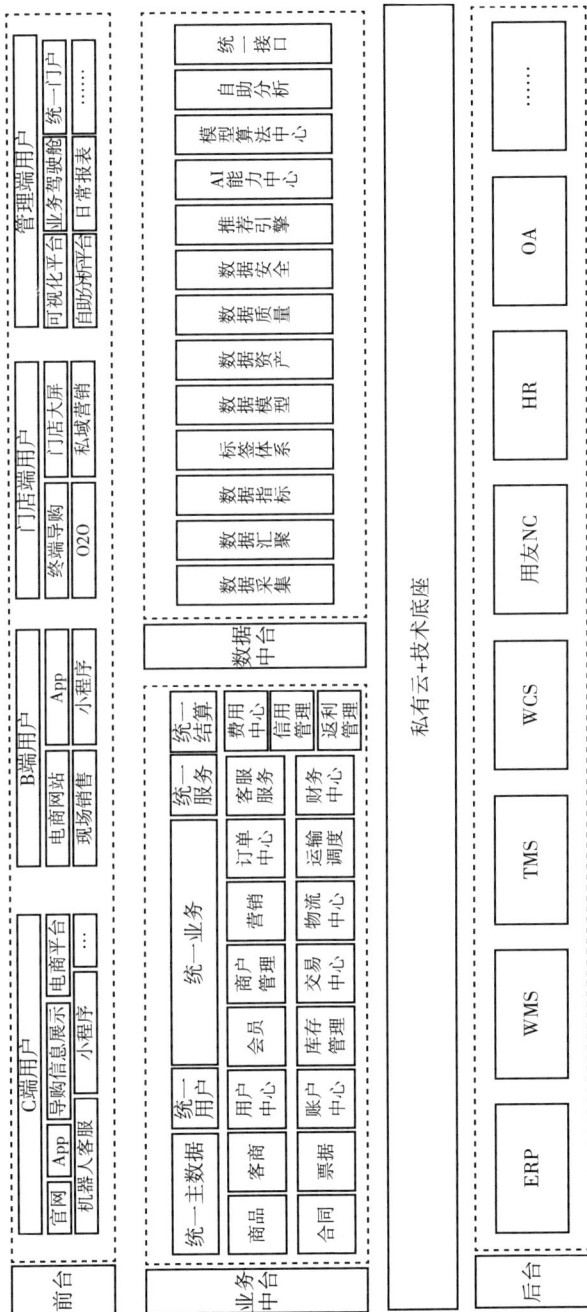

图 4 南京医药数字化转型应用架构设计

资料来源：南京医药。

159

资产、技术资源的整合和利用，提高整体的资源利用率和运作水平。具体而言，技术底座的主要作用如下。

技术资源共享：技术底座将南京医药内部的技术资源整合在一起，统一管理，以实现技术资源的共享和重复利用，提高技术资源利用效率和降低管理成本。

产品研发加速：南京医药可以通过技术底座优化研发流程，加快产品上市时间，降低研发成本。

业务流程智能化：技术底座可以通过数字化技术来实现南京医药业务流程的智能化，推动业务自动化运行，提高业务效率和准确性。

2. 数据中台

数据中台是南京医药数字化转型中的另一重要组成部分，其作用主要在于对南京医药的数据资产进行管理，优化数据流程，提高数据质量，提升南京医药的数据驱动能力。通过数据中台，南京医药可以实现数据的准确管理、集成分析、数字化升级等目标。具体而言，数据中台的主要作用如下。

数据资源共享：数据中台将南京医药公司内部的数据资源整合在一起，以实现数据的共享和重复利用，减少资源重复投入和管理成本。

数据治理管理：南京医药可以通过数据中台实现对数据资产的清晰管理，包括数据质量监控、数据安全管控、数据分析和挖掘等方面，提高数据的管理水平和对数据资产的保护。

数据分析利用：数据中台可以通过数字化技术实现对南京医药内部的数据进行集成和分析，提高数据应用的价值和业务智能化的能力。

3. 业务中台

业务中台是南京医药数字化转型中的第三个重要组成部分，其作用主要在于实现公司业务流程的整合和优化，推动业务模式创新，提高南京医药的综合竞争力和价值创造能力，更好地满足客户和市场需求。具体而言，业务中台的主要作用如下。

业务流程整合：业务中台将南京医药内部的各个业务流程整合到一个平

台上，以实现业务流程的优化和协同，提高业务效率和业务运行的质量。

业务模式创新：业务中台可以通过数字化技术支持南京医药的业务模式创新和营销创新，促进南京医药在行业内更好地适应市场需求和创新发展。

（三）数据架构设计

南京医药数据架构是针对公司数字化转型的数据架构体系，其包括数据集成、存储、计算、消费、应用等几个方面（见图5）。

数据集成：主要用于将不同来源的数据汇总并整合成可分析的信息。南京医药通过构建数据集成平台，将不同数据源的数据进行分析、清洗和集成，将各个不同领域的扩展数据集成在一起，从而实现数据归一化。

数据存储：主要用于存储南京医药的各类数据，包括结构化数据、半结构化数据和非结构化数据等。南京医药采用云计算和大数据技术，选择先进的存储技术对数据进行存储处理，包括 Hadoop、MapReduce、Hive、HBase、Storm 等。

数据计算：主要用于对数据进行建模分析和计算处理，通过数据处理增强企业的洞察力和决策力。南京医药采用机器学习、数据挖掘等技术对数据进行建模分析和计算处理，以实现数据的深入分析和挖掘。

数据消费：主要用于为各种应用提供数据支持，包括数据传输、数据格式转换、数据查询等。南京医药通过数据消费平台，实现对数据的开放和共享，保障数据的质量和安全。

数据应用：是南京医药数据架构的最终结果。南京医药通过数字化平台和数字化技术，实现了数据在业务、决策等方面的应用，如数字化营销、智能仓储、数字化采购等。

总体而言，南京医药通过数据集成、存储、计算、消费、应用等多个方面实现对数据的管理和应用，使行业内的数据更好地整合和流动，并且最终推动南京医药向数据智能化方向转型。

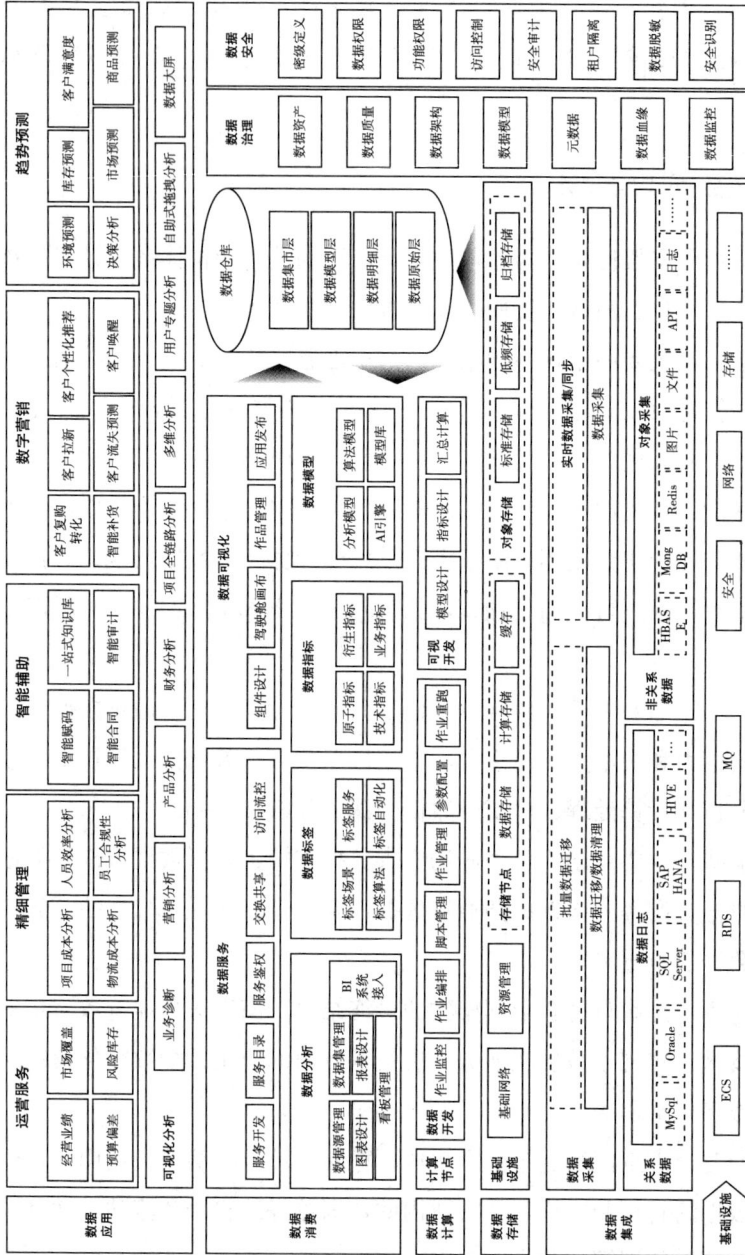

图5 南京医药数字化转型数据架构设计

资料来源：南京医药。

（四）技术架构设计

在技术架构方面，将采用以下架构进行平台建设（见图6）。

云基础设施层（IAAS）：统一建设的硬件、网络平台，采用超融合架构模式提供虚拟化计算单元、存储单元和网络单元。

平台层（PAAS）：核心技术架构平台，基于微服务架构、分布式部署。

统一服务层（SAAS）：以租户模式构建的公共业务服务平台，为业务执行、规则管控、数据分析提供应用级服务。

应用前台层（App）：提供业务执行、管理干预、数据可视、决策分析等应用App。

数字化管理平台（PORTAL）：使用者使用统一的身份，通过统一的App入口使用。

（五）信息安全体系

南京医药坚持"统一管理、统一标准、分步实施"的标准。信息化管理部门统筹全流域的数字化工作，负责有关规划、标准、规范的制定，基础信息网络平台建设，重点信息化项目建设、信息资源中心建设，建立与全流域数字化发展相配套的安全体系。全流域各单位需配合完成数字化建设，并根据公司要求建立相应的业务信息系统。

在基础设施管理方面，建设包括网络虚拟化、桌面云、存储虚拟化等；实现私有云和公有云共存，并逐步向公有云过渡；建立从网络、主机、终端、应用、数据等方面的安全技术防护基本体系。

（六）数字化转型的保障措施

根据数字化的建设需求，结合全流域企业管理的现状和特点，拟采用信息化领导小组统筹管理、信息化建设管理办公室统筹实施、各单位信息化主管部门具体执行、专业技术公司进行研发与服务的层级化管理模式。主要采取以下保障措施。

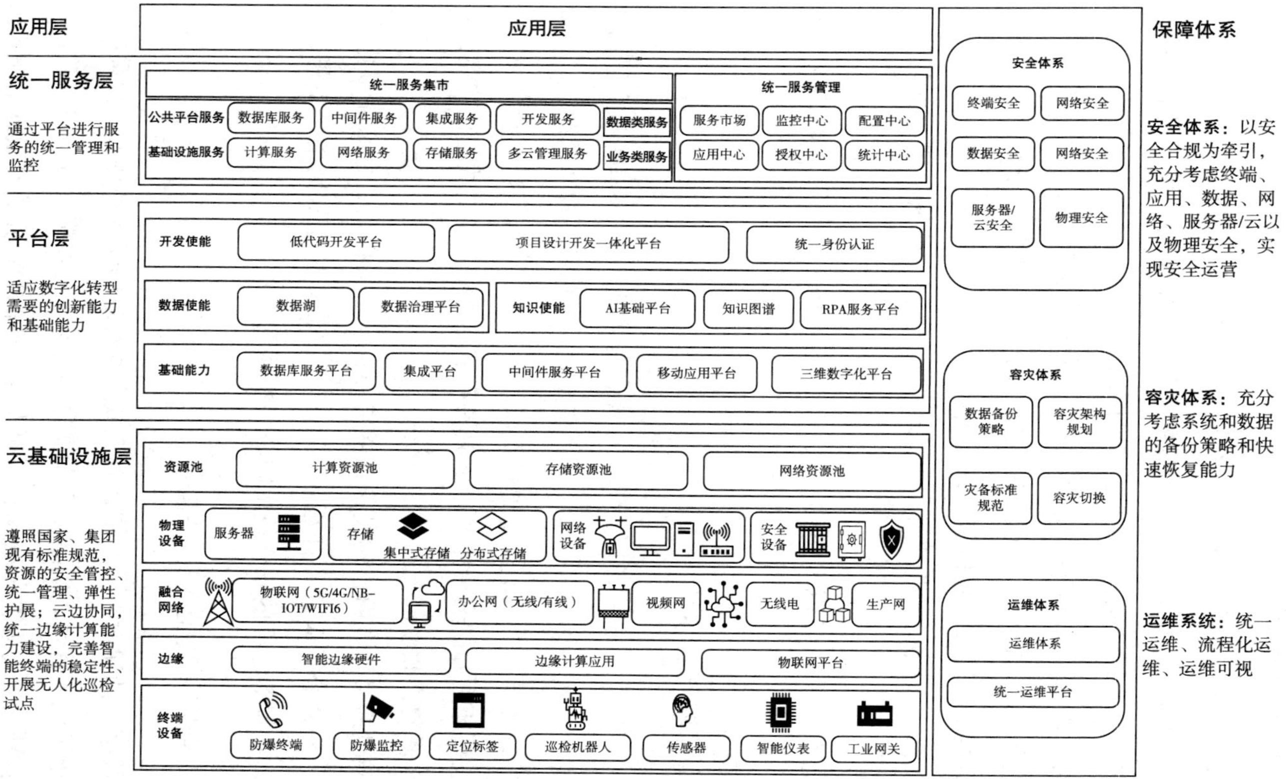

图6 南京医药数字化转型技术架构设计

资料来源：南京医药。

1. 加强制度建设

制度是数字化建设的基础和保障，全流域各单位要根据自身信息化建设的现状和需求，在相关数字化制度的统一指导下，建立健全自身的制度体系。

2. 强化组织领导

当前各单位对数字化建设认识缺乏系统规划、科学管理。需要通过举办研讨会和培训班的形式，对国内外的典型案例进行研究分析，强化各单位领导对数字化工作重要性和紧迫性的认识。同时，要求各分子公司成立数字化转型专项委员会，把数字化建设列为技术改造的一个重要部分，全力推动数字化建设。

3. 项目实施推进

数字化是实实在在的事情，需要务实而不是务虚。需要各单位大力支持，制定相应的制度，确保全流域每一位员工和实际操作者切实掌握新的业务流程、养成使用习惯。

4. 加大资金投入

各单位要将数字化建设所需资金列入年度预算，运行维护资金列入日常经费，并确保落实到位。目前全流域已建立信息化资金预算审批制度，严格监管资金使用。

5. 加强内外协调

数字化建设涉及各个部门和单位，还需要与一些外部单位进行合作，更需要主管领导的大力支持，在数字化建设过程中充分配合，建立完善的沟通和反馈渠道。同时密切关注国家相关规范和制度要求，加强与同类企业的合作。

6. 落实执行发展规划

企业数字化包含方方面面，协调高于一切，各企业不能各自为政，应在数字化规划的指导下，由集团统一领导与部署，协调工作，整体推进，确保实现互联互通、资源共享。各单位要建立健全数字化工作机构，统筹协调解决数字化建设中的重大问题。

7. 加强队伍建设

加强企业数字化人才队伍建设，逐步建立层次丰富、专业齐全、结构合理的数字化人才体系。一是在企业内部建立起企业数字化专、兼职部门，利用各种途径大力引进数字化人才，特别是既懂管理，又懂技术的复合型人才；二是进一步改进和完善分配制度与激励机制，留住优秀的专业人才。

8. 建立评估机制

建立数字化建设绩效考核机制，将数字化建设作为各单位基础管理考核的内容之一。由公司制定各单位数字化考核与评估的完整制度和相关方法，各单位也要制定适合本单位数字化发展要求的数字化建设评估体系。

"十四五"时期是推动南京医药转型创新以实现高质量发展的重要机遇期，数字化转型是公司实现"十四五"战略规划的重要举措之一。数字化转型任重而道远，展望未来，南京医药将继续深化数字化转型，以科技引领发展，以创新推动进步，全面提升公司的核心竞争力，努力跑出南京医药数字化转型"加速度"。

B.13
广州医药供应商智能服务平台创新与实践

徐有恒*

摘　要： 供应商服务是药品流通领域重要的一环，是保障药品供应与药品安全的必要手段，也是整个产业链高效运转的源头。广州医药在公司数字化转型战略中，将数字化为供应商赋能、持续提升供应商服务能力作为转型工作的核心。该公司建立的供应商智能服务平台是通过"互联网+"、数字化、智能化等技术手段，对传统的供应商服务内容、环节进行整合与升级，以数据"加速"、双向协同为目标，为供应商提供一站式、全过程的信息服务，在数字化创新的技术浪潮下提升供应商服务的水平。同时，也促进广州医药在"服务力"引领下提质增效、降本创利。

关键词： 供应链服务创新　数字化　智能化

一　供应商智能服务平台（SIP）建设背景

（一）药品流通行业发展趋势

1.政策环境

商务部发布的《关于"十四五"时期促进药品流通行业高质量发展的指导意见》，明确提出了完善城乡药品流通功能、着力提升药品流通能级、

---

*　徐有恒，广州医药股份有限公司副总裁，正高级经济师、主管药师。

稳步发展数字化药品流通等六方面共 14 条举措。其中提到，"十四五"期间，行业强强联合的大型并购重组项目将会出现，行业集中度会进一步提高；业务数字化发展以及物流智能化的应用将会越来越普遍；产品创新、服务创新、业态创新、商业模式创新等将会加速产业升级，药品流通行业将迎来突破发展的黄金时期。

到 2025 年，国内将形成 1~3 家超 5000 亿元、5~10 家超千亿元的大型数字化、综合性药品流通企业，5~10 家超 500 亿元的专业化、多元化药品零售连锁企业，100 家左右智能化、特色化、平台化的药品供应链服务企业。①

2. 行业环境

近年来，药品流通行业已进入低增长周期。据商务部统计，药品流通行业销售增长率已从医改初期（2010 年）的 24.6% 下降到 2022 年的 6%。在医改政策、商业微利化和跨界竞争三重因素驱动下，药品流通行业结构将深度调整优化，进一步巩固完善以全国性和区域性药品流通企业为主体、地县级网络配送企业为延伸、专业型医药服务企业为配套的药品流通体系。

3. 社会环境

随着社会老龄化的加剧和居民健康意识的提高，人们对药品的需求也在不断增加。《中华人民共和国 2023 年国民经济和社会发展统计公报》显示，我国 65 岁及以上老年人口达到 2.16 亿人，占总人口的 15.4%。国家卫生健康委公布的《2022 年中国居民健康素养监测情况》显示，2022 年我国居民健康素养水平达到 27.78%，较 2021 年提高了 2.38 个百分点，继续呈现稳步提升的趋势。随着老年人口的增加和人们对健康关注度的提升，其对药品的需求也将不断增加，这将为药品流通行业提供更多的市场机会。

4. 技术环境

医药物流全面拥抱智慧化和数字化时代，在成本、效率、质量等多因素

---

① 《商务部关于"十四五"时期促进药品流通行业高质量发展的指导意见》，http：//www. mofcom. gov. cn/article/zwgk/gkzcfb/202110/20211003212444. shtml。

驱动下，大型医药企业积极探索 AI 技术、大数据技术、智能数据平台、5G 数据传输等智能技术在物流网络布局、仓储拣选、运输调度、线路优化、订单追踪、用户查询信息、终端用户便捷签收等方面的应用，驱动医药物流仓储和运输软硬件水平快速迭代升级，并积极开展区域多仓运营，提升医药物流云营销[①]，提高服务水平，降低成本。[②]

（1）全行业向技术密集型方向发展

近年来，以物联网、人工智能、大数据等为代表的高科技快速发展，明显改变了传统的医药生态环境。随着新技术在医药行业的应用，药品流通行业转型升级明显加快，信息化、集约化水平不断提升，新业态、新模式不断涌现，并由劳动密集型行业向技术密集型行业快速转型。[③]

（2）数字化转型升级赋能医药生态圈

近年来，我国实体经济发展面临产能过剩严重、生产成本上升、资源环境约束显现、技术引进受阻等诸多挑战。对药品流通企业而言，也在积极利用数字化技术对医药供应链升级改造，向供应链上下游延伸，推动商业模式创新。[④]

（二）数字化时代对供应商服务的挑战与期望

1. 传统供应商服务面临的挑战

透明度不足：流向和库存信息不及时、碎片化，导致生产调度困难，增加滞销缺货风险。

数据整合困难：医药集团的成员企业众多，数据端口多、整合难，导致

---

① 云营销：以云软件、搜索引擎以及社会化媒体为主要媒介，通过网络，把多个成本较低的计算实体，云整合成一个具有强大营销能力的完美系统云平台。核心理念为通过持续提高"云"覆盖能力，以及"云"之间的逻辑计算能力，从而达到系统营销的结果。其极大程度降低使用企业的经济负担，企业人员足不出户，利用一台终端，可得到大量的优质客户，享受"营销云"带来的强大经济利益。

② 闵祥森：《数字化转型对物流行业财务绩效影响分析——以 S 集团为例》，哈尔滨师范大学硕士学位论文，2023。

③ 史永乐：《智能化水平对制造业企业效率影响的作用机制研究》，中国地质大学博士学位论文，2022。

④ 吴翔：《数字技术对我国产业结构优化升级的影响效应及路径研究》，江西师范大学硕士学位论文，2023。

数据滞后失真，影响决策和效率。

渠道控制问题：医药集团的流通环节较多，渠道和价格控制成为难题。

市场竞争压力：需要更加精准地掌握市场，更快了解客户需求和产品情况，以制定更加精准的市场策略。

2. 行业对供应商服务创新的期望

透明度高：一站式服务平台，实现产品在不同成员企业、不同区域、不同渠道的销售、采购、库存、出入库等情况全面可视。

数据整合全：完整的集团层级流向，从进入企业到消费者"端到端"清晰可视。

业务反馈快：近实时的数据反馈，让供应商充分了解渠道、价格、推广效果等市场信息。

互通能力强：智能式购进，让供应商与医药企业共管库存、自助下单、及时补货，降低沟通成本，实现协同增效。[1]

3. 技术革新成为供应链创新升级的驱动力

在经济发展中有一个效应叫"涟漪效应"，涟漪效应指技术进步与经济社会融合后产生巨大贡献，以及贡献的持续过程。在"涟漪效应"影响下，是否采用新技术将导致经济发展"大分流"。物联网、新一代移动通信技术、云计算、人工智能等技术的应用，可提高企业对数据的获取、存储、处理和应用能力，提升生产、供应、营销与仓储物流等环节效率，促进从原料到生产、流通、消费的全链路升级；AI智能化的自动计算、优化算法、智能化分析及智能化管理在产业应用领域的发展，为供应商服务带来很多机遇。[2]

二 供应商智能服务平台（SIP）的主要架构

广州医药股份有限公司（简称"广州医药"）成立于1951年，是一家

---

① 杨路明、陈曦：《"互联网+"战略及实施》，重庆大学出版社，2018。
② 孙惠、万立军：《数字经济发展对产业结构优化升级的影响》，《科技创业月刊》2024年第1期。

以医药供应链服务为主导的医药流通企业，是世界 500 强企业"广药集团"大商业板块的重点企业。多年来，广州医药一直保持华南地区龙头企业地位，经营规模和业绩长期稳居全国药品流通行业前列。近年来公司持续推进终端批发、零售业务、末端创新业务等网络终端优化工作，主动将服务创新、物流、信息化提升至战略层面。以供应链上下游的服务延伸为核心，推动业务从单一的进销存模式向多元化综合服务模式转型升级。

综合以上内外部环境分析，针对公司面临的挑战，广州医药制定了 S2B2C 数字化转型战略。S2B2C 数字化转型以三大平台、五大中心推动"赋能客商，适应多元，集团协同"的价值引领；以"从内部计划向外部协同转变、从单体经营向平台聚合转变、从规范指引向集团增效转变、从功能建设向数据赋能转变"实现业务变革（见图 1 和图 2）。

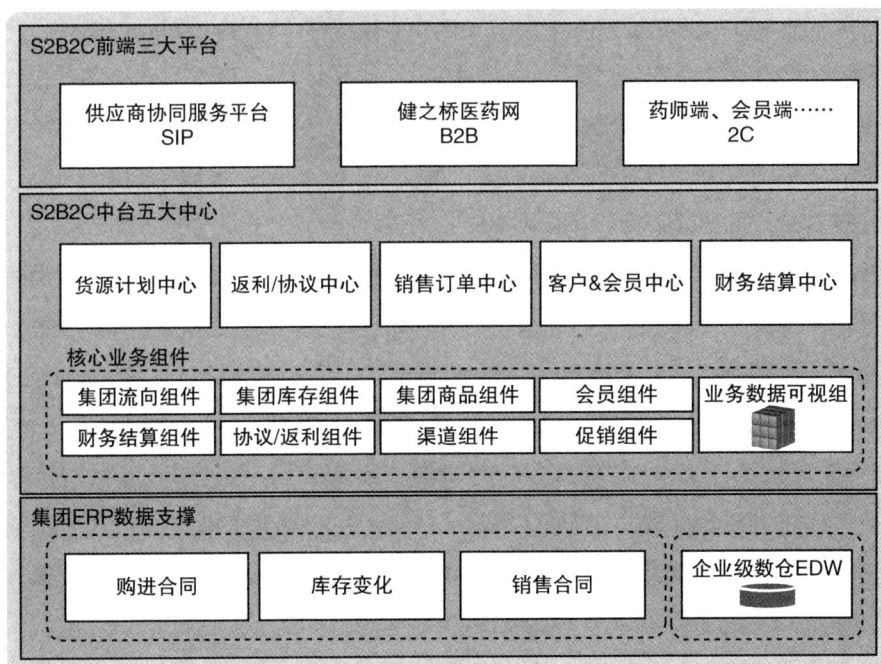

图 1　广州医药 S2B2C 应用架构

资料来源：广州医药。

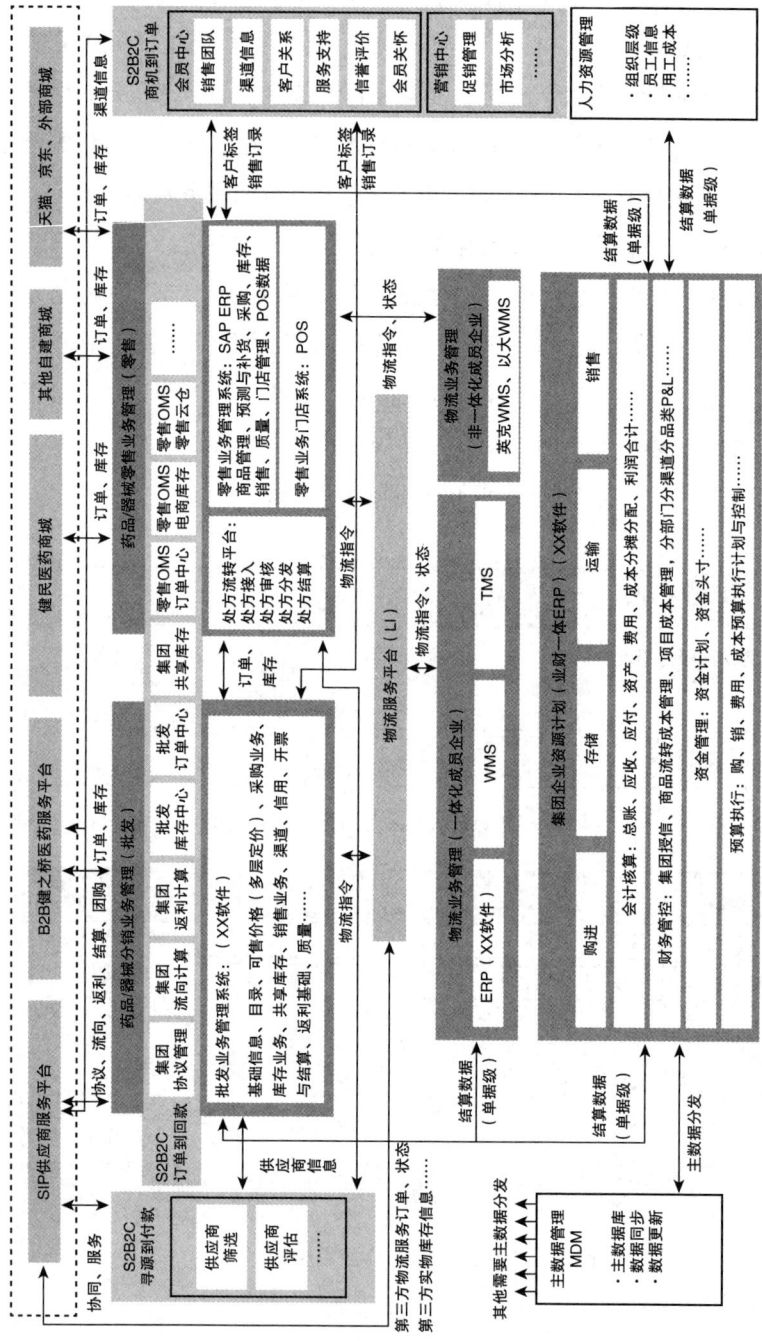

图 2 广州医药 S2B2C 系统架构

资料来源：广州医药。

（一）供应商智能服务平台建设规划

供应商智能服务平台（SIP）是通过"互联网+"、数字化、智能化等技术手段，针对传统的供应商服务内容、环节进行整合与升级，以数据"加速"、双向协同为目标，为供应商提供一站式、全过程的信息服务，在数字化创新的技术浪潮推动下提升供应商服务的水平（见图3）。

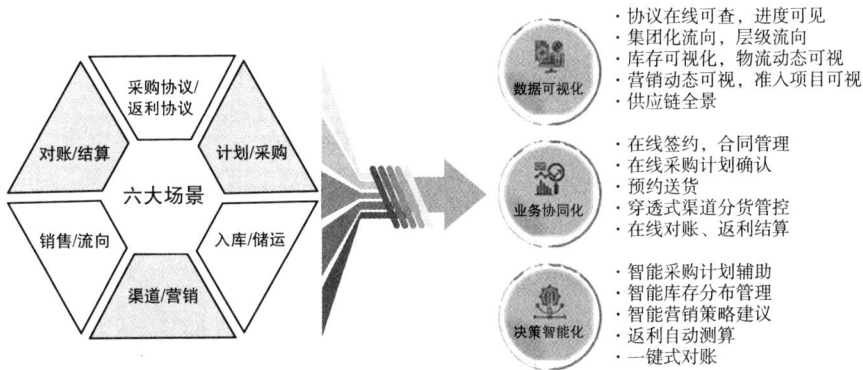

图3　广州医药 SIP 场景覆盖蓝图

资料来源：广州医药。

供应商智能服务平台由"三大中心+四项能力"组成，包括：采购资源计划中心、返利/协议商务中心、财务结算中心，智能购进协同能力、层级流向可视能力、返利协议测算能力、采购结算自助能力，推动药品供应的计划、订货、排产、预约、渠道、铺货、推广、结算以及数据九大服务形成闭环，以双向互动、市场协同、库存共管的模式实现供应链提速。

（二）供应商智能服务平台建设内容

1.集团层级流向全链路跟踪

"一个入口、同一界面、一个账号"呈现广州医药各成员企业层级流向。应用集团批次实现集团内层级流向关联，层级流向主要分为货主内关联和货主间关联，针对当前匹配规则的设计，实现集团视角的从外部进货到销售给外部企业的精确的全链路层级流向（见图4）。

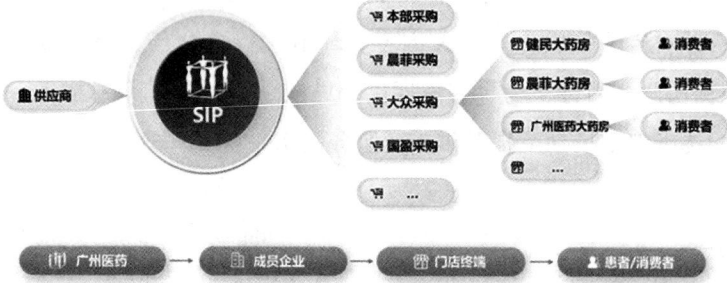

图4 广州医药 SIP 集团层级流向

资料来源：广州医药。

2. 采购收货准时反馈供应商

通过数据仓库及相关的 ERP、EMW 等系统数据，实时向供应商反馈产品到货数量及质量情况，为供应商提供更合理的送货计划统筹依据。

3. 出入库药监码扫码情况集团内系统核查校对

在 SIP 平台供应商可以查询集团内各成员企业的药品出入库药监码扫码情况，系统通过数据模型、编码、流向单据三合一检验，解决之前供应商从各成员企业收集数据后需要大量的整合、清理数据的困扰。

4. 供应商供应产品集团内库存共管

供应商可以在平台上查询产品在集团内的库存分布、在途数量、质量状态，实时获悉公司产品是否存在库存紧缺、积压、动销的状况，及时与广州医药相关采购部门沟通，通过调整推广策略提升库存周转效率最终实现库存共管的效果。

5. 供应商平台内自动数据钩稽校验

SIP 平台数据实现全集团"进、销、存"紧密关联，数据粒度细化到批号、批次，数据模型自动钩稽校验，解决供应商数据整合的困难，降低供应商收集到的数据偏差所带来的决策风险。

6. 供应商数据对接可视

改变以往数据对接 DDI 只能由双方 IT 人员监控的情况，实现全过程可视，平台为供应商提供的监控数据对接异常时，会及时重、补发数据，消除以前发送与接收双方相互推诿现象。

7. 供应商协同采购目录

SIP 平台为集团内成员企业与供应商提供线上议定产品目录能力，在功能上清晰确定品牌、产地、规格、需求数量等信息，加快采购、质量等相关部门沟通及确认，缩短交易的时间与成本。

8. 智能推荐采购计划

SIP 平台通过智能算法模型，根据流向基础数据向供应商推荐采购计划，采购计划内含上、下限控制等多个不同维度的门槛检验，自动为供应商排除不必要的沟通障碍，向供应商提供缺货数量、可销数量、在途合同等参考信息。

9. 在线化采购管理

SIP 平台向供应商提供请购单的制定、生成、确认、完成、废弃全周期管理，包括请购单对应的采购合同进展状态。供应商根据采购合同状态安排生产计划、发货计划，解决以往由于信息差异所导致的交易流程停滞问题。

10. 采购合同平台化管理

SIP 平台为供应商提供请购单对应的 ERP 采购合同细节，供应商根据协议检查合同细节，及时反馈差异。供应商根据已完成的合同，及时安排发票及对账工作（见图 5）。

（三）供应商智能服务平台推动数字化运营变革

SIP 平台建设将整合采购、运营、流程、财务、IT 等各业务资源与能力，推动广州医药数字化运营能力提升。

运营管理：以数据分析为依托，适时制定、调节、统筹集团采购策略，制定、规范集团 ERP 运作标准，为数据准确可用提供保障。

集团采购：依靠平台，建立供应商库存共管、渠道协同的新模式，实现

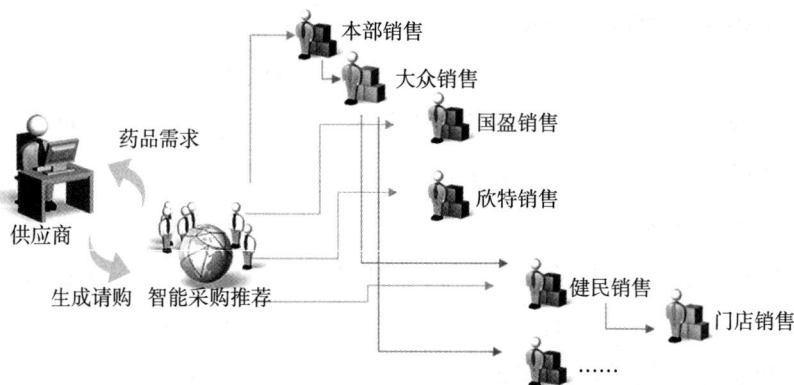

图 5 广州医药 SIP 供应商智能购进协同模型

资料来源：广州医药。

库存共享、利益共享。

IT 团队：平台技术自主可控、坚持信创、快速适应行业变化。

数据团队：整理、盘活、用好全集团数据为 SIP 服务。

流程团队：从内部管控向用户体验进发，提高供应商黏性。

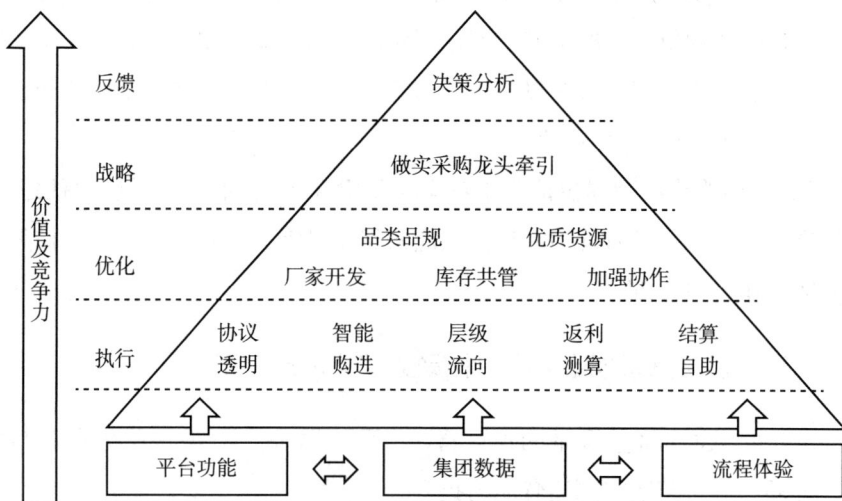

图 6 广州医药 SIP 推进企业数字运营变革

资料来源：广州医药。

（四）供应商智能服务平台的技术优势

1. 企业级数据仓库与数据中台

以数据仓库 EDW 为核心的数据中台作为广州医药 SIP 平台庞大的集团层级流向数据的支撑，向供应商提供数据服务。

2. 全自研的技术中心架构

广州医药旗下信息科技公司通过自主研发的技术中台架构，全面支撑 SIP 及今后广州医药信息化建设需求，适应药品流通行业的特殊情况，并与市场上通用化的技术中台有所区别，主要包括：GSP 质量管理、多货主多客商多品类药品的多维鉴权认证组件、容器化的开发底座以及落实国家信创要求对国产数据库的全面支持。

3. 智能算法的引入与尝试

SIP 平台首次尝试通过智能算法为供应商推荐采购计划，让供应商更合理地统筹安排产品的生产与铺货，也为广州医药更合理地管理库存提供参考依据。

三 供应商智能服务平台（SIP）取得的效果

（一）集团层级流向成为供应商管理渠道库存的助手

广州医药共 31 家成员企业，包括批发、零售连锁及单店全面进驻，已服务广州医药集团内供应商 2715 个，为供应商在平台上开设账号 3805 个，全面展示广州医药当前经营的商品编码近 10 万个，通过平台可在线查询库存、采购、销售、出入库情况，可为供应商提供 DDI 日推送 5000 多个。

（二）智能购进功能成为企业与供应商协同的新能力

广州医药本部作为试点，上线 4 个月签约试点供应商 75 个，供应商自助及智能计划合同金额超 2 亿元，涉及智能推荐下单商品、自助采购申请、自动合同等约 3000 份，节约采购环节各项费用与成本。

供应商智能服务平台目前正在进一步优化中，拟于 2024 年全面建成验收，将为广州医药及成员企业的所有供应商提供革新性的数字化服务，期望通过数字化转型、智能化加持，建立全行业供应商服务标准，提升服务内涵。

B.14
大型医药集团主数据管理提升的
实施策略与成果

陈 卓*

摘 要: 本案例分析了某大型医药集团企业在主数据管理提升工作的规划与实施过程中所面临的需求与挑战,并对方案的设计与实施策略进行分析,总结了在实施过程中遇到的困难及取得的成果。通过制定统一的主数据标准、优化主数据管理流程,选择合适的技术实施企业级的主数据管理平台(MDM 系统),成功克服了数据孤岛、质量问题和合规性挑战,实现了数据一致性和决策效率的提升。最后进行了集团级主数据管理的经验分享和总结。

关键词: 主数据管理 系统实施 需求分析 流程优化

随着全球医药行业迅猛发展,企业各项数据管理的重要性日益凸显。数据管理的复杂性随企业规模扩大和业务多元化而增加。有效管理主数据,提升数据质量,加强集团总部对分、子公司数据的掌控,并确保数据分析的即时性与准确性,成为医药集团亟待解决的问题。

2022 年中国医药商业协会组织行业内多家单位共同完成并发布了《医药流通领域机构主数据管理要求》团体标准,通过建立医药产业链上、中、下游共同的医药流通终端机构主数据管理标准,提高医药行业企业自身精细化管理能力及自身数据驱动决策有效性,提高医药行业供应链上下游数据交

---

* 陈卓,上海倍通医药科技咨询有限公司产品中心负责人。

换效率。

多年来，上海倍通医药科技咨询有限公司（简称"倍通医药"）以"动态数据、渠道＆行业经验、数据业务技术能力、数字化运营能力、协同共生能力"为核心竞争力，为医药企业提供"看清看全——全渠道数字化整体解决方案"，帮助企业降本增效、管控风险、拓展市场机会。

本案例中的大型医药集团为了提升运营效率和决策质量，采用倍通医药的解决方案推进集团层面的主数据统一标准制定、管理流程改造与平台系统的实施工作。

一　主数据管理的挑战与需求

案例中的医药集团为中国综合性医药企业，其业务广泛，包括医药研发、生产、分销及零售等。集团在创新药物研发方面有显著成就，尤其是在心脑血管、抗肿瘤和精神神经系统药物领域。

经对集团业务的详细了解，其在主数据管理方面的主要挑战表现在以下几个方面。

（1）数据一致性：随着分、子公司增多，不同地区和部门间的数据标准不一致，导致数据整合困难。因此，建立统一的数据标准、确保数据的一致性和准确性，成为集团在主数据管理方面的主要需求。

（2）数据孤岛：由于集团内部存在多个业务系统，这些系统间的主数据缺乏有效的集成，导致信息无法在集团层面进行共享。这种"数据孤岛"现象严重影响数据的整合和利用。

（3）数据质量：因存在大量重复、错误和不一致的主数据，以及过时的信息，严重影响了集团层面的数据分析和决策制定。提高数据质量，消除数据冗余和不一致性，成为提升数据管理水平的关键任务。

（4）合规性：如何确保数据的合规性和可追溯性，尤其是上报给各监管机构的报告与数据，对于遵守法律法规、避免法律风险具有重要意义。因此，集团需要建立一套完善的数据管理体系。

（5）技术整合：现有的多个系统和平台中的主数据与数据接口需要整合到一个统一的主数据管理平台。技术整合的目的是实现数据的集中管理和高效利用，同时也是提升数据安全性和便捷性的关键步骤。

（6）业务需求变化：鉴于市场环境不断变化，为了支撑更快速的决策，集团需要建立一个能够适应业务变化和扩展的灵活数据管理系统。

（7）跨部门协作：主数据管理涉及多部门协作，如何打破部门壁垒，是提升主数据管理效率的关键。集团需要建立跨分、子公司和部门的协作机制，促进信息共享和业务协同。

综上所述，集团在主数据管理方面，有以下迫切需求。

一是统一的主数据标准，以确保数据的一致性和准确性。

二是高效的主数据管理流程，以保证数据质量与支持快速决策。

三是灵活的系统架构，以适应业务变化和扩展，以及各分、子公司的需求。

二 主数据标准、流程与系统实施的过程

在集团级的主数据管理提升项目中，倍通医药制定了详细的方案，主要分为以下三步进行。

（一）制定主数据标准

在制定集团级主数据标准的过程中，倍通医药设计贯通集团与分、子公司的数据结构（见图1）。

主数据标准与需求（如何串联和管理）

溯源关系	中心标准字段域		标签		版本关系	映射关系
溯源关系字段	行业标准字段	集团标准字段	集团标签	分、子公司个性化标签	版本控制	BU映射关系

图1 集团与分、子公司的数据结构贯通的设计

资料来源：倍通医药。

1. 需求分析

（1）与各分、子公司和部门合作，通过访谈、问卷和工作坊等方式，收集主数据的需求。

（2）分析数据的使用场景，包括报告、分析、业务处理等，以及对数据质量、安全性和可访问性的要求。

（3）确定关键主数据实体，如产品、客商、医药人员、员工和区域等，并就各分、子公司因其业务需求所需要的标签，分析出集团层面的共性数据需求以及具有高业务价值的标签。

2. 标准设计

（1）基于需求分析结果，设计一套全面的数据标准，包括数据定义、数据格式、编码规则和数据质量标准，以满足集团及最大化满足各分、子公司的共性业务需求。

（2）确保数据标准能够适应集团的业务需求，同时考虑到未来的扩展性和灵活性（包括各分、子公司共通的业务扩展与管理需求）。

（3）制定数据治理流程，包括数据所有权、数据安全和数据隐私保护等内容。

3. 评审与修订

（1）组织跨部门评审会议，邀请业务部门、IT 部门和数据治理相关部门参与，确保主数据标准得到广泛认可。

（2）根据反馈进行必要的修订和完善，以确保标准的实用性和可执行性。

4. 发布与培训

（1）正式发布主数据标准，并将其纳入企业的知识管理体系，确保所有相关人员都能够访问。

（2）组织培训活动，帮助员工理解和掌握新标准，确保标准的有效执行。

（二）流程设计与优化

在主数据标准的基础上，数据管理流程的优化是确保数据有效管理的关

键，倍通医药针对集团与分、子公司的主数据域、流程以及权限体系进行了
完善的设计（见图2）。

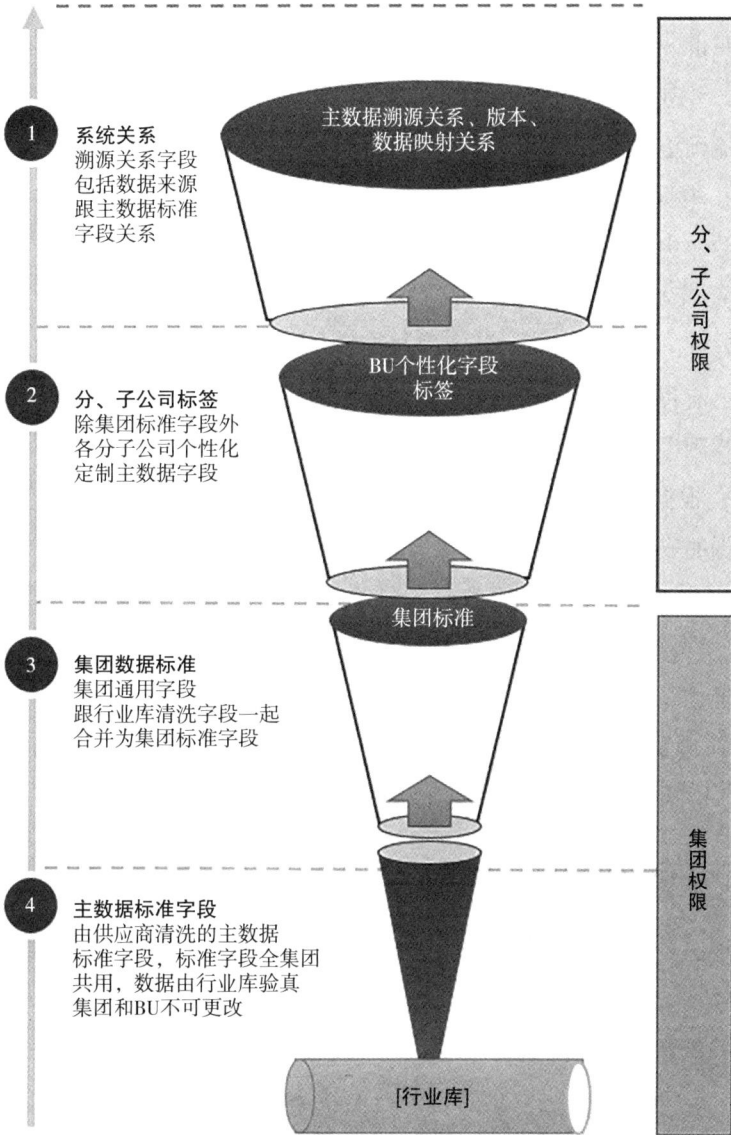

图2 集团与分、子公司的主数据域、流程以及权限体系设计

资料来源：倍通医药。

1. 流程映射

（1）详细映射现有的主数据管理流程，包括数据的创建、修改、删除和查询等活动，线上与线下进行的流程与审批，以及在各流程节点不同角色的岗位职责。

（2）识别效率低下和瓶颈环节，分析其原因，并提出改进措施。

2. 流程重构

（1）根据主数据标准，重新设计数据管理流程，确保数据的采集、验证、存储、更新等活动都符合标准。

（2）引入工作流和自动化工具（主数据管理系统），减少手动操作，提高数据处理的速度和准确性，尤其是所有主数据的变更审批记录与版本控制的全线上流程管理，保证所有数据变更均有记录可寻。

3. 权限设计

（1）根据集团与分、子公司的各岗位职责，设计详细的权限管理体系，确保数据的安全性和合规性。

（2）为不同的数据域和数据类型定义不同的访问权限，如只读、写入、修改等，设计出一套满足集团与各分、子公司的权限管理体系。

4. 监控与反馈

（1）建立流程监控机制，定期检查数据流程的执行情况，确保数据质量。

（2）收集用户反馈，不断优化流程，提高数据管理的效率和质量。

（三）系统选择与实施

倍通医药为集团定制化设计主数据管理系统（MDM）及数据库架构（见图3）。

1. 系统评估

（1）对市场上的主数据管理系统解决方案进行系统化评估，考虑其功能、性能、成本和可扩展性等因素。

（2）选择最适合集团需求的主数据管理系统，并进行定制化开发和配置，以满足特定的业务需求。

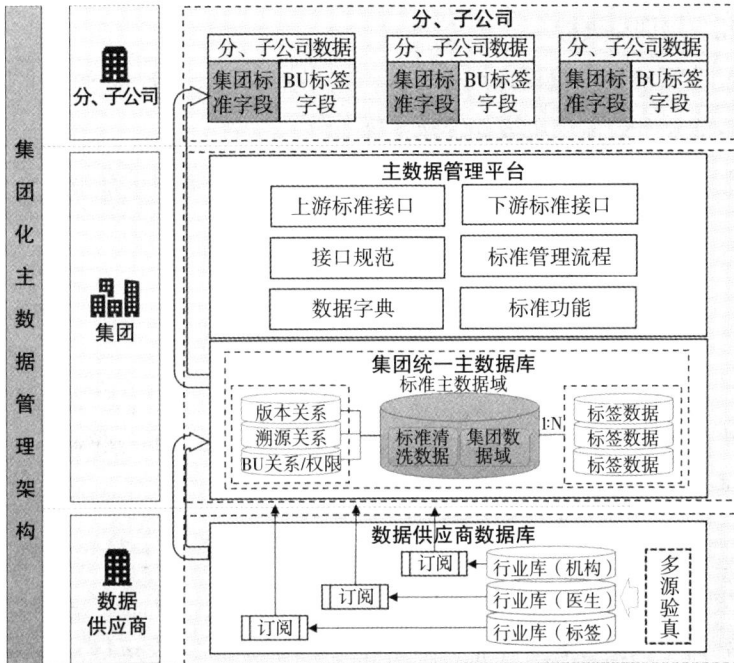

图 3　主数据管理系统与数据库架构设计

资料来源：倍通医药。

2. 系统集成

（1）将主数据管理系统与现有的 ERP、CRM、BI 等业务系统集成，确保数据能够在不同系统间无缝流通。

（2）确保数据接口的兼容性和稳定性，避免数据丢失和错误。

3. 数据迁移

（1）对历史数据进行清洗和标准化，确保数据的质量和一致性。

（2）制订详细的数据迁移计划，包括数据备份、迁移和验证等步骤。

4. 测试与部署

（1）进行全面的系统测试，包括单元测试、集成测试和性能测试，确保系统的稳定性和数据的准确性。

（2）逐步部署到各个分、子公司，确保每个分、子公司都能够顺利过渡到新的系统。

5. 用户培训与支持

（1）为最终用户提供详细的培训，包括系统操作、数据录入和查询等，确保用户能够有效使用主数据管理系统。

（2）提供持续的技术支持和维护服务，确保系统的正常运行和数据的安全。

三　实施过程中的难点

在集团级的主数据管理提升项目中，实施过程遇到了一些难点，主要难点有以下几个方面。

（一）"数据孤岛"与集成

（1）难点描述：集团内部的业务系统多样，各自独立运行，形成了"数据孤岛"。这些系统间的技术和数据标准不一致，导致数据共享和集成困难。

（2）解决策略：为了打破"数据孤岛"，需要进行系统间的接口开发和数据映射。这通常涉及复杂的技术工作，包括数据格式转换、协议对接和中间件开发。同时，还需要在组织层面推动跨部门合作，确保数据集成工作的顺利进行。

（二）数据质量问题

（1）难点描述：历史数据中存在大量错误、重复和不一致的信息，这些数据质量问题严重影响了数据的可用性和决策的准确性。

（2）解决策略：开展数据清洗和质量提升工作，包括数据校验、去重、修正和标准化。此外，建立持续的数据质量监控机制，确保新数据的准确性和可靠性。

（三）组织变革管理

（1）难点描述：主数据管理的提升往往伴随着组织变革，需要改变员工的工作方式和思维习惯。员工可能对新系统和流程产生抵触，这会影响项目的推进和实施效果。

（2）解决策略：进行有效的变革管理，包括沟通计划的制订、员工培训和心理支持。通过积极的沟通，让员工了解变革的必要性和对他们的益处。同时，提供必要的技术支持和资源，帮助员工顺利过渡到新的工作模式。

（四）技术集成

（1）难点描述：技术集成涉及多个系统和平台的对接，需要解决技术兼容性问题，保证数据迁移和同步的准确性和稳定性。

（2）解决策略：选择具有良好兼容性和可扩展性的主数据管理系统，进行技术评估和原型测试。在集成过程中，采用渐进式的方法，先进行小规模试点，再逐步扩大到整个组织。

（五）历史数据的整合与迁移

（1）难点描述：历史数据的整合与迁移是一个庞大且复杂的任务，需要处理大量数据，同时确保数据的完整性和一致性。

（2）解决策略：制订详细的数据迁移计划，包括数据备份、清洗、转换和加载等步骤。在迁移过程中，采用自动化工具减少人为错误，并进行严格的测试和验证。

（六）文化和习惯的转变

（1）难点描述：企业文化和员工工作习惯对于主数据管理的成功实施至关重要，传统的工作方式和思维模式（尤其是各分、子公司独立自治的模式）可能会阻碍新系统的采纳和新标准流程的执行。

（2）解决策略：通过持续的教育和培训，建立数据驱动的企业文化，鼓励员工参与到数据管理的实践中，通过实际成果展示新系统和流程的优势。

（七）持续的投入和维护

（1）难点描述：主数据管理是一个持续的过程，需要持续的投入和维护。随着业务的发展和技术的更新，系统和流程需要不断地优化和升级。

（2）解决策略：建立长期的投资计划和维护预算，确保主数据管理项目能够得到持续的资金支持。同时，建立有效的反馈机制，根据业务的需求变化和技术的最新发展，及时调整项目的方向和重点。

通过识别和解决上述难点，集团主数据管理提升项目顺利进行，最终实现了数据管理的现代化和高效化。

四　实施成果

通过上面介绍的主数据标准制定、流程优化与系统实施工作，项目取得了以下显著成果。

（1）数据一致性：实现了主数据的统一管理和标准化，提高了数据的准确性和可靠性。

（2）决策支持：通过统一的数据标准与视图，集团管理层能够快速获取各分、子公司的信息，从而提高决策效率。

（3）合规性加强：规范的数据管理流程与数据可追溯性，有助于满足法规要求，降低了合规风险。

（4）业务流程优化：数据流程的优化使业务流程高效运转，加快了市场响应的速度。

五　经验分享与总结

在实施集团级主数据管理提升的过程中，企业除了需要面对和解决各种难点外，还可以通过以下的策略来提升项目的成功率和数据管理的效率。

（一）总体规划与分步实施

（1）应采取"总体规划、分步实施"的策略，确保项目目标与企业发展战略一致，同时保证实施步骤既具体明确又切实可行。

（2）通过分阶段，分、子公司逐步推进，可以逐步解决数据问题，避免由于资源一次性投入不足或遇到分、子公司的各种阻力，而看不到即时效果。

（二）业务和技术的深度融合

（1）主数据管理不仅是 IT 部门或 SFE 部门的任务，业务部门的积极参与也是至关重要的。

（2）业务需求应成为推动项目前进的主要动力，而技术则应作为支持业务需求和创新的主要手段。

（三）数据治理文化的培养

（1）企业应重视数据治理文化的建设，通过培训和交流增强全员的数据意识。

（2）数据治理不仅是技术问题，更是管理问题，需要全员的参与和支持。

（四）持续优化与技术支持

（1）主数据管理是一个持续的过程，需要定期评估和优化。

（2）随着新技术的发展，如大数据、云计算、人工智能等，企业应积极探索将这些技术应用于主数据管理中，以提升效率和数据处理质量。

（五）安全性与合规性的重视

（1）在主数据管理过程中，应重视数据的安全性和合规性，确保符合相关法律法规要求。

（2）强化安全措施，防止出现数据泄露和未经授权访问的风险。

集团级主数据管理提升的设计与实施复杂且关键，涉及企业多方面。成功实施需明确目标、合理规划、有效执行和持续优化。企业应重视主数据管理，并作为提升竞争力的关键。通过跨部门协作、技术创新和员工参与，克服难点，实现主数据管理成功落地，提高运营效率、优化管理决策，为长期发展奠定坚实的数据基础。

B.15

打造"超级药企"的 AI 全局建设路径
实践与探索

韦亚伟　刘明韵*

摘　要:　生成式人工智能（AIGC），因其可以快速学习现有企业知识、学习工作执行链路，并通过理解用户与其对话的内容，快速提供参考回答、辅助构思方案策略、完成工作链路执行，故而帮助员工在同样单位时间内取得更好的业务结果。钉钉基于生成式人工智能大模型建立的 AI 助理，为大型药企和医院赋能，提升企业人员和医生的人才力。在 AI 建设过程中，发现了企业普遍存在的问题并分析原因。本文认为，医药企业 AI 的建设需要进行理性的分析和判断，并提出了 AI 建设的"三步走指导思路"，以此为基，从微观、中观、宏观三个层面，帮助企业进行 AI 建设。

关键词:　医药行业　人才力突破　钉钉 AI 助理　AI 化工作方式

一　AI 时代下药企的组织能力将得到突破式提升

随着国家医改政策的接连出台，互联网、大数据、人工智能等技术的不断创新，医药行业面临前所未有的挑战和机遇。这就要求企业重视组织能力的建设与提升。组织能力意味着全员理解和执行公司战略，让企业始终保持竞争力，赢在当下和未来。同时，先进的组织能力也可以向社会传播企业的

---

* 韦亚伟，钉钉大健康行业负责人，钉钉大健康行业总经理，专注研究医疗大健康行业数字化应用以及 AI 落地行业的场景；刘明韵，钉钉大健康行业高级解决方案架构师，专注研究 AI 在大健康行业各类子行业的落地路径和价值场景。

品牌形象和价值，并吸引投资者、合作伙伴和客户的持续关注。

组织能力的主要决定因素在于人才力。为了找到具备胜任力、积极性和贡献意愿的人才，企业往往需要耗费高昂的成本，并采取一系列如培养扶持、激励政策和提供丰厚的福利待遇等措施，确保人才的稳定。但在行业竞争日趋激烈、员工日益追求精神价值收获的当下，这显然是投入渐高但收效甚微的方案，也造成组织能力的发展受阻，即使是利用数字化系统的思维也无法解决这一难题。

生成式人工智能大模型可以帮助企业打造自己的 AI 助理（即数字员工），它能够学习企业知识和海量互联网知识，并模拟人类员工的行为，执行各种任务。

斯坦福大学以人为本人工智能研究所（Human - Center Artificial Intelligence，HAI）2024 年 4 月 16 日发布的《2024 年人工智能指数报告》中指出，在图像分类、视觉推理和基础水平的阅读理解等多项基准测试中，人工智能已然呈现超越人类的趋势。多模态人工智能模型，如谷歌的双子座（Gemini）和 OpenAI 的 GPT-4，在处理图像、文本和音频等方面展现了较强的灵活性。同时，多项研究评估了人工智能对劳动力的影响，表明人工智能可以让"打工人"更快地完成任务，并提高他们的产出质量。这些研究还表明，人工智能有可能缩小低技能和高技能工人之间的技能差距。

作为国内头部的协同办公平台，钉钉重构和升级了 20 多条产品线和 80 多个结合 AI 的场景，协助企业在钉钉上建立自己的 AI 助理，赋能企业的每一位员工。

下面将从钉钉的实践案例，进一步阐述 AI 助理如何帮助企业提升人才力。

以钉钉真实服务过的头部医药企业研发场景为例，基于钉钉 AI 助理，企业可以实现每一位研发人员日常工作的全面提质提效（见图1），包括但不限于：①获取 AI 助理推送的最新市场情报信息、不需要员工逐个搜索；②上传文档/网址，AI 助理直接翻译与总结，不需要员工逐个处理；③AI 助理罗列新申请的临床试验患者情况，员工只需对比决策；④问询 AI 助理直接获得专业生物化学、药理学知识，提高查询效率和准确性；⑤问询 AI 助理企业内的各类合规政策等，一步到位找到答案；⑥由 AI 助理生成药物研究计划方案框架，聚焦关键书写内容；⑦由 AI 助理生成管线项目会议纪要和任务待办，提升工作效率；⑧由 AI 助理直接解决企业内各类行政 IT 相关问题，不用多轮找人；⑨由 AI 助理总结钉钉中与自己有关事项，让时间利用更有价值。

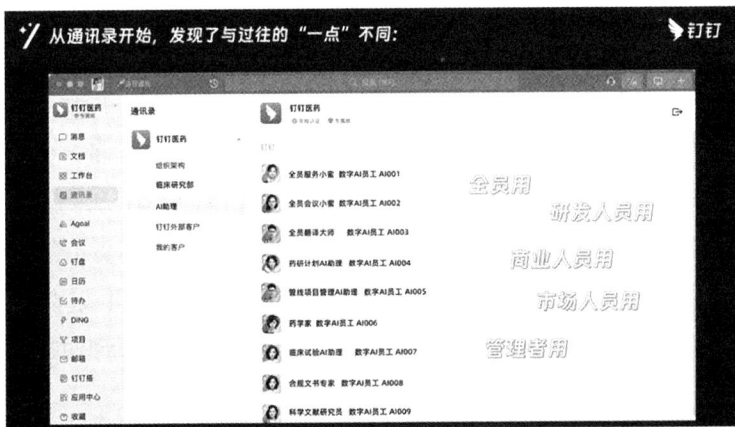

图 1 医药企业可以在钉钉上建立多个多能力数字员工

资料来源：钉钉大健康行业 2024 年 5 月发布的医药行业 AI 建设解决方案。

以钉钉为头部医药企业服务的药品百科场景为例，基于钉钉 AI 助理，可以解决企业内外不同角色在本场景上原有的棘手问题，包括但不限于：①药品研发人员可以通过 AI 助理解答公司产品覆盖了哪些领域？各领域的产品线是否齐全？下一步的研究方向是什么？②注册部门人员可以通过 AI 助理解答各药品说明书的版本差异是什么？原研药和本公司仿制药之间的差异是什么？③药品销售人员可以通过 AI 助理解答本公司药品的药理/药代动力学/不良反应/特殊人群用药差异化特点等；④处方医生可以通过 AI 助理解答处方开具注意事项、配伍说明等；⑤患者可以通过 AI 助理解答用药注意事项、饮食禁忌等。

以钉钉真实服务的头部医院患者宣教场景为例，基于钉钉 AI 助理，医院可以在内容质量和形式效果方面为患者提供更优质的服务，AI 助理直接学习医院知识，如疾病宣教知识、科普护理知识、医院就诊流程知识等，并支持患者在医院微信公众号访问使用，实现即问即答，快速获得服务和帮助，相较于原有人工服务体验更好。仅当 AI 无法回答或者患者自主要求人工服务时，再进行人工服务流转。同时，得益于大模型的学习能力，医院原有大量知识可以被直接应用到本场景，避免医生多次重复输出内容，使医生将时间投入更需要的疑难病例诊疗中去。

结合上述分享的实践和 AI 目前能力进展数据，不难发现，一个将 AI 助理应用于业务场景的企业，其人才力中的胜任力、积极性、贡献意愿将得到突破提升。具体表现在：①员工能够在更短的时间内完成更多、更高质量的工作，提升了胜任力；②员工节省下来的时间可以用于学习和创新，提升其意义感和积极性；③由于为每个员工配备了多个 AI 助理，员工能感受到企业的关怀和支持，从而加强了员工对企业的认同感，提升其贡献意愿。因此，相比传统的人才力提升方式，基于 AI 的人才力提升方式更具可行性，进而推动组织能力升级。

相较于传统人力，AI 助理具备"更低投入成本、更高知识处理能力、更长久持续升级"等优势。因此更适合严谨务实、重视投产比的医药企业作为数字化建设的首选。越早、越充分应用 AI 助理的药企，越能更好地应对各类竞争局面，在市场中占据主导地位，将越快转型为具备超级个人员工的"超级药企"。

二　钉钉提出的"超级药企"AI 全局建设路径探索

在过往的实践经验中，我们发现企业在 AI 建设过程中普遍存在一些问题，主要表现在以下几个方面：①企业锚定复杂业务的 AI 建设项目难以落地；②企业选择管理者场景的 AI 建设投产比低；③企业虽然对全员进行过 AI 能力培训，但使用不活跃。

我们分析其主要原因在于：①企业人员对于 AI 的认知不足，容易把

AI 想象成全能智能体，殊不知目前 AI 在复杂逻辑推演等方面，尚不太成熟；②企业在建设 AI 的过程中，忽视刚需实用级别的 AI 场景，因此导致员工在工作场景中用不到 AI，也进一步加剧了企业人员对于 AI 的误解；③企业在 AI 建设初期的投入多为试验级别，因此即便想定制一些管理者场景，也因为投入不足而很难达到预期，从而形成负向反馈，错过了最佳建设时期。

医药企业 AI 的建设，需要进行理性的分析和判断。既要与 AI 技术的发展阶段相吻合，也要对标同行业、同产业企业的建设方向，更要与企业内人员对 AI 的学习和理解现状相结合。医药企业的 AI 建设，不能不做，但也不应盲目追求高精尖。因此，钉钉提出更实用的"三步走指导思路"，即"审视趋势整体规划，实用为先重视培育，价值场景逐个落地"。参考本思路，可帮助药企的 AI 建设不走弯路，赢在"超级药企"的建设起跑线上，将企业的组织能力提升到全新水平，同时大大降低原有人才力的投入成本。

在三步走的指导思路下，钉钉的"超级药企"AI 建设方案，如图 2 所示，从微观、中观、宏观三个层面，帮助药企设计出了完整的 AI 建设路径。

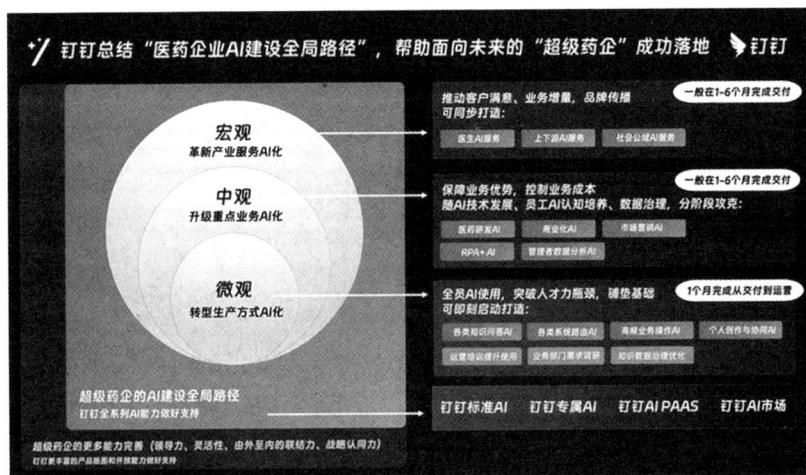

图 2　钉钉医药企业 AI 建设全局路径

资料来源：钉钉大健康行业 2024 年 5 月发布的医药行业 AI 建设解决方案。

微观层面。聚焦转型生产方式 AI 化，实现全员 AI 使用，突破人才力瓶颈。

中观层面。聚焦升级重点业务 AI 化，伴随 AI 技术发展、员工 AI 认知提升、数据治理等工作的开展，分阶段升级，从而保障业务优势，控制业务成本。

宏观层面。聚焦革新产业服务 AI 化，应用 AI 技术，推动客户满意、业务增量，提升企业品牌价值和传播效果。

微观、中观、宏观层面，钉钉均支持医药企业既可同时开展也可循序渐进。因为钉钉具备了全量标准办公协同功能的 AI 化能力，企业可以即开即用，并推广全员使用，同时，钉钉也具备复杂 AI 场景的定制能力，企业可以围绕所选择的业务产业场景进行开发后，推广对应业务角色人员、客户、上下游生态伙伴在各个场域内使用。

当然，持续不间断培养全员对 AI 的学习认知，也是需要在早期重点投入的部分，其价值不仅在于企业早期建设的场景能被充分使用、转化为实际期待的提质增效效益数字，更在于员工对于 AI 有了客观理解后，可以提出更有实际业务意义的 AI 建设需求，这将更适应企业的实际情况，更有优化意义，从而推进后续 AI 建设的每一份投入都更具性价比，保持企业始终拥有最优能力。

三　结语

通过钉钉 AI 助理，医药企业有望在成本大幅下降的前提下，让企业组织能力，特别是人才力大幅提升，从而推动企业在同样单位时间内提升业务结果和效益，逐步进化为"超级药企"，走出自己的高质量发展道路。

医药供应链篇

B.16
2023年中国医药供应链物流发展分析报告

中国医药商业协会

摘　要： 本报告对2023年与医药供应链物流发展相关的政策进行梳理汇总，对行业内样本企业资源和发展情况进行数据统计分析，总结行业发展的主要特点。报告认为，医药供应链物流仓储、车辆资源逐步完善，运营水平逐年提高。在提升服务能力、开展精益化管理、利用资源集约进行降本增效等方面取得一定成果。此外，根据2024年两会提出的发展方向，报告以行业发展现状为基础，对医药供应链未来发展趋势进行展望和思考。

关键词： 医药供应链物流　高质量　数字化　新质生产力　绿色发展

一　2023年医药供应链物流发展的政策环境

2023年是全面贯彻党的二十大精神的开局之年，是实施"十四五"规划承上启下之年，同时，也是新冠疫情结束后经济稳中向好的一年。这一年国际形势复杂多变，全球遭遇气候异常，我国经济在承压中复苏回升。随着人口老龄化程度的日益加深，医改进入深水区，人民群众医疗卫生需求发生变化，中国药品流通行业不断加强数字化、智能化物流体系建设，提升医药物流供应链服务保障能力。

在《"十四五"现代物流发展规划》发布、我国医药物流产业正式进入国家顶层设计的大背景下，2023年国家发布多项药品流通行业政策，促进医药供应链物流有序发展。2023年9月27日，国家市场监督管理总局发布《药品经营和使用质量监督管理办法》，提出推动药品现代物流规范发展，鼓励企业优化仓储资源配置；国务院常务会议审议通过《医药工业高质量发展行动计划（2023~2025年）》和《医疗装备产业高质量发展行动计划（2023~2025年）》。10月24日，国家药监局发布了《药品现代物流规范化建设的指导意见（征求意见稿）》，在物流仓储、物流成本、效率提升、药品监管追溯、服务多元化方面提出更高的要求。整体来看，这些政策的实施将推动医药物流行业向更加规范化、高效化和现代化的方向发展，同时也为行业参与者带来了新的机遇和挑战。

医药供应链物流企业在直面挑战的同时，也呈现稳中向好、持续改善的态势。2023年越来越多的医药流通和物流企业持续通过数字化、智能化和智慧化手段，采取资源集约、组织变革、结构优化、流程优化、精益管理等措施全面提升自身实力、提质增效，在医药供应链链条上展现出强大的韧性。

二 2023年医药供应链物流发展分析

（一）医药供应链物流资源情况

1. 样本情况及数据口径

本报告根据商务部药品流通管理系统数据分析整理，数据更新截至

2023 年 12 月 31 日，有效样本数据 429 家。

2.按区域/等级企业划分依据

A 类药品经营企业：药品批发、零售、批零兼营企业。

B 类专业医药物流企业：有药品经营许可、独立法人医药物流企业。

3.医药供应链物流资源情况

根据 429 家有效样本数据，2023 年医药供应链物流资源量整体呈增长趋势。2023 年医药物流仓库建筑面积共约 1509 万平方米，较 2022 年增长 5.57%；物流中心数量 1309 个，同比增长 3.23%；自有医药运输车辆 17596 辆，同比增长 0.09%。

（1）仓储资源情况

有效样本数据显示，345 家 A 类企业物流仓库建筑面积共 478.21 万平方米，约占总量的 31.68%；84 家 B 类企业物流仓库建筑面积共 1031.23 万平方米，约占总量的 68.32%（见图 1）。

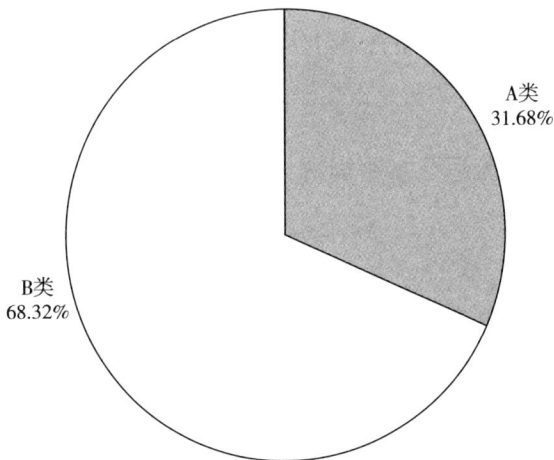

A类
31.68%

B类
68.32%

图 1 各业态企业仓储建筑面积占比

（2）运输资源情况

有效样本数据显示，A 类企业自有运输车辆共 5838 辆，约占总量的 33.18%；B 类企业自有运输车辆共 11758 辆，约占总量的 66.82%（见图 2）。

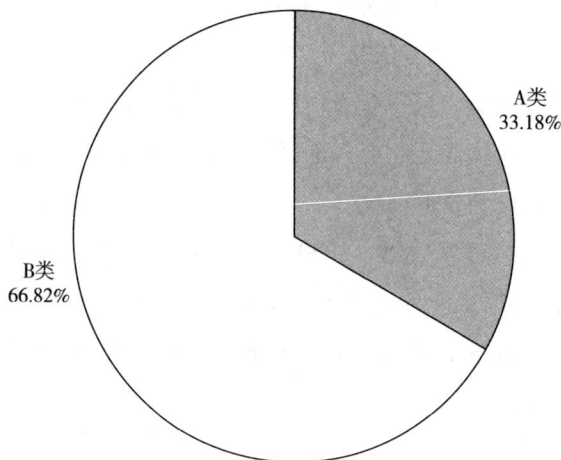

图2　各业态自有配送车辆占比

根据有效样本数据，仓储面积与自有车辆数排名前五的企业均为国药控股、九州通医药、华润医药、上海医药、重药控股，五家企业的资源占样本总量超过50%，龙头企业资源集中趋势更为明显。从不同业态对比来看，专业医药物流企业的车辆资源占比较高。

（二）医药物流运营水平情况

2023年，医药行业的需求及流通量的高速增长带动供应链企业的业务快速增长。大型批发、零售、专业医药物流企业通过提升企业物流管理能力、提高信息技术水平、物流设施设备改造等，不断增强业务运营能力，降低企业的物流费用，确保企业在高速增长的业务环境中保持竞争优势。

经过对有效样本企业情况分析，超过93%的企业账货相符率高于99.2%，其中有超过72%的企业账货相符率高于99.99%；接近96%的企业出库差错率低于0.6%；近90%的企业货物准时送达率高于98%，其中约78%的企业货物准时送达率超过99%；近90%的企业运输过程信息可追溯率高于99%，其中有超过78%的企业运输过程信息可追溯率高于99.8%。与2022年相比，企业各环节管理效率均有提升。

在医药供应链延伸服务方面，有 342 家样本填报了开展医院院内物流服务情况，其中 41.2% 的企业开展了医院院内物流服务。

在供应链服务及解决方案方面，有 337 家样本填报了开展对供应商的供应链服务及解决方案情况，其中 48.7% 的企业开展了对供应商的供应链服务及解决方案。

（三）信息化技术及物流技术应用情况

随着社会信息化技术水平的整体提升，越来越多的企业逐步引入更先进的物流技术、信息系统和现代化物流设备，赋能业务高效开展，助力企业高质量、高效运转。通过对样本企业信息系统、自动化物流技术及设备等情况的分析，同样可以看出行业内企业物流数字化、智能化工具应用更为广泛。

近年来，药品经营企业提高对信息化技术及系统平台的应用，主要通过监测系统、管理系统等信息化系统加强对货品的监管和对各业务环节的管理，以实现高质量管理及高效能作业。数据显示，仓库管理系统使用率达 88.8%，运输温湿度自动监测系统使用率达 80.7%（见图 3）。

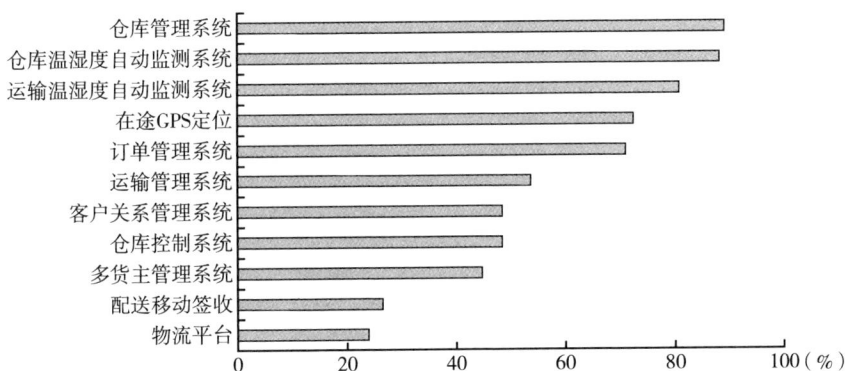

图 3　企业信息化技术及系统平台应用比例

在自动化物流技术及设备应用方面，样本统计了包括电子标签拣选系统、射频识别设备、自动化输送线等方面的技术应用情况，现阶段，电子标签拣选系统、射频识别设备在药品经营企业中的应用较多，其他物流设施设备的应用比例相对较少（见图4）。

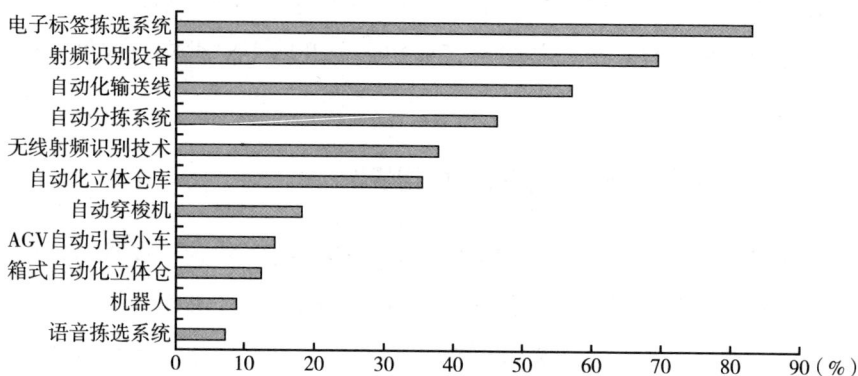

图 4　企业物流设施设备应用比例

三　2023年医药供应链物流发展的主要特点

2021 年商务部发布《关于"十四五"时期促进药品流通行业高质量发展的指导意见》，经过两年多的发展，医药供应链物流作为药品流通行业的重要组成部分，在新形势、新环境、新要求下，自动化物流技术和智能物流装备不断升级，布局合理，便捷高效、安全有序的现代医药物流体系正在持续构建。

（一）医药供应链物流价值进一步凸显，多层级配送体系逐步完善

药品集中带量采购政策的常态化制度化，在实现深度惠民的同时，降低医药行业利润空间，倒逼医药供应链全链条上的企业，包括上游药品生产企业、中游药品流通企业、药品终端销售机构（医院、药品零售企业），都在努力压缩经营成本，当"毛巾拧得越来越干"后，行业上下游企业越来越认识到供应链物流的重要性，医药流通企业的"配送服务"功能在医药商业价值中凸显。同时，伴随着国家推进多层次医疗服务保障体系的要求，头

部企业加快建立覆盖基层乃至终端"最后一公里"医疗机构、零售药店乃至居民个人的多级配送服务体系，并通过数字化和智能化技术手段及多种合作模式加持提升网络覆盖效率，优化配送费用。

（二）积极开展智慧供应链、数字物流建设

随着行业政策、市场的调整和信息技术、科技创新的快速发展，医药供应链物流行业正经历着前所未有的变革，推动医药供应链物流不断向数字化、智能化方向转型，以不断适应上下游客户及终端患者的快速响应、降本增效的需求。全国及区域医药供应链物流龙头通过自建、联合开发或购买服务等方式纷纷加大仓储、运输、订单管理乃至供应链协同优化信息化投入，强化医药供应链物流信息化基础建设，努力实现数据互联互通。但综观整个行业，以技术作为发展驱动力的企业仍在少数，传统企业仍占有较大比例，而对于传统医药供应链物流企业来说，其数字化转型往往涉及采购、销售乃至上游货主、下游终端用户整个订单流、物流和信息流的集成，数字化转型难度更大。

因此，目前医药供应链物流尚未到达真正的数智化阶段。在未来一段时期，其仍将继续朝着信息化、智能化、数字化方向转型，这是发展的必然趋势。

（三）多样化需求推动医药供应链物流服务能力提升

随着民众对健康需求的日益增长，医药供应链物流企业面临服务能力提升的迫切需求。终端用户的多样化和个性化需求不断上升，这要求物流企业必须提供更为精准和高效的服务。医药物流配送服务模式更加多样化，从传统的医疗机构配送为主向医疗机构、零售终端、居民个人C端等多样化配送服务转变，从线下为主线向线上线下配送服务并举转变，这也迫使中大型区域物流企业必须提升多业态物流服务能力，由此对医药物流技术应用、人员作业安排、订单管理及成本效率管控等都提出了诸多挑战。

在这样的背景下，不少企业通过引入先进技术、采用现代化设施设备、

优化业务流程、强化制度考核等手段，纷纷从下单、入库验收、存储、拣货、出库到发运、签收等环节，提升全链条业务运作标准、运行效率，并通过加强业务链上下游之间的紧密衔接，助力提升整体服务水平。同时，在管理方面，逐步加大培训力度、提升服务标准、完善服务体系，全面提升物流服务能力，以满足客户需求、提升客户满意度。

（四）物流成本的增高倒逼企业进行精益化管理

医药政策的深入影响及跨界运营企业数量的增多，使医药供应链物流企业在保障货品质量、提高服务质量的同时，还面临运营成本逐步增高的挑战，这对企业的管理水平提出了极高的要求，倒逼企业深度审视自身具有的核心竞争力、面对挑战的处理能力、控制风险的管理水平，在开源节流、降本增效、创新优化等方面采取措施，开展精益化管理，着力提升企业的综合实力，以确保在高速发展的道路上稳步前行。全国及区域龙头企业纷纷意识到，企业兼顾药品质量安全和降本增效就必须改变传统粗放式管理思维，转向精益物流管理和供应链协同优化。

（五）资源集约化的提升有助于实现降本增效

物流资源集约化是近几年发展的一个重要方向，也是企业提升自身实力的重要举措。大型集团型企业近年来不断加强物流资源整合和协同利用，推进物流一体化运营，加大资源集约力度，充分发挥各项资源优势，如利用不同地区仓储资源的位置、政策、布局等优势，通过统筹协调实现资源利用率提升，同时达到企业整体运营成本下降、运行效率提升，有序实现降本增效的目标。

四 医药供应链物流未来发展趋势及思考

（一）加快发展新质生产力

随着2024年政府工作报告将"大力推进现代化产业体系建设，加快发展新质生产力"列为首要任务，作为关系国计民生的医药行业，新质生产力的要求将快速融入行业发展的方方面面。而"加快发展新质生产力"这一要求，也对医药供应链物流企业提出了新的挑战，企业应结合自身基础及发展现状，积极思考两个问题：①如何摆脱传统经济增长方式，实现新旧生产力的转换，因地制宜将新质生产力作为行业发展的关键动力？②如何克服困难，继续在以创新为主导模式的赛道上高质量发展？

挑战的出现总是伴随着机遇的发生，从另一角度思考，"新质生产力"为医药供应链物流提出了新的发展方向，各企业应以传统资源要素为基础，在管理体系、业务运行、设备升级、系统优化等方面，不断尝试新的方法、新的模式，积极培育自身发展新动能，逐步将科技创新作为核心驱动力，努力扭转困难局势，以"破局"姿态完成转型的更优发展。

（二）数智化与传统质量要求的碰撞加剧

随着医药供应链物流数智化浪潮的汹涌而来，这一趋势已成为不可逆转的现实。在医药行业，对质量的严格要求使任何管理上的疏漏都可能导致严重后果。因此，企业在推进数智化转型的同时，必须确保以GSP为底线的业务流程与数智化技术同步进化，避免出现脱节现象。

对于企业来说，在提升数智化水平进程中，应首先保障实际业务与数智化同步开展、不脱节；在提升运营效率的过程中，不可一味追求"快"，而是在"保质"的基础上"增效"，需时刻关注业务开展质量，通过内审、自查、监督等手段加大管控力度，真正实现数智化。

对于行业的政策制定者、监督方来说，应加大调研力度，深入了解企业数智化发展进程，以及数智化对企业发展带来的影响，全面、客观地评估各类举措带来的后果，据此与时俱进完善行业政策、提升监督准确度，以提升行业整体抗风险能力，保障行业运行安全。

（三）绿色低碳物流建设步伐加速

在医药供应链物流高质量发展的蓝图中，物流绿色化水平是建设行业发展体系的不可缺少的因素，行业需积极践行、承担绿色低碳的责任。目前，共建绿色低碳的医药供应链物流体系也逐步成为行业发展共识，是 ESG 建设中的重要内容，通过减少物流过程中的碳排放和环境影响，展现了对环境保护的承诺。然而，整个医药供应链物流仍处于绿色物流的起步阶段，真正实现绿色低碳的企业仍在少数，供应链物流领域在绿色低碳方面的发展还有很大潜力与空间。

为提升企业在市场中的竞争力，各企业需寻求适合自身发展的绿色低碳运行方式，通过绿色低碳物流践行 ESG 建设，在优化运输网络、提高运输效率、变革能源结构、健全低碳管理机制、完善无人化及无纸化运作模式等方面进行实践，同时打造碳排放测算平台，关注企业绿色低碳践行进度，锻造适合企业发展的绿色低碳韧性发展体系，在公司治理中加入 ESG 因素，确保决策过程中考虑环境保护和社会责任，以增强企业竞争力，企业可以推动创新，提高资源效率。

（四）专业化、多元化服务能力提升

随着医改政策的深入实施，医药供应链物流行业正面临重大变革。"两票制"和集中带量采购等政策压缩了药品流通环节，不仅减少了中间环节，降低了药品价格，也对供应链的效率和响应速度提出了更高要求，促使医药物流服务向更加专业化的方向发展，行业内将涌现一批提供差异化、定制化、一体化服务的现代医药供应链物流企业。

（1）专业化物流服务的兴起：随着医疗健康意识的提高和人口老龄化的加剧，人们对医药产品的需求更加多样化和个性化，需要专业化的物流服务来满足。医药物流企业需要具备更专业的知识和技能，以满足不同药品的储存、运输和配送需求，其中包括对温控、湿度控制、时效、安全防护等方面的专业管理。

（2）差异化服务的创新：不同药品和医疗器械对物流服务有独特的需求。医药物流企业需要提供差异化服务，如针对高价值药品的高端物流解决方案，或针对特殊药品的定制化服务。

（3）定制化服务的发展：随着市场需求的多样化，医药物流服务需要更加灵活和个性化。企业可以根据客户的具体需求，提供定制化的物流解决方案，如特殊药品的冷链运输、紧急配送服务等。

（4）一体化服务的构建：现代医药物流企业将提供从生产、仓储、运输到配送的一体化服务，实现供应链各环节的无缝对接，提高整体供应链的效率和响应速度。

展望未来，医药供应链物流行业预计将迎来一系列创新的政策和法规，这些政策法规将为行业指明发展方向，引领行业向更高效、更规范的方向发展。面对不断涌现的未知挑战，企业需要敏锐地捕捉各种机遇，通过技术创新、市场调研等手段，不断提升自身的综合实力。同时，企业应坚持合法合规运营，不断优化组织管理结构，提高决策效率和执行力。这不仅有助于企业在激烈的市场竞争中站稳脚跟，更是实现高质量可持续发展的关键。

B.17
"智慧物流仓"规划与建设的
创新发展模式

江苏医药智慧物流课题组*

摘　要：　本文介绍了江苏省医药有限公司"智慧物流仓"项目的规划与
建设的主要做法。该公司以新一代科技手段赋能物流中心数智化转型升级，
以"适合的才是需要的"为设计原则，在数据分析的基础上，理解掌握各
设备的运行特点，设置四向车托盘密集库、AGV—机械手无人仓、电子标签
拆零拣选区、整件/整托存储区四个物流作业功能区。依托全楼层输送线结
合垂直提升机、螺旋提升机进行输送及搬运。"智慧物流仓"模式扬长避
短，充分体现了现代化、智能化、数字化、集约化的特点。通过 ERP、
WMS、WCS、TMS、OMS 等多软件系统协同作业调度，搭建数字孪生系统，
实现物流设备运行状态动态仿真数字化显示。

关键词：　智慧物流仓　数字孪生　精准作业　绿色物流

一　智慧医药物流项目背景

江苏省医药有限公司（简称"江苏医药"）主业为药品、医疗器械的

---

*　课题组组长：袁镜，江苏省医药有限公司医药物流中心总经理，副主任药师（执业药师），
主要研究方向为药品经营质量管理、物流管理。组员：俞继明，江苏省医药有限公司医药物
流中心副总经理，高级物流师；马宁，江苏省医药有限公司医药物流中心副总经理，高级物
流师；其他组员：孟庆宝、侯孟德、周斌、黄丽丽、叶俊，均为江苏省医药有限公司医药物
流中心高级主管，"智慧物流仓"规划、建设、实施核心团队组员。执笔人：袁镜。

批发与零售，以医疗终端业务、零售业务以及第三方物流配送业务为主。公司重点发展药品销售、高值医疗器械、电商业务、零售连锁业务等。近年来，公司以提质增效高质量发展为主题，聚焦客户的需求和创新服务，强化"服务创造价值，创新提升价值"的理念，打造"全渠道、全品类、多模式的区域现代化医药服务商"。在疫情期间，公司作为江苏省疫情防控物资统一采供平台，承担了省级防控物资采购、结算、储存和物流配送等重要工作，充分体现了国有企业的社会责任担当，荣获 2020 年江苏省"五一劳动奖章"称号。

江苏省医药有限公司医药物流中心位于南京市江宁区方山脚下，地理位置优越，毗邻绕城高速、机场高速、宁杭高速等重要交通干线。自 2010 年起，一期仓库开始投入使用，拥有 26160 平方米的全阴凉库和 3000 立方米的冷库，配备高位货架库、流利货架，并引入了一对一电子标签和自动分拣线等当时较为先进的现代化物流设备。中心还具备第三方药品和医疗器械的物流资质，并承担省级短缺药品的储备任务。由于一期仓库使用已超 10 年，设备大多老化需要更新，并且仓库内基于传统物流运行模式设计，随着业务量增长仓库库容已处于饱和状态，仅靠局部维修和改造已经难以支撑公司业务快速扩张和终端客户配送服务需要。

为顺应国家做大做强药品流通企业，提升行业集中度的医药流通发展导向，近年来，江苏医药稳步推进省内分公司的设立，积极发展零售连锁药房，筹划大健康产业的布局，绘制现代物流的建设蓝图。2019 年，公司决策规划构建以"南京仓"为中心、异地"分仓"为前端配送点的物流布局，在"十三五"末，决定利用园区现有土地，新建江苏医药物流中心智慧物流仓，满足南京地区的配送需求及各分仓的调拨需求，并完善江苏医药对全省及周边省市的现代物流体系的布局，实现终端"最后一公里"配送服务和质量保障目标，同时，为江苏省急救药品和短缺药品指挥调度中心做好配套服务保障，借此推动实现公司"十四五"发展目标。公司于当年底通过了"智慧物流仓"项目建设可行性研究报告，并启动了项目实施建设工作。

二 智慧物流仓的规划与建设

"智慧物流仓"顺应政策与市场变化，积极探索创新发展模式，以新一代科技手段赋能物流中心转型升级，构建数字化生态体系，在物流仓储、智慧平台、设施设备等方面开展数字化、智能化应用规划和建设。"智慧物流仓"将满足所有经营品类，包括药品、医疗器械、中药饮片、防疫物资、食品等商品的验收、养护、存储、拣选、复核、集货、出库等，具备精准管理、自动高效作业、记录完整、全程可追溯的订单管理和处理能力。

图1 仓库全景

资料来源："智慧物流仓"设计规划图。

（一）合理空间布局，以实用为导向选型配备智能化物流设备

"智慧物流仓"为地下一层及地上四层建筑。其中一层净高 8 米，2~3层净高 4 米，一层设有立体库（层高 12.9 米，面积 2312m²，容积29824.8m³）、平面库（层高 7.9 米，面积 3923m²）；二、三、四层均为平面库（层高分别为 5 米、4.5 米、4.5 米），面积分别为 3923m²、6235m²、

6235m²。四层设有特殊温控库（温度范围为15~25℃），面积385m²，其余仓库均为阴凉库（10~20℃）。地下一层作为员工停车场。

一层设置有收发货区、四向车托盘密集库区；二层设置有拆零药品拣选区，同时提供整件和整托商品的存储和拣选服务；三层设置有AGV—机械臂拣选区，并继续为整件和整托商品提供存储和拣选服务；四层则主要负责整件和整托商品的存储与拣选工作。

图2　AGV—机械臂拣选

资料来源："智慧物流仓"现场作业照片。

（二）软硬件协同作业保障出入库及应急全流程作业不断链

通过多层级、多类型、多系统、多设备的接口管理，多软件协同作业调度，确保同一订单在多设备系统协同作业，实现任务统一调度管理。全流程作业要求：①入库流程：入库订单—卸货—收货—验收—上架—库存更新；②出库流程：订单释放—作业调度—拣货（整件拣选出库、拆零、复核、换箱填充等）；③发货流程：出库订单—路线集货—车辆调度；④盘点流

211

图3　四向车托盘密集库区

资料来源："智慧物流仓"现场照片。

程：支持循环盘点、抽查盘点、全面盘点等；⑤应急保障：整个物流系统还能够满足紧急任务优先作业管理。

现代化物流中心物流设备运行保障是重中之重，"智慧物流仓"通过数字孪生系统，实现设备状态动态图形显示和平面仿真显示。实时监控设备运行、作业状态，对设备运行时长、设备故障报警等关键环节做到了及时监控和应急处理，为物流设备正常运行提供可靠的保障。

为顺应绿色节能，实现"碳达峰、碳中和"的企业高质量发展目标，仓库配备水源热泵式中央空调，通过针对医药行业仓库特点的智能化综合管理系统进行运维，除确保湿度符合要求之外，尤其是在能源消耗方面相较于传统的 VRV、螺杆机等空调，实现了超过 50% 的能耗降低，实现项目追求绿色物流的规划目标。

"智慧物流仓"的功能设计规划，整体符合物流中心相关业务的作业需求，符合药品、医疗器械等经营活动达到 GSP 法规、行业标准等要求，并且满足省防疫保障平台的储存、调用要求。同时，规划全面考虑节能、现代化、自动化技术应用，为实现公司降本增效、精细化作业管理、订单全程可追溯、物流技术及流程可扩展等规划目标提供可靠保障。

（三）克服疫情影响，施工和保供同步进行

"智慧物流仓"项目土建工程于 2020 年 8 月 28 日正式动工，2022 年 5 月 31 日竣工，一次性通过消防、电力、规划、质监等多个部门的现场验收。随后，项目进入工艺设备的现场安装、调试和上线搬仓阶段。自 2022 年 8 月进场，公司不仅面临保障省防疫平台全省防疫物资的调用配送需求，又要保障自身业务的正常运营，物流中心全体干部职工，凝心聚力，齐心协力，发扬了"不怕苦不怕累，轻伤不下火线"的战斗精神，克服了疫情封控、新冠病毒感染等不利因素影响，于 2022 年 12 月完成项目联调，实现项目顺利上线、搬仓。2023 年 1 月 29 日智慧物流中心通过现场检查验收，正式投入使用。

三　智能技术应用不唯"智"而唯"实"

"智慧物流仓"的设备集成工艺充分体现了现代化、智能化、数字化和集约化的特点。以"适合的才是需要的"为设计原则，以自身业务特点结合未来发展规划为设计方向，在前期数据分析的基础上，充分学习、理解各设备的运行特点，组织现场调研、专家论证和团队讨论，将各项前期筹备工作做在项目正式上线前。为此，项目团队在认真研究咨询方案基础上，结合公司的订单特点进行分析，全方位深度参与方案设计，通过主动学习，结合测试、调试等多方面反馈，充分利用设备自身的运行特点，进行流程策略调整，使最终设计方案最大限度地发挥设备的长处。在工艺流程设置和方案优化方面，经过多轮修订、修正和完善，确保与现场运维高度契合，避免了盲目采用"高大上"的智能设备造成的浪费资源和效用不足。

（一）四向车托盘密集库系统实现整托储存与拣选

四向车托盘密集库的优点是具有密集存储能力，通道面积与高位叉车通

道占用空间资源相比可忽略不计，能充分利用空间，缺点是速度较慢，提升机转乘需要等待。通过数据分析、策略调整，最终确定将输液类品种、大批量储备的防疫物资等纳入该区域存储。在运行过程中，通过调整出入库、补货优先级规则，有效解决了入库与出库抢小车、等待时间过长的问题，充分发挥了四向车托盘密集库在大进大出和整托密集存储方面的优势，将储存效率提升了60%。

（二）AGV及机械手自动拆码垛系统实现自动上架、整件储存、补货与拣选

在设计初期，公司项目团队原计划将AGV运用于拆零拣选作业，但经过分析，发现订单受客户类型影响较大，比如上午10~12点通常是业务下单高峰，且急单占比高，往往需要实时响应，而AGV的运行速度有极值，更适用于量大匀速的场景，如果用于拆零拣选很难保障急单的拣选效率。因此，经过公司项目团队多轮讨论，最终决定将AGV运用于整件超A类商品的存储和拣选工作，优先解决自动化运行效率问题，对于提升人工操作效率问题，公司项目团队经过认真研究分析，将机械手从最初设想的用于码垛调整到用于拆垛，同时配备自动贴标机，最终成功实现收发货全自动、无人仓运行的场景落地，拣选效率比原来人工拣选提升40%~50%，得到了同行的高度认可。在设备选型上，公司项目团队从为物流员工提供更为人性化的作业场景出发，彰显公司一以贯之的人文关怀的企业文化理念，选用一流品牌，确保现场运行噪声小、操作顺畅，为员工提供了一个舒适和人性化的工作环境。

（三）流利货架、一对多电子标签、多层拆零拣选输送线实现自动注册、空箱回流、人工拣选及复核

针对订单集中在上午10点到12点，同时又要满足下午1点必须出车的特点，经过公司项目团队多次讨论，最终保留人工拣选的传统作业模式，但是对物流箱流转进行了全自动设置，最大限度减少人工走动路径。

（四）通过4台货梯、2台垂直提升机、1台螺旋提升机及输送线满足全楼层输送和搬运

通过 CAN 总线+PLC 控制系统、数字孪生系统等多层级多接口对接 ERP、WMS、WCS、TMS、OMS 等系统，搭建集成化运维系统。特别是数字孪生系统，是系统的亮点，通过数字建模、平面仿真、离线仿真、虚拟调试等系统功能，实现在线监测、智能优化、设备运行状态、作业状况实时显示，以及设备运行时长管理、设备故障报警管理等。

四　分步实施化整为零顺利搬仓

工艺设备集成完成预期目标后，搬仓更加考验公司项目团队的智慧，其间遭遇新冠疫情突发，团队面临更加严峻的挑战。为了顺利完成搬仓目标，全体员工放弃了春节假期，夜以继日，全力以赴投身到搬仓环节各项工作中。

在具体实施环节，公司项目团队采取分步搬仓、小步慢走、化整为零的策略。首先，于2022年11月完成一期 WMS 升级，有利于让所有人先行熟悉、完善新系统，为下一步适应新设备做好准备。其次，同步进行物流二期集成的安装调试，在智慧物流仓中，适时分模块先行上线四向车库，再进行其他部分联调，整件搬仓。最后，实施零货搬仓。通过一系列分步实施，结合人力和防疫需求，进行赋码精准管理，确保一期下架与二期上架的无缝对接，实现了搬仓无差错、上线无卡顿，业务正常运行。总体看来，公司项目团队和物流全体员工密切联动，最终圆满完成搬仓任务，正式进入新仓运行。"智慧物流仓"二期运行半年多来，物流中心实际使用效率大幅提升，差错率减少，用工数量下降，总体效果达到预定目标，甚至在一些作业环节超过预期。

五 持续提升物流运营水平

新系统、新设备的引入虽然带来物流中心实际使用效率大幅提升、差错率减少、用工数量下降的运营效率提升，但是也对医药物流中心的运营带来新的挑战。"智慧物流仓"项目团队将通过持续努力，不断完善数智化设备的运行工艺流程，持续提升物流运营水平，打造公司物流运营新质生产力。

（1）勤思考，多实践，不断调整策略，使用 ABC 分类法，提升人机配合能力，促进"智慧物流仓"的效率、效能不断提升。

（2）降本增效永远在路上，通过优化组织结构、促绩效改革、优化运力资源配置，持续降低隐性成本。为此，推动一期、二期，以及中心仓和分仓高效融合、一体化运营，通过大数据分析，测算最优储存量，预判订单需求量，优化操作流程，达成降低隐性成本的目标。

（3）制定应急预案及模拟实战演练。为防止过度依赖数智化物流运行系统后，物流作业自动化流水线突然瘫痪宕机对企业造成巨大损失，要结合安全演练、断电测试，在系统和设备无法使用的情况下，实现人工备份数据、查找订单、恢复数据并保证准确的能力。

（4）医保双通道、慢病管理、康养等政策大趋势倒逼公司要认真研究国家出台的相关政策，通过建立员工培训长效机制，不断提升员工的理论能力、操作能力和沟通能力，适应客户个性化、碎片化的需求，实现公司业务可持续发展。

（5）在成本核算模型的基础上，通过充实应用场景和进行流程动作分解，根据业务需求，按不同维度建立多样化的成本模型，建立按动作付费的机制，从而达到精准、精益、降本增效的目的。由于成本核算模型为决策提供了数字依据，提升了公司的行业竞争力，在未来实践中，项目团队将结合公司在院内物流服务（SPD）、DTP 药店、慢病管理等方面的探索和尝试，不断提升团队的专业水平和能力，着眼于全省多仓设立和运维，为未来可进行"智慧物流仓"的快速复制和落地，提供理论和实操的基础。

目前，公司已经进入全省业务拓展的关键阶段，多业态（批发、分销、零售）、全品类（药品、器械、医美、特药）同步发力，公司将通过赋能"智慧物流仓"的数智化，借力多仓联动优势，打造"大物流"体系，为经营做好服务保障，提升整体运营能力，促进公司高质量发展。

B.18
现代医药流通供应链全流程数字化创新

赵庆辉*

摘　要： 陕药集团派昂医药打造的现代医药流通供应链全流程数字化创新服务是以电子商务为牵引、以西北现代医药物流体系为支撑，链接上游供应商和下游客户，按照"一切业务数字化""一切数字业务化"，实现企业信息内通外联，形成全场景、全流程、全业务、全领域数字化应用场景。供应链全流程数字化创新体系由电子商务平台辐射六条系统业务线，以及软硬件系统间高度集成对接，深入从生产到流通到零售的各个环节，整合上下游客户大数据资源体系，使资金流、信息流、数据流、物流在整个供应链实现有价值的流转，成功打造由大数据驱动的自带决策智慧的智能化医药供应链综合服务运作体系。

关键词： 医药流通　数字化　供应链　智慧物流

陕西医药控股集团派昂医药有限责任公司（简称"派昂医药"）是陕药集团旗下主要子公司，是目前陕西省内经营业态最全、覆盖面最广、销售规模最大的药品流通企业。公司是西北地区率先成为全国 AAAAA 级医药物流企业、药品冷链物流运作规范国家标准的达标企业。公司自成立以来保持了高速的发展态势，销售额逐年保持快速增长，持续位列陕西省内第一。

公司投资9.5亿元，建造9.9万平方米西北现代医药物流中心，是目前国内单体规模最大、功能最全、现代化水平最高的医药物流中心之一。公司业务涵盖药品、医疗器械、保健产品的医疗机构销售、商业批发、零售连锁、三方物流及供应商增值服务等。

---

* 赵庆辉，陕药集团派昂医药副总经理兼孙思邈大药房董事长，高级物流师、中级会计师、药师。

党的二十大报告提出"加快建设网络强国、数字中国"，加快发展"数字经济"，促进数字经济和实体经济深度融合，打造具有国际竞争力的数字产业集群。派昂医药作为陕药集团主要医药流通板块，承担陕药集团发展流通和健康产业之重任。根据集团战略规划，派昂医药围绕"高质量"发展经营思路，不断创新发展、加大科技信息化投入、探索模式创新，加快企业数字化转型升级，提升运营质量，先后成立了公司数字化供应链领导小组和网络安全护航工作专班，大力推进企业数字化转型和技术创新驱动，按照"一切业务数字化、一切数字业务化"打造"数字派昂"。

一 医药流通供应链全流程数字化建设目标

派昂医药创新应用移动互联网、人工智能、大数据、物联网、云计算等新兴技术，打造"数字化"现代医药流通供应链服务平台。应用多种手段进行流通领域的提质增效和数字化升级转型，从"互联网+"向"数字化+"转变，聚焦以"患者为中心"和以"客户为中心"的经营思路，重构商业模式，助力企业高质量发展。

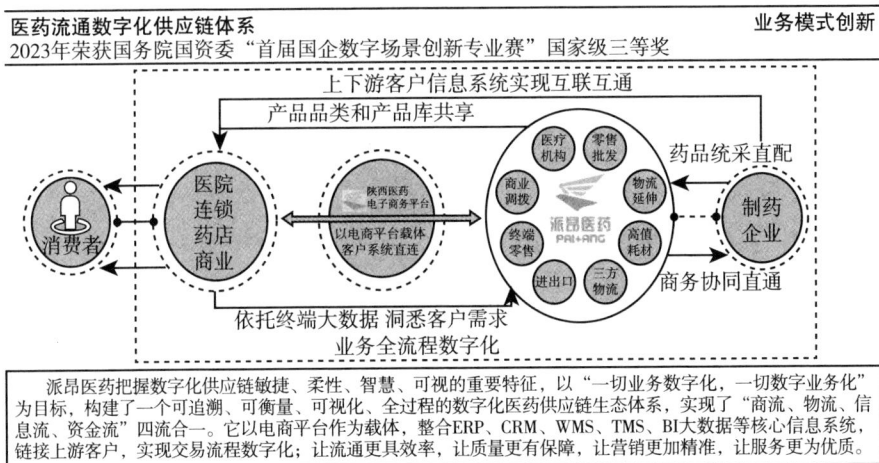

图 1 派昂医药"医药流通数字化供应链体系"

资料来源：派昂医药。

二 医药流通供应链全流程数字化推进策略

战略投资企业"数字化"建设，建设大数据中心和数字化运营指挥中心，打造数字化管理平台、数字化运营平台、数字化供应链平台，实现全场景、全流程、全产业数字链，持续推进派昂医药数字化转型升级。

推进过程分为"数字化"基础建设和"数字化"创新应用实践升级两个阶段。

"数字化"基础建设阶段：以主营业务为主线，通过将全流程业务信息化、物流设备自动化升级等手段，精心策划、分步实施，快速完成数字化基础搭建。

"数字化"创新应用实践升级阶段：结合业务及管理需求，持续推进"数字化"创新管理实践，推动"数字化"应用升级。

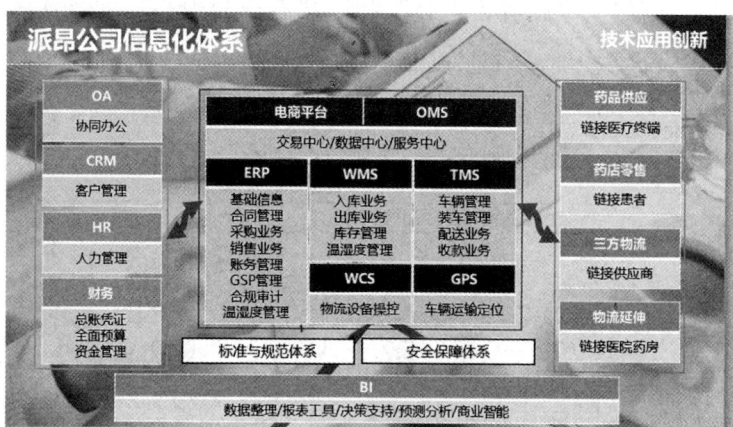

图 2 派昂医药信息化体系

资料来源：派昂医药。

三 医药流通供应链全流程数字化建设重点内容

（一）统筹推进"数字化"基础建设

1. 升级电子商务平台

通过经营模式创新，运用电子商务技术、现代仓储物流技术以及金融服务手段，打造一个"价格合理稳定、流通效率高、经营成本低"的专业性药品交易电子商务平台。

平台利用互联网技术，构建上游工业和零售终端业务互通、数据共享的全新采销体系，重构医药流通的运营模式。平台重新定义用户、客户、合作伙伴，即将零售终端定位为用户，是核心资源，努力提升用户体验；将下游分销商定位为合作伙伴，为其输送价值；将供应厂商定位为客户，是其价值来源。派昂医药顺应市场趋势，通过线上营销，重塑竞争优势，同时开放合作伙伴平台接入端口，打造一个高效的终端线上营销平台，实现线上线下服务一体化。

2. 建设数智化物流运作体系

（1）集成自动化物流设备技术，实现物流设备自动化升级。

集成了自动化立体仓库（AS/RS）、高速分拣机、托盘提升机、电子标签等行业主流物流设备技术，创新应用了机器人（AGV）、高精度称重复核、桌面云电脑等行业物流设备新技术。

（2）集成物流控制与调度系统（WCS），实现物流设备的集中调度。

WCS 作为物流系统信息链的重要一环，主要负责接收仓储管理系统（WMS）的各种作业任务，并将作业指令传达到相应的自动化物流设备和系统，如输送系统、分拣系统、称重系统、电子标签系统、自动化立体仓库（AS/RS）等，WCS 统一调度各个自动化物流设备协调作业完成任务，并将结果返回仓储管理系统，以便仓储管理系统做出相应判断与处理。

仓储分拣出入库高度智能化			场景价值成效
从传统物流的人工作业、非标准化，转变成作业手段先进、高效的数字化、智能化、标准化的现代物流综合体，系统性集成了先进的物流设施技术、温湿度控制、组织管理方法以及高素质劳动者。			
自动化立体库 承载力：450托/小时 自动化立体库是大型物流仓库必不可少的系统	电子标签区 承载力：900件/小时 电子标签拣选系统是现代化物流最先进的拣货方式之一	叠箱机、拆箱机 叠箱机、拆箱机是分拣输送系统重要设备，整个过程不需人为干预，完全实现自动化	高速分拣机 通过读码识别箱子顶部的条码进行拣选。分拣能力4500箱/小时，效率是人工的14倍

图3　派昂医药自动化物流设备

资料来源：派昂医药。

（3）集成仓储管理系统（WMS），实现物流仓储业务的全面数字化管控。

结合业务需求，派昂医药进行了 WMS 的一体化升级，从而实现了开发RF 快速收货、波次自动创建、客户合箱拣货、配送箱注册和整零任务分步下发等功能。优化收货人机界面、内复核操作界面。优化拆零拣选，支持RF、电子标签和纸单多种分拣模式。通过系统开发升级，进一步优化作业流程，提升作业效率，打造了高性能、可视化的仓储管理平台，实现了药品入库、存储、养护、出库调度、库存分配、拣货、复核等全流程、全方位信息、流程管控，数字化预警。

（4）集成智能物流运输管理系统（TMS），实现物流运输业务的全面数字化管控。

运输管理系统（TMS）主要实现订单的运输任务调度、在途跟踪管理等。通过与企业资源计划管理系统（ERP）、仓储管理系统（WMS）、车载定位系统（GPS）、电商平台、冷链平台、发票验证系统的对接以及与短信平台、微信平台、三方支付平台、税控系统的集成，使运输过程的信息传递更加及时、准确，从而实现配送的时效管理、成本管理、安全管理、客户服务管理和可视化跟踪；提高药品流通效率，降低运营费用，保障患者用药安全。

（5）打造体系内连锁门店数字化全流程配送。

积极共建处方流转平台，打通互联网医院药品可及"最后一公里"。实现订单的全程在线跟踪、配送、支付、签收、评价和回访。

3. 建设数字化管理平台

搭建基于"供应链全流程数字化"的"人、财、物"一体化管控平台和价值评估体系，形成"一个平台""一张网"在线监管体系；以财务管理系统为基础，纵向基于派昂体系财务一体化，实现财务实时动态监控，横向打通派昂体系业务财务一体化，加快财务职能从传统的会计记录向管理会计和辅助决策方向转型；通过 OA 门户系统和文件加密系统覆盖公司全级次，打造全场景数字办公平台。

4. 升级企业信息服务基础平台

信息安全是平台建设的重中之重，派昂医药通过以下七方面为企业数字化系统提供坚强保障。

（1）集成园区终端安全准入和管控平台，实现对所有接入园区网络的有线、无线终端的全方位准入控制、严格的身份认证、完备的安全状态评估、精细化的权限控制。

（2）接入电信、联通双运营商互联网专线，配置双负载均衡、双防火墙、双上网行为管控、网络虚拟化等技术，保障园区骨干网络零中断。

（3）集成实时数据备份恢复系统，不断深化完善数据安全保护。提供数据的实时不间断备份，并实施防勒索病毒机制、数据加密及追溯，为数据安全保驾护航，可将数据恢复至一定时间内的任意时点。

（4）建设双活数据中心，通过在两个基础设施机房的基础上分阶段进行双活数据中心建设，实现两个数据中心同时处于运行状态，同时承担业务，提高数据中心的整体服务能力和系统资源利用率。

（5）集成统一安全管理和综合审计系统，通过规范运维权限管理、严密运维过程控制、透明化运维操作过程等手段，对运维工作中的人为风险进行防范、规避。

（6）集成威胁感知系统及联动处置系统，提供网络安全预警能力、关联分析、自有情报运营、预警，联动网络版防病毒系统自动处置，为安全运营提供平台支撑，并展示访问行为态势。

（7）集成运维管理平台，提供系统及设备的实时监控和预警，为企业建设安全运营中心提供平台支撑，并展示一个清晰、透明、可控的数据资产分布。

（二）积极探索"数字化"创新应用

1. 仓库管理"数字化"创新应用

物流现场配置 LED 显示器，实现任务实时提醒及区域任务进度显示，实现"数字化"现场辅助管理。项目在入库验收、立体库各巷道出口、外复核分拣口等均安装了 LED 显示器，可以实时显示区域的任务情况，便于现场进行人员调度管理。系统可以实时统计各岗位绩效条目，助力绩效考核优化，实时记录物流每个作业节点的时间、人员、信息数，为一线岗位实现计件制考核提供了基础数据，同时方便现场实时管理人员实时掌握人员工作情况。

2. 运输管理"数字化"创新应用

（1）智能调度管理。根据配送货物的体积、客户的配送时间、车辆的回车时间自动调度可用车辆，对车辆行驶的线路按照客户最优路径排序下发到送货人员的智能终端 PDA，同时进行微信提醒。

（2）一键打印。集成扫描仪，一键上传药检报告单等单据，出库时按照物流配送线路和车辆安排一键批量打印相关出库清单、药检报告等单据。

（3）在途管理。实现车辆实时定位、里程自动统计、连续驾驶时间统计、超速预警等功能，实现配送过程全程可视化跟踪预警。通过集成微信平台将订单下发、分拣、打包、发运等重要节点信息及时推送至客户。

（4）签收管理。客户可以登录手机 App 或者关注企业微信公众号进行收货确认，管理人员可以第一时间跟踪客户到货情况。通过与第三方支付平台的对接，实现银联卡、微信、支付宝等全渠道的电子支付，实现在线结算。送货人员带回公司的客户退货可以使用 App 与验收人员进行交接确认。

（5）统计核算。平台从多维度对配送时效、配送费用、配送客户满意度等进行图形化展示，根据系统维护的承运商对应的合同费率，系统自动生成运输费用结算单。

（6）电子发票。集成税控系统，实现在业务系统直接调用税控接口开具销项税票，支持电子发票。

3. 运营管理"数字化"创新应用

指挥中心集中展示公司销售业务情况、物流仓储作业情况、物流运输情况、园区安全情况、楼宇设备运行情况、网络安全情况等，既可用于日常监测、现场运营分析会议，也可应用于应急指挥、宣传展示。

4. 质量管控"数字化"创新应用

派昂医药深入学习贯彻落实新的《药品管理法》，着力解决药品质量管理中的痛点和薄弱点，将质量管理要求贯穿药品流通全过程，以提升质量管理标准和水平。

（1）升级温控基础设施。公司先后建设约 3300 平方米的冷藏存储区，配置冷藏车 22 辆，恒温车 77 辆，保温箱 200 余个，同时按照规范进行第三方质量验证，制定包装方案；根据《药品经营质量管理规范》要求，库区配备有制冷机组，保持 24 小时运转，以保证药品储存的环境，库区配置有 $10 \sim 20℃$、$2 \sim 8℃$、$15 \sim 25℃$、$0 \sim 5℃$、$-10 \sim 25℃$ 等温控区间，可以满足不同药品对温控的存储要求。

（2）深化质量信息管控。按照药品质量管理要求，严格进行药品出入库质量数字化管控。

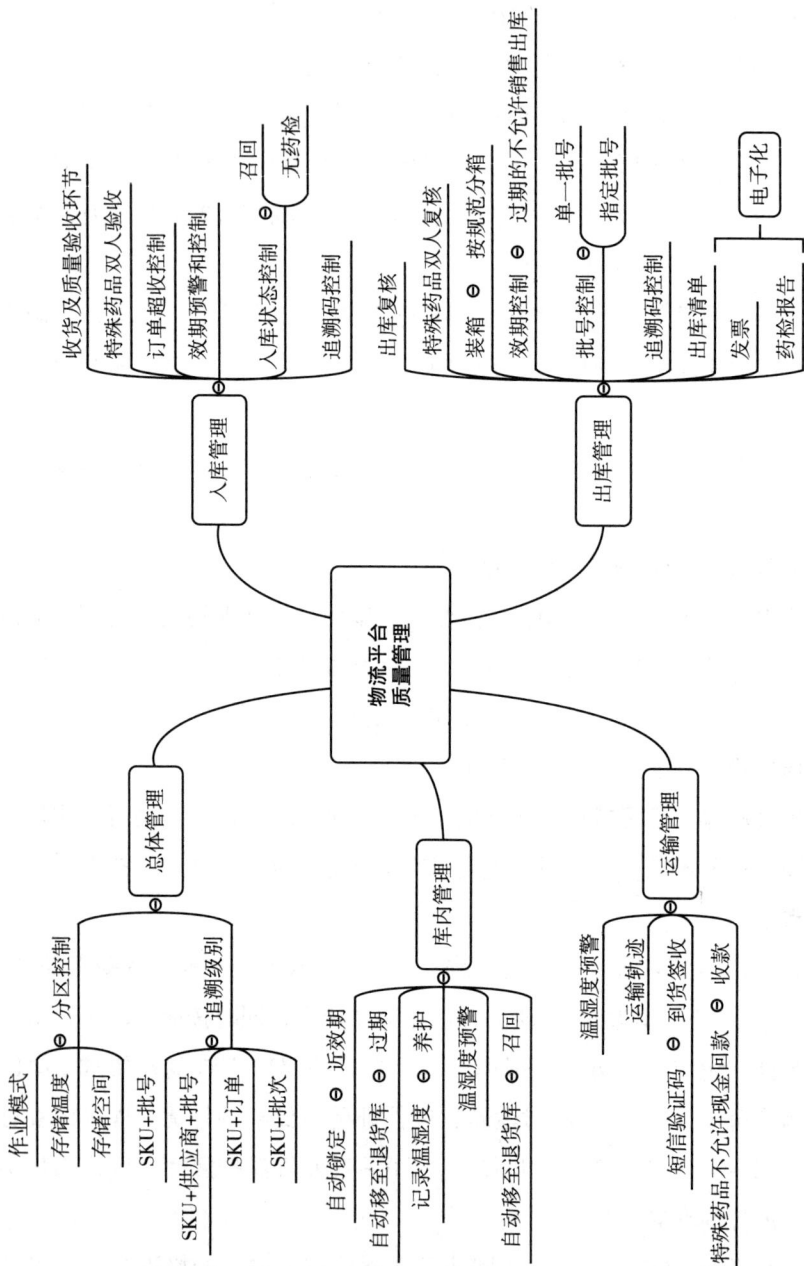

图 4　派昂医药物流质量数字化管控

资料来源：派昂医药。

226

四 医药流通供应链全流程数字化建设成果

（一）实现了企业"数字化"转型基本目标

派昂医药先后完成十大业务系统和数字化指挥中心上线建设；初步建成"3个平台、1个体系"信息化架构；派昂体系"人、财、物"一体化管控平台和价值评估体系，形成数字化管理平台，体现"一张网""一个平台"价值导向，完成了企业信息网络安全整体规划建设蓝图，按照"一个中心、二个体系、三重防护"初步建成网络安全防护体系。

派昂医药"数字化"医药流通供应链服务平台整体信息化、自动化、数字化水平以及建设规模均达到国内医药流通行业先进水平，实现了自有及三方物流业务的全程"数字化"管控。平台具有良好的兼容性、可扩展性，可支持仓储业务、运输业务、仓配一体业务等多种物流业务模式，符合《药品经营质量管理规范》要求，支持在库存储量超过130万件，日吞吐量超过3万件，可承载年销售额200亿元规模，为集团、公司战略发展提供了坚强的物流基础保障。

（二）显著提升企业整体运营质量

派昂医药通过"数字化"现代医药流通供应链服务平台的创新实践，建立了现代医药物流管理体系，在西北地区医药行业率先成为全国AAAAA级物流企业，实现了药品流通全程"数字化""可视化"跟踪管控，提升了现场作业智能化、数字化水平，实现了上下游客户的信息及时共享，物流整体运营质量显著提升。企业通过该平台的创新实践，向供应链上下游客户提供了"数字化"的信息共享、数据对接、消息提醒、在线结算、服务评价等服务及解决方案，提升了上下游客户的服务满意度。

（三）取得了较好的经济与社会效益

通过"数字化"现代医药流通供应链服务平台的创新应用，派昂医药市场竞争力得到显著提升，经营业务实现持续增长，2023 年实现主营业务收入 85.74 亿元。

药品流通是联系药品生产和消费的重要环节，其持续健康发展对维护人民健康权益、改善民生具有重要意义。派昂医药作为省级药品流通龙头企业、陕西省省级医药储备单位，坚决贯彻省政府和陕药集团部署，应急响应机制全面启动，利用搭建的"数字化"现代医药流通供应链服务平台，顺利保障了防疫物资的高效、准确送达，为抗击新冠疫情、呵护人民群众健康做出了积极的贡献，因此获得了"全国抗击新冠肺炎疫情社会责任优秀企业""全国物流行业抗疫先进集体"等荣誉称号。

派昂医药成为一次性通过"西安市医药物流服务业标准化"以及《药品冷链物流运作规范国家标准》的示范企业，获得陕西省药监局"药品流通企业质量管理实训基地"授牌。派昂医药积极分享企业数字化建设经验，其中"数字化供应链创新实践"荣获 2021 年陕西企业管理协会三等奖；"现代医药流通供应链全流程数字化创新"案例 2023 年荣获国务院国资委"首届国企数字场景创新专业赛"案例三等奖。

面向未来，派昂医药恪守"呵护人类健康"的使命，在陕药集团"156"战略目标的指引下，通过规模化、资本化、智慧化、服务化、国际化的"五化"发展战略，着力将派昂医药打造成为公众信赖的医药大健康服务平台，矢志成为优质的供应链解决方案提供商和药品运营服务商，推动企业不断高质量发展。

区域篇

B.19

2023年河南省药品流通行业发展现状
及发展建议

林 锋*

摘 要： 本文论述了河南省药品流通行业基本现状、发展沿革、面临的形势和未来发展建议。从行业规模、集中度等方面，分析了河南省药品流通行业现状；从药品第三方物流、专业药房等方面，分析了河南省药品流通行业的运行特点；从行业结构、现代物流、人才建设、品牌影响力等方面分析了河南省药品流通行业存在的主要问题。同时，还分析了药品流通行业发展面临的机遇和挑战，并在行业布局、物流配送、药店发展、数字化转型、人才建设、海外市场拓展、做大中药材市场、强化协会服务功能、加大政策扶持等方面提出了发展建议。

关键词： 药品流通 药品第三方物流 专业药房

---

* 林锋，河南省医药质量管理协会秘书长。

河南是我国重要的经济大省、人口大省、文化大省、新兴工业大省和中药材种植生产大省。它地处黄河中下游，连接东西、贯通南北大枢纽，具有明显的开放优势。

习近平总书记对河南现代物流发展寄予厚望，在2014年5月考察河南时指出，"河南要建成连通境内外、辐射东中西的物流通道枢纽"。河南省委、省政府紧扣"国家创新高地""开放强省"建设，做出围绕稳固提升河南"国内大循环重要支点、国内国际双循环战略链接"的战略部署，提出大力发展"四路协同"方略，打造河南省在全国范围内的"物流枢纽+分拨中心"的规划。这些都为河南省药品流通行业的发展奠定了坚实基础。

一 河南省医药行业2023年基本概况

《药品监督管理统计年度数据（2023年）》统计显示，截至2023年底，河南省共有法人、非法人药品批发企业708家，药品零售企业总部396家，零售连锁门店18203家，零售单体药店15666家，连锁率53.75%，同比上升1.09个百分点。全省医疗器械经营企业中仅从事第二类经营的有58873家，仅从事第三类经营的有12007家，同时从事第二、三类经营的有23475家，经营第二、三类企业总数为94355家。

河南省统计局数据显示，截至2023年底，全省共有医疗卫生机构85038个，其中医院2528个，在医院中有公立医院706个，民营医院1822个；基层医疗卫生机构81645个，其中社区卫生服务中心（站）1993个，卫生院1998个，村卫生室59447个，诊所13730个。

2023年全省累计在有效期内执业药师总人数为49587人。按执业类别分，药学24608人、中药学24273人、药学与中药学706人；按执业领域分，在生产企业注册的有169人，在药品批发企业注册的有2016人，在药品零售企业注册的有45768人，在医疗机构注册的有1632人，其他2人；按学历分，博士1人、硕士102人、本科3511人、大专9424人、中专

36549 人。

第四次中药资源普查结果显示，河南省有中药材品种 3050 余种，主要道地药材品种达 60 余种，在全国有影响力的道地药材 20 多种。2023 年，全省中药材种植面积高达 570 万亩，产量 236 万吨，产值 302 亿元，居全国前列。

二 河南省药品流通市场发展沿革

（一）国营医药商业经营体系初步形成期

新中国成立后，河南省医药公司和药材公司先后成立。1956 年，全省 90% 以上的私营药商进行了社会主义改造，随后各地、市、县医药商业批发和零售机构亦逐步建立。到 1957 年，国营医药商业经营体系逐步形成，医药经营网点向下延伸到乡，直供农村用药，初步形成了完整的城乡医药供应网。全省较大的私营中药房有 450 余家，私营西药房 765 家，私营西药房经营的药品多为进口药，国产药较少，大药房经营品种 500 种左右，小药房 100~200 种。经公私合营后，逐步过渡为国营商业。随着地、市、县医药（药材）公司的建立和县以下批发点的延伸，医药商业开展了二、三、四级批发业务。

（二）药品流通体系快速发展期

党的十一届三中全会提出"把全党的工作重点转移到经济建设上来"的号召，贯彻"改革、开放、搞活"的方针，随着农村和城市经济体制改革的深入、市场竞争机制的出现、行政区划和购销层次的界限打破，集体经济得到快速发展，河南医药商业迸发活力，进入高速发展阶段，涌现出一批批极具潜力的商业企业。

1979 年，河南省医药管理局成立，全省医药统一管理体制形成，医药事业进入新的发展阶段。医药商业实行统一核算，推行承包经营责任制，扩大企业经营自主权，改善经营管理，推动横向联合，开拓流通渠道，引进竞争机制，各项经营指标和经济效益大幅提高，医药商业经营繁荣活跃。出现多种经济形式并存局面，私营医药商业得到恢复发展。

随着经济体制改革的深入，私营医药商业迅速发展，到 20 世纪末期，私营医药商业逐步在整个药品流通中发挥主要作用。但全省药品流通呈现多、小、散、乱的局面。

（三）现代药品流通体系形成期

自 2001 年起，国家药品监督管理局启动了 GSP 认证制度，规定所有药品经营企业须在 2004 年底前逐步达标。这一举措强化了企业的质量管理水平，清退了一些不达标的企业，从而在一定程度上整治了医药行业内企业数量众多、规模小、布局分散、管理混乱的现象。同时引入了先进的药品质量管理体系，推广药品质量管理理念，增强了药品经营企业的质量意识。巨大的市场体量吸引了九州通、国药控股、华润医药等大型企业集团相继在河南布局，并不断发展，最终形成目前全省药品流通的行业格局，为全省药品流通行业发展提供了有力保障，为全省的健康事业做出了积极贡献。

三　河南省药品流通行业发展现状分析

（一）发展现状

"十三五"时期以来，随着我国医药卫生体制改革的逐步深入和药品流通管理体系的日益完善，河南省由于其巨大的市场体量、优越的交通区位优势，为药品流通行业快速发展提供了机遇，一批具有影响力的药品流通骨干企业迅速发展壮大，行业集中度稳步提高，现代药品流通方式快速发展，药品供应的可靠性显著增强，形成了多种所有权结构共存、多种运营模式协同发展的药品流通格局。

1. 行业规模不断扩大

近年来，河南省药品流通市场一直保持平稳增长态势，全省药品流通销售额 2019 年至 2023 年分别为 1407 亿元、1414 亿元、1485 亿元、1502 亿元、1633 亿元，年均增长率为 3.79%（见图 1）。① 河南省药品流通市场份额约占全国药品流通市场的 5.57%，截至 2023 年底，全省共有药品批发企业 708 家，零售连锁总部 396 家，零售药店 33869 家（见表 1），其中全省开通"双通道"定点零售药店已达 472 家。② 销售规模在 10 亿元以上的药品流通企业分布如表 2 所示。

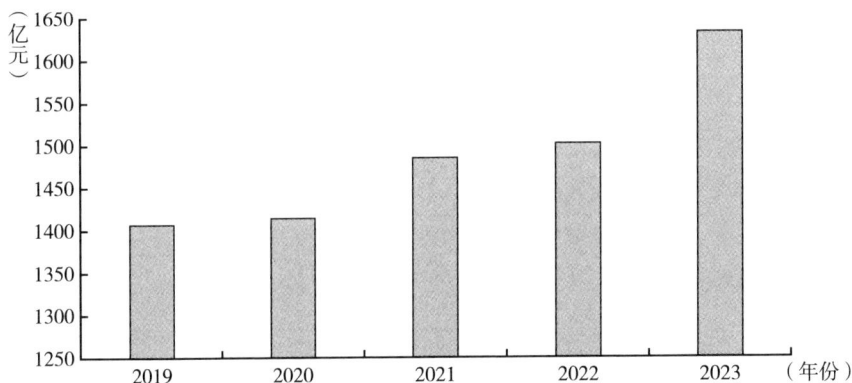

图1　2019~2023 年河南省药品流通销售和增长情况

表1　2019~2023 年河南省药店数量情况

单位：家，%

年份	零售药店总量	连锁药店	单体药店	连锁率
2019	26891	13224	13667	49.18
2020	32352	16547	15805	51.15
2021	30283	15887	14396	52.46
2022	32340	17030	15310	52.66
2023	33869	18203	15666	53.75

资料来源：国家药监局年度统计数据。

---

① 数据来源：商务部《药品流通行业运行统计分析报告》。

② 数据来源：国家药品监督管理局。

表2　2023年河南省药品流通企业销售规模10亿元以上企业分布

单位：家

销售额	企业数量	企业名称
300亿元以上	1	国药控股河南股份有限公司
100亿～300亿元	2	华润河南医药有限公司
		河南海王医药集团有限公司
50亿～100亿元	3	河南九州通医药有限公司
		重庆医药集团河南有限公司
		河南张仲景大药房股份有限公司
10亿～50亿元	11	通用技术河南省医药有限公司
		上药科园信海河南医药有限公司
		商丘市新先锋药业有限公司
		河南东森医药有限公司
		蜀中百川医药(河南)有限公司
		河南德尔康医药科技有限公司
		河南国恒医药有限公司
		河南恩济药业有限公司
		河南省越人医药有限公司
		周口市仁和药业有限公司
		周口市诚信医药有限公司

资料来源：河南省医药质量管理协会。

2. 行业集中度不断提升

近年来，省内药品流通行业的整合趋势加速，领军企业的作用日益凸显，行业集中度逐渐提升。以国药控股河南、华润河南、河南海王医药等为核心，辅以河南九州通、重庆医药河南、通用技术河南省医药、上药科园信海河南医药、蜀中百川医药河南、河南德尔康医药科技等公司的协同配合，共同塑造了河南省药品流通的新格局。

零售连锁企业逐渐形成以河南张仲景大药房股份有限公司为引领，以高济医药（河南）有限公司、河南大参林连锁药店有限公司、老百姓大药房连锁河南有限公司为补充全面发展的新局面。区域性龙头连锁企业积极推进全省布局和跨区域并购，行业整合速度明显加快。

3. 经营业态向现代化、多元化方向发展

药品流通领域现代流通方式快速发展，初步建立了以现代药品流通业态为主导的市场格局。药品流通行业已从单一的批发和零售模式转变为涵盖批发零售一体化、医药物流第三方服务、B2B 电子商务、合同销售组织（CSO）以及专业药房等多元并存的流通体系。行业特征体现出形态的多样性、运营模式的灵活性以及互联网技术的深度融合，这些变革有力地推动了全省医药行业的创新与进步。

（二）主要特点

1. 现代药品第三方物流创新发展

2019 年 12 月 1 日起，新版《药品管理法》正式实施，同年 12 月 12 日，郑州航空港口岸获得批准成为药品进口口岸。然而，随着郑州药品进口口岸的运营，现有的医药物流体系，包括质量控制、配送速度和追溯机制等，已经无法满足日益严格的药品监管标准。为了确保公众用药安全和促进医药产业的高品质发展，亟须构建更为专业和高效的第三方医药物流体系。然而，目前大多数企业仍依赖于传统的物流方式，导致资源整合不足、信息和数据不透明、流通路径真实性存疑，这与全面覆盖所有主体、所有药品种类和整个供应链的监管目标，以及新《药品管理法》中对药品研发、生产、流通和使用全程监管的规定存在显著差距。

2020 年，河南省药品监督管理局推出了针对医药第三方物流的扶持政策，旨在按照"覆盖所有主体、所有药品、所有环节"的监管原则，将物流企业的药品配送活动纳入严密的监督之下，填补了物流配送环节的监管漏洞。通过运用"互联网+"技术增强事中事后监管，确保了更全面、更有效的监管力度，弥补了物流配送环节的监管真空，实现药品从源头、运输到零售环节的全程可监管、信息可追溯，保障药品质量安全，做到追溯可及化、监管全程化、服务标准化。药品第三方物流的引入和普及，显著降低了制药企业和药品经营公司的运营支出。然而，当前省内各药品生产与经营企业的规模和管理水平存在差异，导致物流配送成本水平不一。由专业的第三方医

药物流承担配送任务，将会大幅提高物流配送效率，加快行业高质量发展。比如2020年成立的河南顺丰医药供应链有限公司和2022年成立的河南慧谷医药供应链管理有限公司，其以大数据、区块链为技术支撑，建立健全物流追溯系统的全新业态，这种第三方物流配送方式，将会给河南乃至全国药品流通领域带来重大变革和深远影响。

2. 专业药房点布局带动零售终端新发展

近年来，随着医改的不断深化，加之药占比、两票制和处方流转等政策等的实施，药品制造商纷纷转向院外市场，特别是直接面向患者的DTP药房迅速崛起。随着"医院药房托管"模式的取消，智慧型和专业化药房逐渐成为行业新宠。"双通道"定点零售药店和门诊统筹定点零售药店在确保高价谈判药品顺利到达患者手中的关键环节发挥着重要的作用。截至2023年12月，国家医保谈判药品品种共计346种，据统计，2023年3月1日至11月30日，谈判药品在河南省的总销售额达到67.25亿元，医保基金支付了41.19亿元，平均报销比例约为61.3%，受益的参保人数达到了1764.1万人次。[①] 为了提升重特大疾病如癌症和罕见病患者的药品供应，更多谈判药品将纳入河南省门诊特定药品目录，必将进一步提高药品的可及性，确保患者能够及时获得必要的治疗。

同时，随着终端零售的激烈竞争，以"双通道"定点零售药店等为代表的专业药房异军突起，成为带动零售新发展的一把"利刃"。

（三）河南省药品流通行业存在的问题

1. 行业集中度有待进一步提高

药品流通企业"多、小、散"问题仍然存在，批发、零售年销售额与其他省份还有差距。区域性龙头企业的带动作用不强，跨区域销售能力较弱，尤其是本省地方企业品牌影响力比较弱，规模体量偏小。

---

① 《谈判药品惠及参保群众1764.1万人次 河南集采药品耗材品种数量均居全国前列》，https：//www.henan.gov.cn/2023/12-07/2861477.html。

2. 行业布局不均衡

药品流通企业的分布受行政区划、交通便利度和市场规模的制约，城市地区尤其是郑州、商丘、洛阳、周口等地的企业密度较高，相比之下，偏远农村地区的覆盖率较低。在三门峡、信阳和漯河等区域，药品流通企业的布局较为松散。

3. 现代药品物流发展相对滞后

目前只有部分像国药控股、华润医药、九州通等规模以上药品流通企业建立了现代化药品物流及配送体系，而大部分中小药品流通企业仍主要采用传统的物流配送方式，管理水平、流通效率和物流成本与优势企业存在较大差距。药品物流的标准化、信息化建设亟须提高。

4. 药品流通行业人才缺乏

当前，省内药品流通行业的员工教育水平普遍不高，尤其缺乏具备综合物流知识和药品供应链管理技能的专业人才。此外，执业药师团队的能力亟待增强，以提高整体服务质量。需要采取措施加强人才培养，提升专业素养，包括提供持续教育和技能培训，以应对行业发展对高素质人才的需求。

5. 企业品牌影响力亟待提升

河南省目前尚未出现一批在本地乃至全国范围内具有显著声誉和市场影响力的药品流通企业，这对全省行业全面进步的引领作用不足。为了促进整体发展，需要加快培育或引进领军企业，通过创新和示范效应，提升行业标准，推动药品流通领域的现代化进程。同时，加强本土企业的品牌建设和市场拓展，以形成更强的产业链条，带动上下游企业共同发展。

（四）河南省药品流通市场结构与竞争格局

1. 龙头企业担当全省配送绝对主力

河南省公共资源交易中心统计显示，2022 年度配送公司排名中，排名前 50 名经营企业的配送金额约占整个河南市场的 76.18%。华润河南占据配送金额第一，排名前 10 的经营企业中，国控系占据 4 席，九州通占据 2 席，华润、通用、上药、重药各占 1 席（见表 3）。其中排名前三的华润河南、国药控股河南、上药科园信海河南公司的订货金额占据前 50 名总订货金额的 38.95%。从这个排行也能看出当前国内医药商业的基本版图，基本是国控、华润、上药三巨头，外加九州通以及新崛起的重庆医药。

近年来，大型医药商业企业在河南的并购速度明显加快。2006 年，国药集团进驻河南首先重组九瑞药业；两年后，国药控股河南股份有限公司正式挂牌；2010 年起华润医药在河南收购爱生医药掀开"攻城略地"的大幕。这些举措有力提升了本省药品流通行业集中度。

表3　河南 2022 年医药采购平台网上配送前 10 名经营企业

排名	配送企业名称
1	华润河南医药有限公司
2	国药控股河南股份有限公司
3	上药科园信海河南医药有限公司
4	重庆医药集团河南有限公司
5	通用技术河南省医药有限公司
6	国药控股洛阳有限公司
7	国药控股商丘有限公司
8	国药控股新乡有限公司
9	河南九州通国华医药物流有限公司
10	河南九州通医药有限公司

资料来源：河南省公共资源交易中心。

2. 省会城市和两大城市占全省一半药品交易额

从药品交易额看，"省直医疗机构+郑州+南阳+洛阳"采购药品额占全省的近 50%。从经营企业角度看，前 50 家商业配送公司占据了绝大部分市场份额，而 90% 以上的小型商业企业几乎拿不到厂家的配送及医院的开户资格。但这个数据并不能说明中小型商业企业因此退出市场，相反，多样化的经营方式，在小众领域及"非公领域"发挥很大作用。

表4　2022年河南省医药采购平台各辖市网上交易情况

单位：亿元，%

排序	地区	采购金额	配送金额	入库金额	采购金额占比
1	驻郑省直医疗机构	144.75	134.82	134.43	24
2	郑州市	59.72	59.07	58.70	10
3	南阳市	53.79	50.96	50.25	9
4	洛阳市	36.79	35.37	35.15	6
5	新乡市	31.23	30.20	28.93	5
6	商丘市	29.69	29.05	28.87	5
7	信阳市	27.52	27.08	26.75	5
8	驻马店市	26.99	25.86	25.40	5
9	周口市	28.59	25.93	23.89	5
10	安阳市	24.50	23.30	22.68	4
11	平顶山市	22.32	20.83	20.56	4
12	开封市	21.42	20.23	20.08	4
13	焦作市	16.69	16.53	16.49	3
14	濮阳市	20.15	16.59	15.99	3
15	许昌市	16.01	15.20	15.03	3
16	三门峡市	10.85	10.47	10.17	2
17	漯河市	11.34	10.39	9.97	2
18	鹤壁市	6.55	6.10	6.03	1
19	济源市	3.12	3.09	3.07	1
	合计	592.02	561.07	552.44	100

资料来源：河南省公共资源交易中心。

3.基层终端市场成为市场竞争的焦点

随着农村基层人民群众对健康需求的不断提高，基层诊所、药店成为一些县域商业和具有特殊销售渠道的商业公司争夺的份额。随着河南省对药品流通企业审批的逐渐放开，近三年来，河南的药品批发企业几乎增加了一半。

（五）行业发展面临的新形势

"十四五"时期是"两个一百年"奋斗目标的历史交汇点，是实现河南省药品流通行业转型升级和高质量发展的关键时期。同时，随着供给侧改革的全面深入和"互联网+"行动计划的加速实施、产业融合的不断深入，药品流通行业发展面临新的机遇和挑战。

1. 市场需求持续增长

随着河南省城市化水平不断提升、居民收入稳步增长、人口老龄化加速、"三孩"政策全面放开、居民健康意识不断提高等，人民群众对医疗卫生服务和生命健康的需求将大幅增加。河南省药品、保健品和健康服务的市场规模将逐年增加，消费构成也将发生重大变化，药品流通行业转方式、调结构、稳增长将迎来黄金时期。加之药品集采和国家药品谈判的全面落地实施，一些重特大疾病用药市场需求量不断增长。

2. 行业发展环境进一步优化

随着市场准入制度不断规范，药品流通管理体制将日趋完善，推动药品流通企业从粗放型向集约化发展。"医疗、医保、医药"三医联动的综合改革将逐步破除传统的"以药补医"体制，集中采购全面推广，药品流通行业发展环境将进一步优化，市场发展空间进一步拓展。

3. 药品流通企业亟须转型升级

从内在发展需求出发，药品流通行业亟须快速融入创新的流通模式，以适应不断深化的医疗卫生体制改革，并满足民众日益增长且多元的健康服务期望。而从外部环境的视角，诸如"两票制""医药分开"等政策的推行，以及"互联网+医药"等新兴业态的兴起，正对行业的变革施加新的压力，但也孕育着转型升级的机遇。这些将促使企业不断创新，以符合政策导向并抓住数字化时代的市场脉搏。

四 河南省药品流通行业未来发展建议

药品流通作为药品生产与使用之间的桥梁，在推动医药产业高质量发展中扮演着基础性、前瞻性和战略性的角色。面对构建新发展格局的挑战，河南省应当积极把握这一历史机遇，主动拥抱变革。为此，要在国家相关政策和商务部《关于"十四五"时期促进药品流通行业高质量发展的指导意见》指导下，围绕药品流通高质量发展的核心主题，加快科技赋能，创新引领，优化流通网络布局，强化市场机制，促进药品、物流、数字化、金融和信用体系的深度融合与协同发展，打造一个全面、高效、创新且协调的现代药品流通体系，为服务医疗卫生事业和满足人民健康需要发挥重要的保障和支撑作用。

（一）加强行业布局规划，完善药品供应网络

科学规划全省药品流通行业发展的总体布局。以郑州为中心发展区域，带动骨干市县的发展，大力提升行业集中度和企业规模，促进河南药品流通资源的全面有效整合，做到网络布局与区域发展相适应、药品供应能力与药品需求相匹配，同时提高药品应急保障能力，培育打造河南省药品流通优势企业品牌。完善药品供应网络，运用先进的科技手段革新传统的药品物流模式，打造以标准化、数字化、智能化和社会化为特点的先进物流网络。这包括构建一系列覆盖全省的医药物流集散地，打造若干个区域性药品流通核心节点，以及发展现代化的医药物流园区。同时完善药品安全长效监管机制，加强对药品销售全过程的监督。

（二）服务下沉基层农村，解决"最后一公里"配送

支持省内药品流通企业下沉至社区、农村基层，增设零售药店并提高已有药店能力，设置 24 小时无人药店，发挥中小药品流通企业的基层渠道供应配送优势，提升基本药物的可及性，特别是在偏远和农村地区，保证这些地方的居民也能稳定及时用药并享有专业的药学服务。

（三）探索分级分类管理，提高零售药店集中度

为改变当前河南省零售药店"散、小、差"的市场乱象，药店分类分级管理政策已经是大势所趋。特别是以"双通道"定点零售药店、门诊统筹定点零售药店为代表的专业药房异军突起，对患者管理、学术管理、商务管理

等提出了新的要求，因此在零售终端进行分级分类管理意义重大。要积极促进全省药品销售的连锁化和多样化，坚持以安全、效能和便利为核心，强化药品零售市场的规范化管理，建立一个适应民众用药需求的零售网络。

（四）跨界融合业态创新，探索数字化营销模式

提高药品流通领域电子商务水平，打造优秀的药品网上营销平台，创新医药营销模式和监管模式，结合国家出台的有关互联网售药规定，打造自动化、智能化、无人化的药品流通新模式。

（五）建立人才培养机制，提升专业化服务能力

积极推动全省药品流通领域实用型人才的培养与发展，全面提升行业队伍的综合素质和企业管理效能。鼓励借助行业协会、高等教育机构等平台，大力开展专业化培训，以提升整个行业从业者的服务技能和素养。

（六）拓展海外药品市场，增强外贸发展后劲

依托"一带一路"倡议，激励全省药品流通企业勇于拓展国际视野，不断拓宽对外经济贸易合作的伙伴网络。同时，提倡利用自由贸易区、综合保税区等创新平台，努力建设外贸转型和升级的示范区。相关部门应加强沟通协调，破解外贸发展难题，着力加大最优外贸支持力度，增强河南省药品流通行业外贸发展后劲。

（七）强化中药材流通追溯，做大做强中药材专业市场

加强中药材流通追溯与管理系统建设，推广物联网、二维码技术和无线射频识别在供应链各个环节的应用，以强化源头与终端追溯系统的融合及信息的无缝交流，扩大追溯系统的覆盖范围。充分发挥禹州市块状经济聚群效应作用，进一步加强"禹州中医药交易会"平台建设，注重规范化、规模化、集约化发展，强化中药材集散功能，鼓励药品流通企业积极参展，促进河南省中药材和中药饮片高质量发展。支持禹州市中药材专业市场的信息化

建设，推进中药材来源追踪的试点项目，以此推动禹州中药材市场的高效、安全运营，有效提升禹州中药材市场的品牌形象。

（八）发挥行业协会作用，推动信用体系建设

强化河南省医药行业相关协会联系政府、服务企业的功能，加强对协会工作的指导和支持，重视其在行业标准制定、数据统计、市场研究、规划制定、教育培训、自我监管等方面的作用。数据统计是医药经济管理的基础工作，是实行医药经济宏观调控的基本依据。要引导企业及时、规范填报信息，为政府部门了解全省药品流通行业运行和发展情况，制定调控和行业发展政策提供可靠依据。

（九）加大政策扶持力度

对于中西部地区而言，增强内部连通性，以更有效地吸引和适应国内外产业迁移，同时充分利用河南的地理优势和自然资源条件，拓宽招商领域，创新招商方式，协调有关部门从财政、土地、金融、专项资金等方面研究制定鼓励性政策措施，加大对药品流通行业发展的政策支持力度。大力支持举办医药会展，充分发挥会展经济乘数辐射效应，提升会展业整体水平和国际影响力。利用国际化和国家级平台开展高层次经贸对接活动，推动河南省药品流通水平再上新台阶。

B.20
2023年福建省药品流通市场分析报告

林晓青*

摘　要： 本文介绍了2023年福建省药品流通市场的概况，从药品品类、销售规模、流通企业数量等维度展示了福建省药品流通市场的运行情况，并从行业集中度、转型升级、零售连锁与专业药房、医药物流、医药电商、中医药等方面分析了福建省药品流通市场发展的主要特点。剖析了福建省在城乡供应网络建设、核心多元营销拓展、零售药店数字化、物流体系现代化建设等方面的发展趋势和前景展望。

关键词： 药品流通市场　医药物流　电子商务

2023年是全面贯彻落实党的二十大精神的开局之年，是实施"十四五"规划承上启下的关键一年。随着国家和省级对医疗卫生体制改革的纵向推进、多项医药行业政策的先后出台、"三医"（医疗、医保、医药）协同发展和治理的持续深化，创新模式和数字化转型加快，福建省药品流通市场迎来新的发展机遇，同时也伴随着一系列的挑战。

一　福建省基本情况[①]

（一）地区生产总值

2023年，福建省实现地区生产总值54355.10亿元，比上年增长4.5%。

---

* 林晓青，国药控股福建有限公司运营总监，主管药师。

① 数据来源：福建省统计局。

其中，第一产业增加值 3217.66 亿元，增长 4.2%；第二产业增加值 23966.43 亿元，增长 3.7%；第三产业增加值 27171.01 亿元，增长 5.2%。

（二）常住人口

2023 年末福建省常住人口 4183 万人。其中，城镇常住人口 2972 万人，占总人口比重（常住人口城镇化率）为 71.04%，比上年末提高 0.93 个百分点。

（三）居民社会保障

2023 年末福建省参加城镇职工基本养老保险人数 1788.90 万人，比上年末增加 114.51 万人。企业参加基本养老保险离退休人员为 191.03 万人，全部实现养老金按时足额发放。参加基本医疗保险人数 3833.46 万人。

（四）卫生健康

2023 年末福建省共有各级各类医疗卫生机构 3.0 万个，其中，医院 732 个、卫生院 877 个、村卫生室 1.6 万个。年末共有卫生技术人员 32.6 万人，其中，执业（助理）医师 12.3 万人、注册护士 14.5 万人。年末共有医疗机构床位 24.2 万张，其中医院 19.3 万张、基层医疗卫生机构 4.0 万张。

二 福建省药品流通市场概况①

2023 年，福建省药品流通行业规模稳中有升，达到 562.53 亿元，同比增长 5.09%。按品类来看，西药类、中药材类销售规模有一定增长；按流通渠道来看，零售终端和居民零售销售规模有显著提高；流通企业数量及规模较 2022 年相对稳定；从业人员中专业技术人员占比有所提升。

---

① 数据来源：商务部药品流通管理系统。

（一）药品品类销售规模

按照七大类医药商品划分，2023年福建省西药类销售410.09亿元，占总规模的72.90%；中成药类销售规模63.87亿元，占11.35%；医疗器材类销售60.10亿元，占10.69%；中药材类销售16.92亿元，占3.01%；其他类销售7.56亿元，占1.34%；化学试剂类销售3.96亿元，占0.71%；玻璃仪器类销售0.03亿元，占比不足0.01%。其中，西药类规模最大，占主导地位（见表1、图1）。

表1　2022~2023年福建省药品流通市场品类销售

单位：亿元，%

销售品类	2022年	2023年	同比
西药类	384.98	410.09	6.52
中成药类	61.72	63.87	3.49
医疗器材类	58.13	60.10	3.39
中药材类	15.08	16.92	12.17
其他类	10.41	7.56	−27.42
化学试剂类	4.96	3.96	−20.16
玻璃仪器类	0.02	0.03	8.03

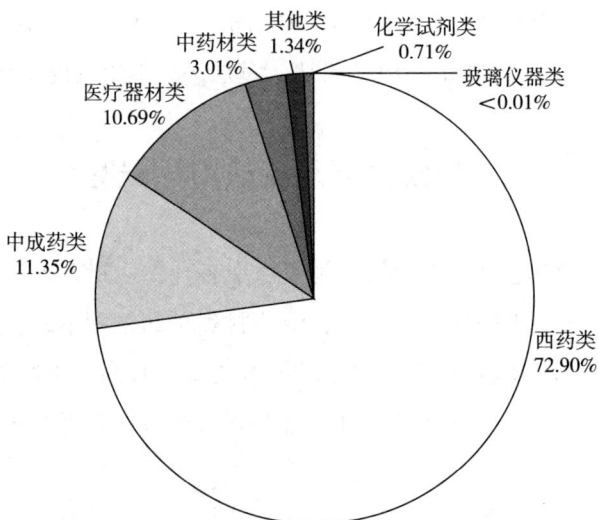

图1　2023年福建省药品流通市场销售品类结构

（二）药品流通渠道结构

按药品流通渠道结构划分，2023 年对终端销售 490.37 亿元，占总规模的 87.17%，同比增长 5.55%，其中对医疗机构销售 397.22 亿元，对零售终端和居民零售销售 93.15 亿元；对批发销售 68.73 亿元，占总规模的 12.22%，同比增长 3.06%；对生产企业销售 3.28 亿元，占总规模的 0.58%，同比下降 15.60%；直接出口销售 0.15 亿元，占总规模的 0.03%，同比下降 6.82%。可见，对医疗机构销售规模最大，占总销售规模的 70.61%（见表 2）。

表 2　2022~2023 年福建省药品流通市场销售渠道销售

单位：亿元，%

销售渠道	2022 年	2023 年	同比
对终端销售	464.57	490.37	5.55
其中：对医疗机构销售	385.86	397.22	2.94
对零售终端和居民零售销售	78.71	93.15	18.35
对批发销售	66.69	68.73	3.06
对生产企业销售	3.89	3.28	-15.60
直接出口销售	0.16	0.15	-6.82
合计	535.31	562.53	5.08

（三）药品流通企业数量①

根据国家药品监督管理局统计，截至 2023 年底，福建省共有药品批发企业 256 家，药品零售连锁企业 121 家，零售连锁门店 5496 家，零售单体药店 7450 家，共计 13323 家，零售连锁率为 41.25%。

与 2022 年底相比，药品批发企业数量增加 7 家，零售连锁企业数量减

---

① 数据来源：国家药品监督管理局，药品监督管理统计年度数据。

少 7 家，零售连锁门店增加 197 家，同比增长 3.72%；零售单体药店数量增加 536 家，同比增长 7.75%。零售连锁率下降 0.94 个百分点（见图 2）。

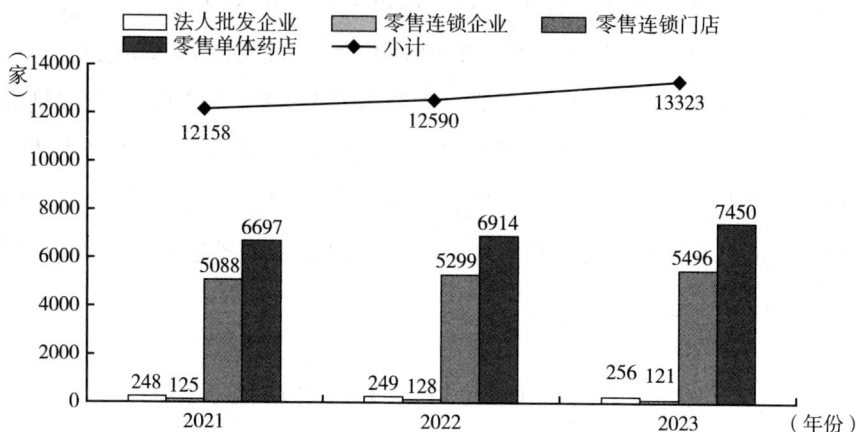

图 2　2021~2023 年福建省药品流通企业数量

（四）药品流通企业规模

2023 年福建省药品流通直报企业有 42 家。其中，企业主营业务收入超过 100 亿元的有两家，分别为鹭燕医药股份有限公司和国药控股福建有限公司；主营业务收入在 10 亿~50 亿元的企业（含子公司）有 10 家（见表 3 和表 4）。

表 3　2022~2023 年福建省药品流通直报批发企业主营业务收入前 5 位

序号	2022 年	2023 年
1	鹭燕医药股份有限公司	鹭燕医药股份有限公司
2	国药控股福建有限公司	国药控股福建有限公司
3	福建同春药业股份有限公司	福建同春药业股份有限公司
4	厦门片仔癀宏仁医药有限公司	厦门片仔癀宏仁医药有限公司
5	福建省医药集团有限责任公司	福建省医药集团有限责任公司

注：子公司不参与排序。

表4 2022～2023 年福建省药品流通直报零售企业销售额前 4 位

序号	2022 年	2023 年
1	福建国大药房连锁有限公司	福建国大药房连锁有限公司
2	北京同仁堂福建药业连锁有限公司	北京同仁堂福建药业连锁有限公司
3	厦门九鼎药房有限公司	厦门九鼎药房有限公司
4	福州回春医药连锁有限公司	福州回春医药连锁有限公司

（五）药品流通人才资源

福建省药品流通人才队伍不断完善。从 2023 年福建省药品流通直报典型企业从业人员学历层次分布来看，大专学历人员最多，占比为 38.86%；其次是大学本科学历，占比 27.37%；研究生及以上学历占比 1.02%。2023年药学技术人员为 3679 人，其中有执业药师资格人员 1130 人，同比增长6.31%（见表5）。

表5 2022～2023 年福建省药品流通直报典型企业从业人员情况

单位：人

从业人员情况	2022 年	2023 年
从业人员总数	13814	14079
其中:研究生及以上学历	125	143
大学本科学历	3607	3853
大专学历	5233	5471
药学技术人员	3112	3679
其中:执业药师资格人员	1063	1130

三 福建省药品流通市场发展现状

国务院办公厅于 2015 年发布的《关于完善公立医院药品集中采购工作的指导意见》中，明确规定了药品货款支付的规范，福建省作为我国首批综合医改试点省份，积极响应并实施了这一政策。在全国率先探索并实施了医保统一结算药品货款制度，2017年成立了医疗保障监测和电子结算中心，将医保定点公立医疗机构通过省级平台采购的药品及医用耗材集中带量采购中选品种货款纳入统一结算。药械货款统一结算机制的持续推进，激发了药品流通企业发展活力，培育了鹭燕医药、国药控股等区域龙头企业，推动药品流通行业从速度规模型转向质量效益型，规范化、集中化的程度逐步提高。

在"十四五"规划指导下，药品流通市场网络布局进一步优化，药品流通服务能力不断提升，进而促进药品流通行业高质量发展。同时，在政策影响下，行业市场规模、竞争格局、发展模式迎来变革，对药品流通企业提出了更高的要求，行业竞争压力进一步加大。福建省作为国内医改的先锋省份，在药品流通行业展现出以下几个特点。

（一）行业集中度不断提高

在国家政策的指引以及市场经济优胜劣汰的筛选下，福建省药品流通领域竞争压力进一步加大，从而加剧了行业内各企业间的角逐。具备核心竞争力、实力雄厚、能够紧跟行业发展趋势、持续进行商业模式创新和市场拓展的企业，成为福建省药品流通行业的主导力量，引领整个行业朝着更高质量、更高效率的方向发展。一些管理先进、创新能力强的区域商业企业凭借自身优势，在市场中的份额和影响力不断扩大。而那些未能适应市场变化、无法提升自身竞争力的企业，或者规模较小、管理较为落后的企业则面临生存和发展的严峻挑战，可能逐渐被边缘化，甚至被市场淘汰。具有规模优势的区域龙头企业通过资源整合，凭借网络、品种以及资金优势逐步走向规模化和专业化，成为区域内的核心药品配送企业，从而促进行业集中度进一步提升。

（二）加快转型升级，探索"配送+服务"融合发展常态

随着药品集采常态化、制度化和覆盖面持续扩大，人民群众对药品配送企业的服务需求也在日益提升，药品流通行业需加快转型升级的步伐。在这

一大环境下，福建省的药品流通企业开始积极探索多板块、多业态的营销服务融合发展，这已成为行业发展的常态。

近年来，药品流通企业正在从配送商向服务提供商转型。为了适应这一常态，福建省药品流通企业密切关注政策变化和行业发展情况，围绕核心主业，探索建设专业化服务团队，创新服务模式：上连供应商，通过营销项目立项和搭建专业学术平台等方式加强双方的合作关系；下接客户，在原有存量的基础上，进一步提供专业的药学知识增值服务。不但提升了流通企业的专业化能力，还增强了与核心客户的合作黏性，进一步提高了药品流通企业服务能力，凸显了服务价值。

（三）"互联网+医药"政策助力，零售连锁与专业药房迎来发展新机遇

从政策层面来看，近年来"互联网+医药"相关政策密集出台，为医药零售注入了新的活力。同时，随着医保"双通道"政策的实施以及定点零售药店纳入门诊统筹管理的提速，药品零售业迎来了前所未有的发展机遇，积极拥抱数字化转型，提升服务质量和效率，以满足患者日益增长的医疗需求。

福建省医保局针对零售药房的主要政策包括"双通道"和"门诊统筹"。"双通道"政策通过定点医疗机构和零售药店双渠道保障国家医保谈判药品的供应，并将其纳入医保支付范围；"门诊统筹"政策将定点药房纳入管理，参保人员在购药时能享受到与开具电子处方医疗机构的同等待遇，从而提升药品的可及性。这些政策共同致力于优化药品供应，以减轻患者的经济负担。

一方面，随着消费者对药品和服务的需求日益增长，药店之间争夺客源和市场份额日益加剧；另一方面，国家出台了一系列政策文件鼓励零售药店提高连锁率，促进了连锁药店的快速扩张，其中最直观的表现之一就是连锁药店数量的快速增加。除了在市场份额上的竞争外，随着互联网的发展，零售药店也在不断转型升级，进入全域融合的新零售时代。头部连锁药店纷纷

发力全渠道布局，加快布局电商渠道，从而提升线上渠道市场占有率，促进线上业务销售额的快速增长，其专业化的药品服务、健康管理咨询等也得到了进一步的提升和优化，更好地满足了广大患者的需求，推动了整个零售行业的进步。

还有更为专业化的 DTP 专业药房。从 DTP 专业药房的发展来看，医保药品"双通道"和定点零售药店纳入门诊统筹管理政策的实施，为患者提供了更多的药品购买渠道，为 DTP 专业药房带来了新的发展机遇，为 DTP 药房的发展注入了新的动力。福建省的医保相关政策推动了 DTP 药房的发展，提升了 DTP 药房的服务水平和市场竞争力，使其成为医疗服务体系中不可或缺的一部分。

福建省的 DTP 药房在激烈的市场竞争中不断提升自身的专业能力和服务水平，不仅提供药品销售服务，还结合上下游供应链和网络优势，建立了全方位的新型销售渠道，更好地满足患者的多样化需求。同时，DTP 药房还通过持续创新，与医疗端紧密连接，为患者提供了一系列全病程药事管理服务，包括健康资讯、药品供应、药师咨询、互联网诊疗信息、输注预约、医保统筹以及商保支付等。这种全方位、一站式的服务，不仅提升了患者的就医体验，还进一步巩固了 DTP 药房在市场中的地位。从网络布局的角度来看，在福建省医保政策的推动下，DTP 药房已开始向更广泛的基层地区延伸，不仅满足了县域患者对于便捷、专业医疗服务的需求，还进一步提升了 DTP 药房的市场份额，扩大了其在行业的影响力。

（四）现代医药物流发展助力企业提效升级

发展医药物流，有利于提升药品流通效率和现代化水平。福建省的医药物流正在加快构建多层次医药供应链体系，产业结构持续优化，进一步提升药品供应保障服务能力、流通效率和质量安全，尤其是医药冷链物流市场，在药品流通领域的重要性日益凸显。大数据、人工智能等技术的应用与创新也推动了医药物流的进一步发展。

1. 区域物流网络建设加速物流资源整合

随着医改政策的不断深入推进，以及医药物流行业的快速发展，医药物流运作方式从传统的批发模式向供应链管理模式转变，物流管理从传统的作业管理层面上升到企业战略管理高度。因此，物流网络搭建成为保障企业资源有效整合、形成规模优势的根本。

在这样的背景下，福建的医药物流市场逐步形成了"统一规划、统一管理、统一运营"的集团化管理模式。通过"省中心仓+中转站"的层级式网络建设，联合多个分仓中转配送，优化省内网络布局，打破传统的"各地市仓储独立运作、各自为政"的模式，为企业带来了整体成本的下降和服务能力的提升。

具备药品委托储存配送服务条件的集团企业通过整合集团内企业的仓储和运输资源，利用其控股分（子）公司的仓库作为异地仓库，将集团在全省各地设立的分（子）公司仓库通过信息系统实现统一管理，开展多仓协作，共同为委托方提供药品储存、配送服务，实现了全省范围的供应链联通，促进物流一体化管理。区域网络建设最终实现全省一张网，以最短时间、最短距离、最少费用完成最后一公里配送，实现"点强、网通、物畅其流"的局面。

2. 第三方医药物流运营模式有序推进

面对医改政策的不断深入推进和行业竞争的加剧，通过不断转型升级、开辟新赛道、探索新模式成为提升竞争力的关键。在政策、经济、社会、技术等多方面因素的多重影响下，福建省药品流通第三方物流市场得到了快速发展。2019年，福建省药监局出台相关政策加强对医药第三方物流的监管工作，强调了第三方物流的重要性。此外，福建省经济的稳步增长、市场需求的增加、人口的增长和老龄化程度的加深，以及物流基础设施的建设，都为医药第三方物流行业的进步和现代化发展提供了良好的环境。此外，异地库开展第三方存储与配送，在整合体系内资源的同时，还促进了体系外三方业务开展。多业态一体化运营、个性化服务将助力企业高质量发展，同时也将实现物流从延伸服务向供应链核心服务转变。

（五）医药电商新机遇：B2B、B2C 与 O2O 模式齐头并进

2023 年，福建医药电商迎来了全新的发展机遇。从福建省内电商模式来看，可分为以下几类。

首先是 B2B 电商模式。由于福建省内终端市场如药店、诊所等分布广泛，且地区人口密度相对较低，规模效应难以实现，同时物流成本和营销成本也难以分摊，传统模式下的药企和批发商因此缺乏足够的开拓动力。单体药店、中小连锁以及第三终端遭遇包括药品品规数量有限、价格不透明、起送价格偏高以及配送不及时等问题。资金和库存周转的压力让这些终端不敢大批量订单或囤货，导致供求双方难以协调。而借助一体化的数字工具，B2B 电商平台实现了终端客户与平台的无缝对接，产品信息和价格可以实时同步。通过搜索和筛选功能，终端客户可以根据采购需求（如品种、规格、厂家等）进行精准筛选，快速找到所需药品，并在线比较价格，大大提高了线上用户的活跃度和产品的动销率，也培养了用户高频次的线上购买习惯。B2B 电商实现了药品的全品类覆盖，通过分拆小额订单、打包和发货，实现了高效的产品周转，并提升了服务城市和基层终端（包括区县乃至村镇）的交付效率。B2B 电商以基层市场终端为突破口，通过提供差异化的服务，为药品流通市场注入了新的活力。

其次是 B2C 和 O2O 电商模式。阿里健康、京东健康、拼多多等是医药 B2C 领域的主要参与者，而美团和饿了么在医药 O2O 领域占据领先地位。此外，随着短视频平台的飞速发展，抖音、快手等也开始涉足医药市场。值得一提的是，零售市场已经开始布局提供 24 小时实时药师服务的无人智慧药柜，帮助药店开拓"夜间购药"的新场景，满足群众 24 小时用药需求。

（六）中医药领域呈发展态势，代煎中心推动销售与服务升级

福建多丘陵山地，海域广阔，独特的气候、地理条件和复杂多样的生态类型，孕育了丰富的中药资源，是中药材资源大省。在国家大力推广中医药

文化及产业的政策导向下，福建省药品流通企业积极响应，进一步重视中药产品的销售。这不仅加强了对中药产品的采购与销售，更在服务上做足功夫。为了满足消费者对中药的便捷使用需求，福建省的药品流通企业纷纷建设代煎中心，提供中药代煎服务，不仅提升了消费者对中药的接受度，还拉动了中药的销售量，进而促进了中药的普及使用。

四　福建药品流通市场发展趋势和前景展望

（一）完善城乡供应网络，药品流通迎来新机遇

当前，随着多项政策的出台，农村和基层卫生工作成为国家和社会重点关注的领域。这一趋势预示着未来国家将持续推动医疗卫生资源的重心下移和资源下沉，健全乡村医疗卫生体系将成为重中之重。

在此背景下，药品流通行业正迎来前所未有的发展机遇。行业不仅在完善城乡供应网络和提供专业药事服务方面发挥基础性作用，而且在促进医药供应链的高效循环、构建便民生活服务圈以及推动乡村医疗卫生体系健康发展等方面扮演着举足轻重的角色。

值得一提的是，福建省作为改革创新的前沿阵地，已经采取了一系列具体措施：在全国率先探索医保统一结算药品货款制度；建立"一厂一区一配送"药品供应保障机制，不仅优化了药品流通环节，还大大提高了药品供应的效率和安全性。随着福建省持续加强对药品流通企业履约考核和信用评价，行业将不断提质增效，企业的信用责任将得到进一步强化。这将促使药品流通企业以更加规范、安全、高效的服务能力，确保药品能够及时、准确地送达医疗机构。

福建省县、乡、村三级医药物流配送体系的不断完善，特别是着力打通基层药品供应与服务的"最后一公里"，不仅将配送网络延伸至最基层的医疗机构，未来基层民众还将享受到更加便捷、高质量的医疗服务。

（二）核心多元拓展营销，持续向服务提供商转型

随着医药行业的持续进步与发展，药品流通企业逐渐从配送商向健康服务提供商转型。在转型的过程中，建设营销团队是其中的关键一环。通过打造专业化的营销团队，药品流通企业将进一步深入市场，精准捕捉客户需求，分享医药行业的前沿知识、解读政策动态，帮助客户更好地理解和应用医药产品，为客户提供更加专业的药学服务。不仅能增强客户对企业的信任度和依赖感，也可以帮助药品流通企业提升业绩。

从配送商向服务提供商的转型，是福建省药品流通企业的发展趋势。福建省药品流通企业将不再仅仅局限于药品的配送，而是将围绕核心业务多元拓展新的领域，如药学服务、推广服务、售后服务等，逐步形成一条完整的医药服务产业链。随着行业转型创新的加速，福建省的药品流通企业将迎来更加广阔的发展空间，创造更大的价值。

（三）政策助力，零售药店数字化、专业化发展提速

随着"双通道"和"门诊统筹"等政策的深入实施，零售药店正站在一个新的历史起点，迎来前所未有的机遇与挑战。在政策驱动下，零售药店正在加速布局，积极解锁零售领域的新格局，以期在激烈的市场竞争中占据有利地位。但随着医药零售市场规模的迅速扩张、整体运营成本的不断提升以及消费者多样化需求的日益增加，企业须积极寻求新的发展路径，为患者提供专业化的药学服务成为福建省零售药店提升竞争力的关键。同时，随着互联网信息技术的发展，数字化转型将成为零售药店发展的重要方向。

此外，医保药品可及性的提高，将为患者提供更加便利和安全的购药渠道，减轻他们的经济负担。同时，这也为院外零售市场带来发展机会，未来零售药店将不断提升自身实力，为患者提供更加优质、便捷的服务，迎来更加广阔的市场空间。

（四）医药物流体系现代化建设，促进企业高质量发展

随着企业信息化水平的提升、第三方信息服务平台的发展，人工智能、5G 等技术广泛应用。福建省药品流通企业借助"互联网+"的新模式进行专业化转型，加大对现代化物流自动化建设及第三方物流业务的投入，建立现代化药品物流中心，逐步辐射全省。物流体系的现代化建设将上下游医药企业联系在一起，实现信息的互联互通，建立物流追溯机制，强化药品的全流程质量安全管理，进而加快仓储流转的效率效能，提升医药供应链协同能力，为人民的健康事业贡献力量。

国 际 篇

B.21
成熟市场创新医疗产品商业化模式探究

程俊佩*

摘　要： 药品的平均上市成本已达到 20 亿美元，在美国所有新上市药品中，却有超过 1/3（36%）未能满足预期。多年来，传统观念认为新药上市的总体成功取决于批准后六个月的市场表现。然而，随着越来越多的药物上市，包括 28 种非罕见非肿瘤产品中的 24 种其销售情况低于华尔街的预期。生物制药企业上市新产品面临的挑战包括新的治疗方式、生物标志物的使用增加、药物可及性下降、数字化、更知情的患者、股东期望的提高以及在全球范围内推出的必要性。除此之外，更复杂的分销模式、新的产品类型和支付云日益增长的影响力增加了产品上市的复杂性。采用何种商业化的创新模式，以适应不断发展的医疗保健环境，并确保合适的患者以合适的费用获得合适的药物，是行业普遍关注的问题。本文梳理了咨询机构和产业专家对成熟市场医疗产品商业化模式的大量研究成果，并在此基础上抽丝剥茧，以期为国内企业提供学习借鉴。

---

* 程俊佩，中国医药商业协会创新药物流通分会执行秘书长，国耀圣康医药科技有限公司总裁。

关键词： 　创新医疗产品　商业化模式　成熟市场

一　持续走低的创新药投资回报

一般来说，药物商业化需要经历五个基本步骤。

第一步：监管部门批准。药物商业化的第一步是获得 CFDA（中国）、FDA（美国）或 EMA（欧洲）等机构的监管批准。这涉及提交临床试验数据以证明药物的安全性和有效性。监管机构则审查数据并决定是否批准该药物上市。

第二步：生产工艺设计。一旦获得监管部门的批准，药品生产商必须获得生产和销售药品的许可证。生产商还必须开发符合严格质量控制标准的生产工艺，以确保每种药物剂量一致且对患者来说是安全的。

第三步：营销策略制定。药品生产商必须制定营销策略来推广该药物并将其提供给医疗保健提供者和患者，这可能涉及广告活动、销售代表以及与医疗机构的合作。营销策略还应考虑目标患者群体、定价和分销渠道。

第四步：正式上市。一旦生产工艺到位并确定营销策略，药物就可以上市。这涉及通过医院、药房和其他医疗保健提供者为患者提供药物。

第五步：上市后监测。药物上市后，持续监测对于发现任何潜在的新安全问题或不良反应至关重要。药品生产商必须将任何不良事件上报监管机构，持续监测可以保证患者接受安全有效的治疗。

以往，制药企业在研发方面拥有大量潜在的管线，他们可以依靠源源不断的新产品。有些是颠覆性的创新产品，市场准入确定性提高。现今情况并非如此，管线更单薄，重磅产品更少。此外，面对医疗费用的爆炸式增长和收缩的预算，大多数欧洲国家的国家支付方和美国的许多私人保险公司越来越不愿意为现有产品所服务类别的边际创新买单。更常见的是，创新市场准入伴随着更高的报销限制。

在这种不确定的环境中，生产商越来越关注其上市产品的上市策略。通常，负责产品上市的经理会使用峰值销售的估计来确定投资水平、资源分配和生产计划。然而，该行业在预测产品性能方面的记录不尽如人意。波士顿咨询（BCG）跟踪了 1994~1997 年推出的一组产品销售发展，发现公司对上市时销售峰值的估计并不准确。事实上，估计峰值销售额和实际峰值销售额之间的相关性接近于零。此外，BCG 分析了 EvaluatePharma 的数据，发现2001~2005 年推出的新治疗药物的峰值销售额平均每年 9.5 亿美元；然而，这个数字在这之后十年的后半期下降到 5.7 亿美元。具体到 2008 年推出的药物，只有 33%的药物预计年销售额将超过 10 亿美元。①

德勤的健康解决方案中心从 2010 年开始"衡量药物创新的回报"这项研究，旨在对生物制药企业的研发状况有更深的洞见。2010~2022 年，此研究跟踪了 12 家领先生物制药公司后期管线中预期的投资回报。在过去的八年里，此研究增加了四家更专业的生物制药公司的业绩（由于这四家公司中的一家与原公司合并，2020 年减少到三家）。此外，内部收益率的同比下降表明这两个群体的业绩正在趋同，从 2020 年开始，德勤扩大了分析范围，对研发支出排名前 20 的公司开展研究，从而更全面地反映行业的整体业绩（见图 1

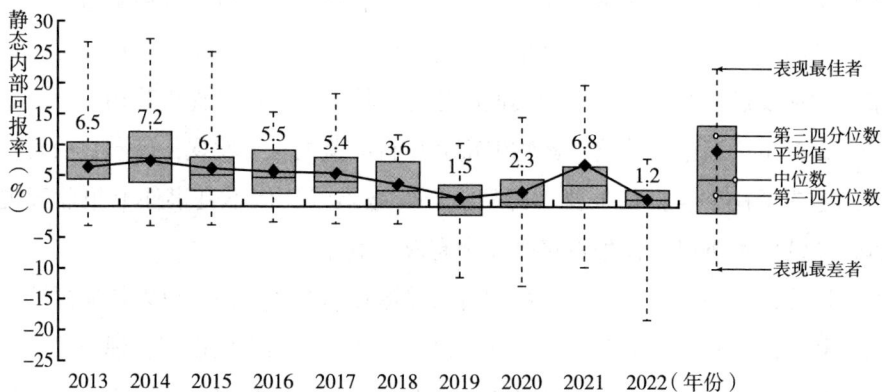

图 1 2013~2022 年后期管线回报率

资料来源：德勤。

---

① "How to Plan a Successful Biopharma Product Rollout", https://www.bcg.com/publications/2012/biopharmaceuticals-go-to-market-strategy-art-of-launch-how-plan-successful-biopharma-product-rollout.

至图3)。根据德勤的分析结果，2022年分析的公司中只有一家预测峰值销售额超过10亿美元。与2021年相比，只有五家公司的预测峰值销售额有所提高。2022年，合并队列的每条管线产品的平均预测峰值销售额从2021年的5亿美元降至2022年的3.89亿美元。然而，2022年的销售额几乎与2020年的预测峰值相同。①

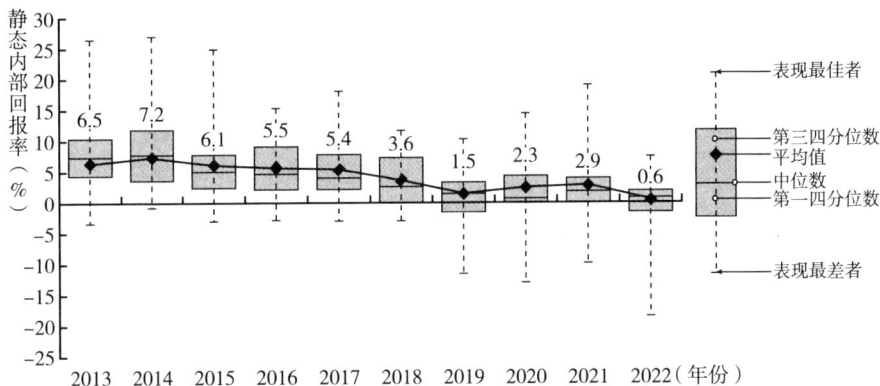

图2　2013~2022年后期管线回报率（不含紧急使用许可产品）

资料来源：德勤。

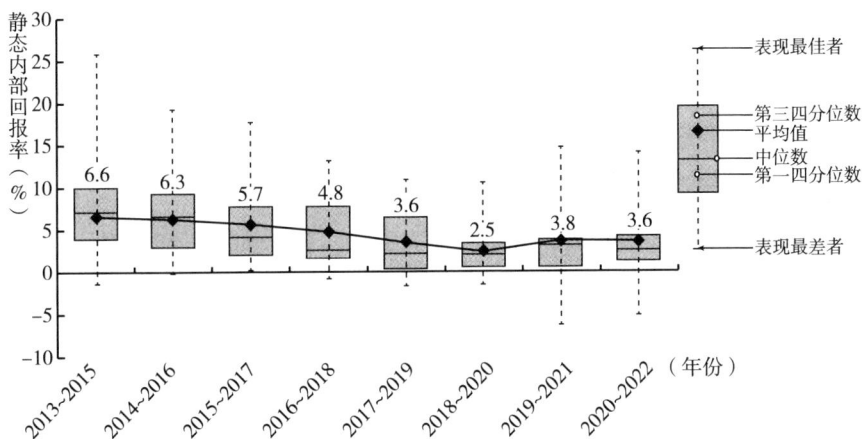

图3　三年滚动内部投资回报率

资料来源：德勤。

---

① Deloitte Analysis, "Seize the Digital Momentum: Measuring the Return from Pharmaceutical Innovation 2022", January 2023.

全球头部研究机构围绕创新药物商业化这个主题做了很多研究。有欧美市场外包和自营模式的对比，也有不同治疗领域药品/治疗方案商业化路径的深度研究。跳出个案分析，依然有一些模式具有广泛适应性。

二　重新思考市场准入

由于药品研发成本不断上涨，竞争日益激烈，支付方控制日趋严格和分销物流日益复杂，制药公司制定有效的上市策略非常具有挑战性。德勤进行的一项对美国药品上市情况的分析研究——《重新思考市场准入》① 显示，上市成功对产品随后几年的收入走势有重大影响，但 2012~2017 年上市的药品中有 36% 未能达到上市预期。半数（50%）药品上市失败的原因是市场准入受限，其次是对市场和客户需求了解不足（46%）以及产品差异化不足（44%）。

如果没有有效的市场准入活动，新疗法即使推出也无法落地，从而削弱患者和医护人员对医疗保健系统提供治疗能力的信任。此外，市场准入挑战可能会破坏其他重要利益相关方的信任：开具治疗方案和执行治疗的医疗服务提供者、支付治疗费用的私人和公共支付方以及推动创新的研究人员和投资者。生物制药生产商应该重新考虑市场准入及其与利益相关者的关系，以确保市场采用新疗法。

虽然成功的市场准入策略和执行非常重要，但德勤的研究表明，成功上市背后的市场准入活动往往因产品类型而异。创新医疗解决方案背后的技术正在迅速变化。随着新疗法（如针对某些癌症的生物标志物检测）针对的人群越来越精准以及某些针对患者的定制疗法（如基因疗法）的推出，个性化医疗的时代已经到来。市场对这一切的反应很难预测。报销力度和支付方的支付意愿可能会有所不同，而不断变化的福利设计可能会限制医疗服务

---

① Deloitte Analysis，"Rethinking Market Access，March 9th，2022，Deloitte Insights"，https：//www2. deloitte. com/us/en/insights/industry/life-sciences/pharmaceutical-market-access. html.

的获取或导致高额的患者分摊费用。

"一刀切"的市场准入方法已不再可行。德勤在研究中推出了"治疗原型"这个方法论来优化决策。基于治疗原型的上市方法可以纳入针对特定产品的关键考虑因素，简化成为每种产品制定定制化上市计划的过程。

根据下述产品和市场特征，德勤提出五种治疗原型（见图4），解释了为什么利益相关者在面对管理昂贵的疗法时的做法日益复杂，以及为什么针对慢性病的高容量疗法转为针对较小患者群体的高度专业化疗法。

（1）患者特征：患者人数、患者统计信息、诊断和治疗疾病的医生类型，以及支付方覆盖患者群体的方式。

（2）疾病领域成熟度：对疾病病因、症状和进展的理解程度，治疗标准是否一致，以及报销路径是否清晰。

（3）产品特征：药物处理要求、给药方式、疗法复杂性、疗法背后的技术和作用机制（MOA）、安全性概况以及典型的给药地点（如家庭、门诊、医院）。

（4）竞争强度：来自仿制药、生物类似药和同一治疗类别的其他品牌的直接竞争以及来自其他治疗类别药物的间接竞争。

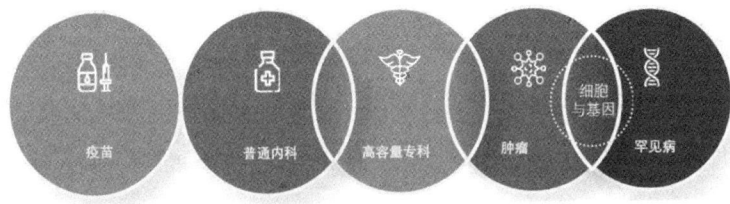

图4　治疗原型

注：原型并不是互相排斥或静态的，如肿瘤和罕见病存在重叠，而专科药物在仿制药出现后会转入普通内科。

资料来源：德勤。

当然，德勤也总结了产业专家的反馈，五大类治疗原型恐怕仍然不足以套用所有解决方案。比如普通内科和肿瘤都可以再细分，数字疗法或许可以单列。

根据德勤的经验，成功的市场准入战略应考虑一系列战略选择，优化各职能和分支机构之间的流程协调，明确角色和职责，并运用数字技术实现有效和高效的运营执行。从德勤的卓越市场准入方法论认识到，组织是根据不完整的信息做出决策的，并且战略选择伴随着权衡、上游要求、下游影响和连锁反应。核心的战略选择（见图5）无外乎：要达到的目标是什么？在哪些领域着力？如何取胜？如何执行？

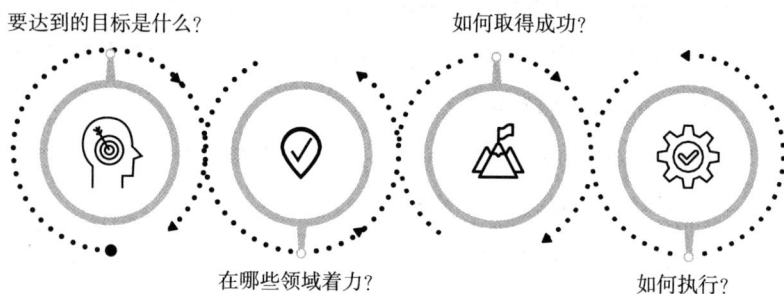

要达到的目标是什么？ 如何取得成功？

在哪些领域着力？ 如何执行？

图5 端到端的准入策略

资料来源：德勤。

1. 要达到的目标是什么？

要有组织地开展市场准入活动，首先要制定品牌目标，并明确这些目标将如何支持总体商业目标的实现。组织应该考虑各种权衡因素，如获取时间、市场份额、数量、折扣和回扣、患者负担能力计划的成本、执行解决方案和所需的商业能力，并认识到目标和成本将随着试验性新药在临床开发中的进展而进行调整。

在这一过程中，要进行的一项重要工作是情况评估，它可以为"在哪些领域着力"提供参考信息，涵盖以下领域：①疾病、患者人群和患者未满足的需求；②详细了解患者及其就诊过程；③生态系统当前和未来的动态因素：客户（医疗保健专业人员和其他客户如何看待疾病和治疗以及他们的痛点）、竞争（当前和未来会带来直接和间接竞争的疗法）、背景（政策、经济、社会和技术）；④拥有优先权的利益相关者（如健康计划、药品福利管理者、综合交付系统和价值评估机构）及其各自如何定义价值；⑤预期的利用管理和福利设计方法。

研究表明，在早期就将商业见解纳入临床开发计划非常有价值，可以帮助确定未来的证据形成、试验设计和配方策略。在多数情况下，机会窗口可能非常小。一家小型生物制药公司负责市场准入、健康经济学、疗效和定价的副总裁举例，"适应性临床设计从一期进展到二三期非常快。因此，如果一期的团队正在设计二期的研究，必须在二期设计的协议定稿之前，请市场准入专业人员参与。适应性临床从二期到三期的过程中，提供商业化意见的机会就只有一次；因此，以正确方式开展研究非常关键"。

德勤在《重新思考市场准入》的研究中，有受访者举例说明了商业见解可以为品牌目标提供哪些参考信息：①在整个产品生命周期中，许多疗法的适应证将扩大，这些适应证可能涵盖多个原型类别，满足不同的需求，针对不同规模的人群，从而引发有关排序、优先级和未来获取机会的关键问题；②未来的竞争格局可能会影响某种新的作用机制或产品在商业化后的保护程度；③临床试验的某些设计元素可能会导致后续出台使用管理限制，产品配方和给药模式也可能会影响获取机会；④有时医疗系统无法支持某种治疗，即使这种疗法在临床上优于目前的替代疗法，例如，如果针对在职患者的治疗方案要求患者频繁到诊所输液，则该方案的接受度可能会很低。

2. 在哪些领域着力？

在决定着力领域时，生产商应考虑多种因素，如治疗环境、优先利益相关者、利益相关者如何做出有关产品使用的决策、最合适和最可行的获取方案以及之后如何权衡。做好这些准备工作有助于避免犯下产品上市后表现不佳的第二大常见错误：对市场和客户需求了解不足。

不同的治疗原型需要不同的评估方法。例如，针对少数人群的罕见病疗法，情况评估必须细致以应对不确定性：处方开具人员、医疗服务提供组织以及公共和私人支付方是否了解并同意承担疾病负担；他们如何看待目前的治疗方案；目前这种疾病的治疗在他们的预算中占多少比例；新疗法将在医疗体系中处于什么位置等。了解他们已知的、未知的以及利益相关者如何做出有关治疗选择的决定，可以为生产商的医学教育、沟通和监管策略提供参考信息。沟通平台包括与人口健康决策人员进行医学和科学接触，如疾病负担教育和审批前信息交流；通过会议或继续医学教育计划与医疗保健专业人员沟通等。

以有吸引力的方式讲述疾病负担和未满足的需求非常重要。在随机对照试验中精准地反映终点的证据，或者使用真实世界研究的数据有针对性地形成证据非常重要，这可以为与利益相关方进行价值讨论提供依据。关于着力领域决策的示例包括适应证、目标人群和分组人口、治疗路线、分销渠道和优先客户。

借用一家大型生物制药公司的全球市场准入总监的观点："生成证据（在罕见病原型）的作用比其他原型更大。在证据面前，一切都可以被放大。在资料有限的情况下，证据是由开发药物的生产商形成的，病人数量将影响预算，生产商形成的文献资料对未满足需求有很大影响。理想情况下，在上市之前的几个月，即第二期，应该投入精力去了解文献资料，从临床或经济角度了解痛点，说明疾病的负担；在第三期，应该设计端点来解决这些痛点。"

3. 如何取胜？

公司在定义和向不同利益相关者传达品牌价值以及确定定价、签约、报销、产品获取、执行和患者承受能力的方法时，应该仔细考虑其面临的选择。除了将市场准入见解更早地引入临床开发之外，受访者还谈到了常见的市场准入活动，如市场细分、有针对性地接触利益相关者、产品定位和价格/价值评估。正确开展这一工作可以避免未能达到上市预期的第三个最常见错误——产品差异化不足。"要在把产品推向市场之前，就了解产品的好坏，而不是在花了 10 亿美元将其推向市场后发现产品很差。"一家中型生物制药公司的销售和市场准入高级副总裁表示。接触利益相关者，特别是支付方，也应该发生在产品上市前。许多情况下，这一工作应在上市前 18~24 个月进行。这种交流可以帮助准入决策影响者产生对产品的科学机理的兴趣。一家小型生物制药公司的免疫/抗感染药物上市策略副总裁分享了自己的经验："要帮助支付方了解产品作用，特别是当它要替代现有产品时。'我们的新产品非常适合您目前的治疗模式，您目前支付的费用是 X。新产品将使您收获更好的疗效，获得更持久、更安全的治疗。'在讲述时，务必要表明：你了解支付方目前的工作、他们要购买什么产品和服务，以及你如何参与其中。"

4. 如何执行?

生命科学公司应确保提前将市场准入因素有效纳入产品管线和上市活动并持续监测。这可能需要以不同方式分配上市资源，系统地执行一流的市场准入执行活动，持续进行市场监控，灵活地调整战略和策略，以及做出有意识的权衡，以追求可持续和可盈利的市场准入。

通过针对特定原型的上市计划，可以汇编、标准化和执行领先实践；概述相关活动、时间和相互依赖关系；明确角色和职责；改善跨职能协作。这样可以帮助预测"一刀切"方法无法解决的细微差别。例如，与其他产品原型相比，罕见病可能更需要执行与政府事务、宣传或政策团体相关的工作。

"请思考你对一期药物进行疾病机会评估的阶段。许多公司在这一阶段还没有让市场准入专业人员参与。比较复杂的公司往往在二期开始考虑市场准入因素。不太复杂的公司在三期快要出结果时请市场准入人员参与。无论上述哪种情况，都为时已晚。"一家小型生物制药公司市场的准入、HEOR和定价副总裁说。

5. 结论

本研究再次证明了一个事实，即市场准入策略及其执行是产品成功上市的主要因素。随着市场准入规则的不断发展，德勤提出了市场准入策略应依据的一套原则。

（1）遵循严格、规范的方法来制定、评估和改进有效的市场上市策略。确保提供充足资源，并通过市场准入、品牌、医疗、健康经济学和产出研究、销售和金融等职能执行。

（2）首先考虑对于利益相关者最重要的要求，然后展示和传达价值。

这要求将市场准入意见纳入早期临床开发，并在整个产品生命周期中加以考虑。

（3）制定总体价值和证据策略，确定对每种类型的利益相关者的重要结果，并满足每种治疗原型的特定考虑因素。

（4）确保与整体品牌战略保持一致以及不同职能之间的协调。

（5）保持灵活性以适应客户、竞争和环境（政策、经济、社会、技术）的变化，并做出有意识的权衡，以追求可持续的、可盈利的市场准入。

表1　针对治疗原型的战略选择考虑

治疗原型	策略选择		
	着力领域	如何取胜？	如何执行？
疫苗	·确定渠道策略和利益分配（药房与医疗机构）	·招募医疗、政策和政府事务团队，联络疾病预防控制中心、政策制定者和指导机构 ·针对免疫实践咨询委员会提出的可能出现的结果，制订应急计划（全面建议、临床决策建议、无建议）	·确保与制造和供应链密切协调，实现无缝的产品分销和执行 ·制定和执行针对目标客户（如零售、医疗系统、社区业务或政府和公共健康实体）的渠道策略
普通内科	·对客户进行细分和优先排序	·决定如何权衡：如获取速度、短期与长期总净值保值、获取范围 ·选择传统合同还是创新合同 ·优化获取投资的组合，如标价、渠道折扣和回扣以及负担能力解决方案	·确保团队、产品获取投入（折扣、处方定位）、供应商支持解决方案和患者负担能力解决方案之间的协调 ·围绕临床指南和人口健康措施开展相关活动，可能涉及内部临床质量职能部门、不同的外部利益相关者，并追踪不同的结果（如再入院处罚）
高容量专科	·尽早与交易团队接触确定渠道策略 ·根据控制利用率、福利设计和地理位置的意愿和能力，确定支付方细分	·积极表达价值主张，其中产品应符合医疗标准，适当地利用管理和产品排序	·确保市场准入、现场报销支持以及医疗中心和患者服务之间积极协作，确保实施综合准入策略

治疗原型	策略选择		
	着力领域	如何取胜？	如何执行？
肿瘤	·确定要追踪的适应证顺序 ·根据价值驱动因素、地理位置、患者人群和提供商网络，了解并确定提供商和支付方细分的优先顺序 ·识别不太传统的利益相关者（如 NCCN、ICER、ASCO）并确定优先顺序	·与支付方和渠道合作伙伴（如团体采购组织、分销商等）就标价、价格变动和签约策略进行协调 ·考虑上市和未来适应证以及推出联合疗法的可能性 ·仔细记录患者体验，了解患者除新疗法之外的其他自付费用（如先前或附加疗法和诊断的费用）	·与医疗事务人员、关键意见领袖（KOL）、HEOR、宣传和政策人员以及医学会合作，将新疗法纳入临床指南 辅助诊断、生物标志物测试或任何相关实验室或筛查，作为临床指南对话的一部分 ·结合医疗人员和 HEOR 的意见，考虑如何满足支付方对试验中未涵盖的终点（如总体生存率）的兴趣 ·在试验和 RWE 中使用经过验证的生活质量指标
罕见病（包括细胞和基因疗法）	·接触宣传团体，以充分了解疾病负担、护理系统、未满足的需求以及产品在系统中所处的位置，并帮助确定对患者重要的结果 ·了解关键利益相关者的价值驱动因素	·确保提前影响市场，向政策制定者和支付方宣传该疾病的重要性及其长期影响 ·与 KOL 和卓越中心（COE）合作，宣传疾病、未满足的需求和价值驱动因素	·积极与 KOL、政策和宣传人员互动，以协调价值和患者获取框架 ·在医疗和商业/市场准入之间进行合规协调以促进 KOL、COE 和利益相关者的参与。确定长期团队成果衡量标准，以纳入临床试验和 RWE。 ·对于细胞和基因疗法，编制患者登记簿，以收集长期患者数据

三 L.E.K. 五杠杆成功上市法①

总部位于伦敦的艾意凯（L.E.K.）根据其服务项目的经验，同样观察到，早期考虑准入和准备详尽的执行方案是产品上市成功的关键，并且

---

① "Five Essential Factors for a Successful Biopharma Product Launch"，https：//www.lek.com/insights/ei/five-essential-factors-successful-biopharma-product-launch.

确定了五项关键杠杆法来支持生物制药企业产品成功上市，包括早期准备、结构化且灵活的规划、组织协同、持续的准备状态评估和正确的团队（见图6）。

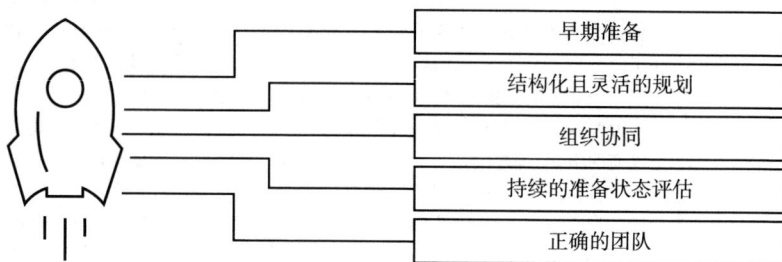

图6　生物制药企业成功上市的五大杠杆

资料来源：艾意凯（L.E.K.）分析与研究。

（一）早期准备

产品成功的上市需要为报销生成证据、确定和发展一组新的倡导者和/或确定合适的患者群体。这一切都需要尽早开始将市场影响因素纳入研发阶段。

规划过程应大约在启动前三年开始，但如果资产被收购或获得许可，或者存在预算限制，计划就可能会被推迟。然而，无论投入了多少资源，起步较晚都很可能导致交付物丢失或质量降低，从而导致上市延迟或上市效果不佳。在进行上市计划时，第一步是进行完整的上市态势评估（LSA），以确定上市的优势，并提出以下问题。

（1）患者人数有多少？

（2）患者是否易于识别和诊断？主要利益相关者目前的疾病和治疗水平如何？关键市场的护理标准是否一致？

（3）是否对患者获取和/或产品分销有特定的产品要求（例如，所需的生物标志物、治疗管理所需的专业中心）？

（4）呼叫点范围有多大？

（5）产品的差异有多大？

（6）关键市场的竞争动态变化有多大？

在初始评估期间，由品牌或上市负责人领导的核心上市团队确定优先事项，组建全球上市团队，确定时间表，并建立上市准备评估流程，确保对关键成功因素的适当关注。

除了早期启动外，生物制药还应实施一种定义明确的卓越上市方法，引导流程沿着一条清晰的路径进行，从态势评估到规划和准备，再到执行和上市效果跟踪，直到品牌过渡到准备就绪阶段，获得营销授权（MA）后首次上市（见图7）。

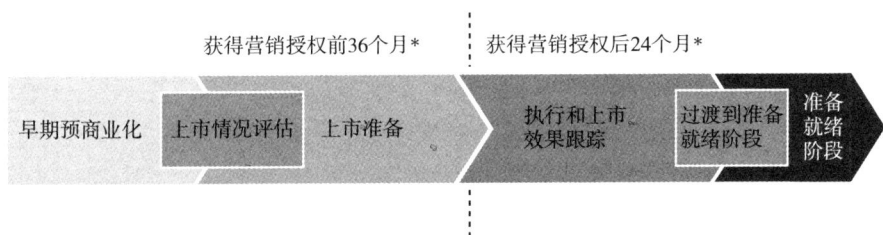

图7　卓越的上市方法

注：＊时间将根据每次上市的具体情况确定。
资料来源：艾意凯（L.E.K.）分析与研究。

（二）结构化且灵活的规划

上市计划工具经常不被采用，原因在于它们太复杂和不灵活。为了发挥作用，规划过程必须帮助上市团队识别并关注支持特定成功因素的可交付成果。L.E.K. 的卓越上市框架有三个主要维度（市场、产品和组织），涵盖15个战略上市主题，共60个可交付成果（见图8）。

在初始情况评估期间，核心上市团队使用市场和产品信息（如产品预测、竞争动态、关键产品维度、研发/业务开发时间表）来确定将推动产品在重点市场的成功因素，以及总体上市时间表。根据确定的成功因素，上市团队可以选择关键的可交付成果，并将其映射到定义的时间表，添加所有者和预期完成水平，这将有助于建立上市准备评估流程。

市场准备阶段
- ●–M1.了解市场，确定并完善LSI和影响
- ●–M2.对利益相关人士进行细分和定位
- ●–M3.树立利益相关人士的形象

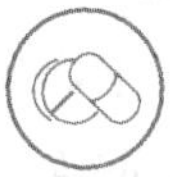

产品准备阶段
- ●P1.与主要利益相关人士测试TPP，为品牌战略提供信息
- ●P2.制定品牌战略
- ●P3.生成可转化为临床实践的有意义的证据
- ●P4.确保获得监管部门批准
- ●P5.制定市场进入战略
- ●P6.制定参与方法
- ●P7.确保市场准入
- ●P8.维护LCM计划，确保持续成功

组织准备阶段
- ●O1.建立启动规划流程
- ●O2.编制和预测预算
- ●O3.建立有效的客户界面
- ●O4.建立供应链和分销网络

图8　15个战略上市主题下卓越上市框架内的可交付成果

注：LSI＝上市战略要务；LCM＝生命周期管理；TPP＝目标产品简介。
资料来源：艾意凯（L.E.K.）分析与研究。

（三）组织协同

一个成功的上市团队需要跨职能，全球和当地代表之间有明确的责任分工。

全球上市团队通常由产品副总裁或品牌负责人领导，必须有来自关键职能部门和附属机构的代表；许多团队没有足够的职能专业知识或关键人员的投入。除了开展LSA，全球团队还负责确保可交付成果得到满足，并在需要时进行干预，以解决当地出现的问题。

子公司上市团队负责在本地规划和执行上市。他们由总经理、业务部门负责人或营销主管领导，应包括跨职能成员。全球和附属公司的上市团队需要就交接和决策权达成一致，例如，子公司在设定定价、针对不同的子专业或更改关键促销信息方面有多大的自主权。亚洲市场（包括中国）越来越多地成为"第1波"全球上市部分，迫使上市领导者需要比以前更早地解决这些关键问题。

两个团队的职能至少必须包括研发/医疗事务、营销、市场洞察、市场准入、健康经济和结果研究以及监管。根据情况，可能需要其他职能，如制造/供应链、财务、人力资源、合规和公共事务。

全球和区域团队之间真诚的双向沟通是上市过程的一个组成部分。必须授权区域团队可以请求支援，总部必须对各个子公司能够交付什么有现实的期望，尤其是在准备时间有限的情况下。

组织协同本质上是复杂的。从功能和地域的割裂等结构性障碍到各种通信/支持技术等后勤问题，协同实施很难，因此也是上市的关键障碍。

为了促进这一过程，L. E. K. 建议上市团队采用规划和跟踪工具。L. E. K. 卓越上市框架和基于网络的卓越上市管理工具或"工具"是为满足产品的特定上市情况而量身定制的，因此用户可以优先考虑并投资于真正影响上市成功的活动。该框架和工具旨在无缝地适应团队的工作方式，因为它们可以根据每个组织的工作流程进行自定义，提高跨职能和跨区域的透明度，因此团队可以实时协作，无论他们身处何地。

每个上市项目利益相关者都可以访问一组可自动更新的交互式仪表界面，方便报告和跟踪所有发布活动。这个简单、直观和自动化的流程为上市团队和整个组织提供了一个强大、透明和自动化的工具来跟踪上市路线图的进度。

（四）持续的准备状态评估

为做好启动准备并促进与全球代表的合作，团队应围绕关键里程碑（如备案决定、备案和营销授权）定期进行深入的准备情况审查，必要时应安排额外审查。

初始上市情况评估确定了准备就绪审查的优先事项和时间表，并设定了在上市过程中任何对关键可交付成果进展的预期。重要的是，准备就绪审查不应是"勾选框"审计，而应是高价值的会议，以确保进度和下一步行动的总体一致性。因此，它们对于成功上市是不可或缺的。

L. E. K. 的上市管理工具，可以帮助监测准备情况，并为审查时的定性讨论提供投入，这些工具还应用于确保通过上市团队定义的行动解决延迟问题。

（五）正确的团队

无论产品、流程、发布规划框架和工具如何，拥有合适的团队来正确规划和执行发布对上市成功至关重要。如果没有全球和区域层面的适当经验、激情和合作心态，上市就不太可能成功。

对于之前经验有限的生物制药公司来说，这可能特别具有挑战性。对这些公司来说，尽早开始启动准备工作更为重要，以便有时间聘用和培训新的团队成员。产品发布的复杂性意味着团队必须包括一些有上市经验的成员，这将有助于识别和更快地解决问题，建立跨职能和组织的共识，保持动力和士气，并强化高管团队对上市项目的重视程度。

四 分阶段商业化方法①

分阶段推出产品的方法最终可能更具可持续性，与传统的"破釜沉舟"战略相比，前期投资更少，能够最大限度地渗透市场并取得商业成功。

在将研究性疗法从实验室转移到临床的过程中，药物开发人员长期以来一直在美国食品药品监督管理局和欧洲药品管理局等监管机构的分阶段开发限制下运作。虽然实施这些限制是为了降低对参与临床试验的个人造成伤害的风险，但也为药物开发人员提供了关键数据和明确的拐点，以便做出继续/终止的决定，从而有效地优化资源和投资。

尽管在药物开发过程中分阶段方法有好处——在降低风险和最大化收益方面——但药物商业化通常遵循"要么出众，要么出局"的模式。越来越多的证据，加上临床试验设计和策略方面的持续创新，有力地证明了分阶段和适应性的商业化方法可以在市场上提供显著的好处。

多年来传统观念认为新药上市的总体成功取决于批准后六个月的市场表

---

① "Strategies for Success in an Evolving Commercialization Landscape"，https：//www.pharmexec. com/view/strategies-for-success-in-an-evolving-commercialization-landscape.

现，该观念塑造了利益相关者的期望。然而，根据三一生命科学公司对实际销售额与华尔街预期相比的分析，越来越多的药物上市低于预期，2019年9月至2021年12月上市产品约62%（包括28种非罕见非肿瘤产品中的24种）低于预期。虽然观察到表现不佳的具体原因因产品而异，但有几个因素显然起着重要作用，包括未能调整支付方的准入/参与策略以满足新的市场现实，对用药率/峰值使用不切实际的上市前预测，以及未能了解将开具药品处方的医生（HCP）的概况以及所在地。这些因素中的每一个的后果都会在商业化的战略中被放大，如果实际和预测的开发指标不一致，这种方法几乎没有机会进行航向修正。

这些因素现在非常普遍，而且导致上市失败的频率很高，以至于投资者做空即将上市的生物技术公司的股票。显然，创新和采用新的分阶段商业化方法更适应不断发展的医疗保健环境，并确保合适的患者获得合适的药物和合适的报销。

（一）分阶段商业化的益处

分阶段商业化方法提供了多种好处，因为它们允许根据现实世界的成功证据来完善、扩展或消除药物商业化策略。此外，它们定义的拐点为可管理的航向修正提供了多种机会，与全速行驶的满载船只相比，在小规模活动时实施这些修正更容易，成本更低。

阶段一：鉴于报销在市场渗透中发挥的关键作用，商业化方法的第一阶段侧重于，通过尽早让支付方参与为准入奠定基础并通过持续的过程扩大准入，从而实现准入。商业组织不再自动获得创新产品，即使是那些对患者和HCP需求很高的组织。相反，公司必须在批准前和批准后立即与支付方密切合作，以获得与市场需求来源相一致的广泛准入。早期关注获得治疗对长期成功至关重要，可以提高与其他治疗方案在适应证方面的竞争地位。在药物批准前与支付方接触对于在批准后迅速采取行动和限制进入壁垒至关重要。

阶段二：第二阶段侧重于实施适合目标的现场部署，使用试错法测试新现场人员、独特参与策略和营销策略，最终确认成功的信息和广泛宣传的正确组合。与传统的"破釜沉舟"方法不同，分阶段模式在特定的地理区域或患者群体中获得市场准入的细分市场启动，然后在其他区域或细分市场获得准入，通过瞄准早期使用者来扩大市场。这使在获得市场认可后增加销售代表数量之前，可以由一支规模较小但经验丰富的销售队伍启动产品发布，从而降低相关的财务风险。第二阶段也是建立专门现场团队的时机，这些团队直接与医院或医疗服务提供商系统合作，提供医疗服务并引导不断变化的医疗经济环境。已经有产品上市的公司也可以利用现场力量向已经在使用其产品组合中其他产品的 HCP 提供新产品信息。

在这一阶段，重要的是通过虚拟销售团队瞄准低潜力的处方医生，使成本与机会保持一致。同样重要的是开发高质量的数字资产，即使在无法访问办公室医生的情况下，也能实现有效的销售沟通。如今，这比以往任何时候都更重要，因为根据三一生命科学的分析，57%的制药公司认为他们的领域已经永久失去了至少 10%的 HCP 访问权限，而虚拟 HCP 访问现在约占所有呼叫量的 30%。虽然这听起来可能令人生畏，但新型人工智能工具可以帮助确保在正确的时间向正确的 HCP 提供正确的信息——这是在竞争日益激烈的数字市场中立足的绝对必要条件。

人工智能可以通过多种方式提高 HCP 的参与度，包括根据 HCP 采用、转换、增加或减少处方产品或治疗类别的倾向来识别、细分和精准对接 HCP；基于过去的交互优化消息内容，以及基于先前的响应开发新的 HCP 目标内容和消息，并使用经过培训的系统开发符合监管要求的内容。同样，现场分析和绩效跟踪工具可用于评估现场队伍/营销投资的回报，并在未达到指标的情况下小规模调整战略。这些工具提供了现场活动、客户级销售、市场准入和索赔数据的实时和真实的情况，使团队能够了解哪些 HCP 正在开处方，哪些患者正在配药。

与Ⅱ期临床试验一样，在分阶段商业化模式阶段，也会出现一些失败。继续开发和测试新策略；推广有效的策略，放弃无效的策略。这就像"篮子试验"方法一样，这种方法在肿瘤疗法的临床开发中日益受到重视。这种试验有多个配备，可同时评估一种研究疗法在多种肿瘤适应证中的疗效，或在单一适应证中的多种联合疗法。显示出初步疗效的试验配备可招募更多患者，而疗效有限或毒性不可接受的试验配备则不能招募患者。通过这种方法，可以根据数据确定 III 期试验的适应证和治疗方案的优先次序，从而提高试验成功的可能性。

（二）分阶段商业化和由此带来的定价和生产的不确定性

在美国食品药品监督管理局于 2021 年 6 月广泛批准 Biogen（渤健）的 Aduhelm（aducanumab）用于治疗阿尔茨海默病后，据估计，到 2027 年，该药物将在全球产生 55 亿美元的收入。该药物的预期使用——以每年 56000 美元的平均价格推出——导致医疗保险和医疗补助服务中心（CMS）将 2022 年医疗保险部分的保费比前一年增加 14.5%。尽管分析师估计 Aduhelm 在 2021 年第三季度的销售额为 1400 万美元，但 Biogen 报告称，该期间 Aduhelm 的销售额仅为 30 万美元。2021 年 12 月，该公司将 Aduhelm 的平均价格减半，最终决定在 2022 年 5 月放弃该药物的上市，此前 CMS 决定仅在临床试验中涵盖该药物。

尽管 CMS 决定不在临床试验之外涵盖 Aduhelm 有点令人惊讶，但美国政策制定者和消费者对控制生物制药疗法成本日益增长的需求不容忽视，并可能导致额外的行动，增加药品定价的不确定性。与针对淀粉样蛋白抗体治疗阿尔茨海默病的 NCD 一致，CMS 宣布，由 Biogen 和 Eisai 商业化的 Leqembi（lecanemab）只为医生参与合格注册的患者提供保险。一些私人保险公司拒绝为 Leqembi 提供保险，因为它们仍然不相信其安全性和有效性。此外，《美国医学会杂志》的两篇文章——都提到了 Leqembi，包括 FDA 的批准和 CMS 的保险决定——呼吁 CMS 调整其法定权限，限制纳税人对 FDA 批准药物的保险。

2022 年美国《通胀削减法案》中的条款也可能增加处方药定价的不确定性。这些措施包括要求联邦政府就医疗保险涵盖的一些药物的价格进行谈判，如果药品价格上涨速度快于通货膨胀率，则要求向医疗保险提供回扣，以及限制医疗保险 D 部分的自付费用。小分子药物在批准九年后面临大幅折扣的前景大大影响了实施桥接计划的传统方法，该计划承保免费药物，以增加处方的使用。

在 2023 年 2 月的电话财报会议上，百时美施贵宝的高管承认这种情况可能带来的挑战。据估计，其新的口服治疗斑块型银屑病的 Sotyktu（deurefacitinib）也在其他炎症性免疫疾病中进行评估，到 2029 年，其年销售额可能达到 40 亿美元，在面临谈判定价之前，只剩下两年时间。首席商业化官 Chris Boerner 指出，这增加了稳健执行商业战略的重要性。

分阶段的商业化方法将使开发活动的初始投资更加有限，一旦定价和覆盖范围更加明确，就开始加大投入。通过将不断增长的需求与不断增长的生产能力相结合来解决生产商投资和潜在的供应链问题。尽管突破性的临床数据显示，其肥胖药物 Wegovy（semaglutide）可以将心血管风险降低 20%，但面对供不应求的需求，以及确保开始治疗的患者能够继续使用其治疗方案不因供应问题而中断的愿望，诺和诺德正在限制新处方的推出。分阶段的商业化战略也可能允许在早期推出活动中使用合同定制，随着活动和市场的扩大，产能将增加。

五　结语

尽早将准入融入早期研发阶段，分阶段推进研究成果商业化，或商业团队尽早参与药物/治疗方案商业化策略的探讨，形成内外合力，都是当今降低创新药物研发风险、提高商业化成功率的可借鉴手段。

B.22

印度药品市场准入及药品流通体系分析

廖传昆　刘玉辉　徐登智*

摘　要： 印度市场作为全球最大的医药市场之一，人口众多、医疗保健需求巨大，其独特且复杂的药品市场准入和流通体系给跨国公司的市场开拓工作带来了诸多挑战。本报告深入分析了印度药品市场准入及流通体系的监管框架、注册准入流程、分销渠道、物流基础设施、技术整合与政府倡议以及市场趋势和挑战。在准入方面，企业需严格遵守 CDSCO 和 NPPA 的监管要求，优化注册申报流程，严格遵守相关准入制度和政策要求。在流通体系方面，企业需要把握市场趋势，应对价格管制政策，提升物流效率，积极寻求与当地政府及企业合作，以实现公司长期根植印度市场的发展目标。

关键词： 印度药品市场　准入政策　药品注册　药品流通

　　在经济全球化不断深入和"一带一路"倡议持续推进的背景下，印度已成为众多跨国公司开拓市场的重点考察对象。印度人口超 14 亿，庞大且快速增长的医疗保健需求为药品市场提供了广阔的发展空间。同时，印度作为全球仿制药生产大国，拥有强大的制药能力和多样化的分销渠道。因此，深入了解并掌握印度药品市场准入政策及其药品流通体系的运作机制至关重要。

---

* 廖传昆，国药大健康产业有限公司党总支书记、副总经理，国药国际香港有限公司总经理，国药集团印度有限公司总经理，国药赛诺根生物科学（北京）有限公司董事长；刘玉辉，国药（上海）国际医药卫生有限公司党总支委员、副总经理；徐登智，国药国际医药科技（北京）有限公司中间体部副经理，国药集团印度有限公司市场负责人。

本报告旨在系统梳理印度药品市场准入的政策法规与审批流程，并深入剖析其国内药品流通体系的运作现状和特点。报告分为四大部分：第一部分重点介绍了印度药品市场准入的监管机构及相关法律法规；第二部分全面阐述了印度国内药品流通体系的监管框架、分销渠道、物流基础设施建设等内容，并分析其面临的挑战和机遇；第三部分详细介绍了印度不同类型药品的注册流程；第四部分则为有意向进入印度市场的中国企业提供了具体建议。

一　印度药品监管体系

印度的药品监管体系实行国家和州两级管理的模式。在国家层面，中央药品标准控制组织（CDSCO）、国家药品价格管理局（NPPA）和基因工程批准委员会（GEAC）是三大主要监管机构（见图1）。

CDSCO是印度药品监管的核心机构，隶属于卫生与家庭福利部（MOHFW），通过下设的印度药品管理总局（DCGI）履行药品质量监督、注册审批、不良反应监测等职责。CDSCO负责制定和实施国家药品标准，包括印度药典（Indian Pharmacopoeia）和其他官方标准。

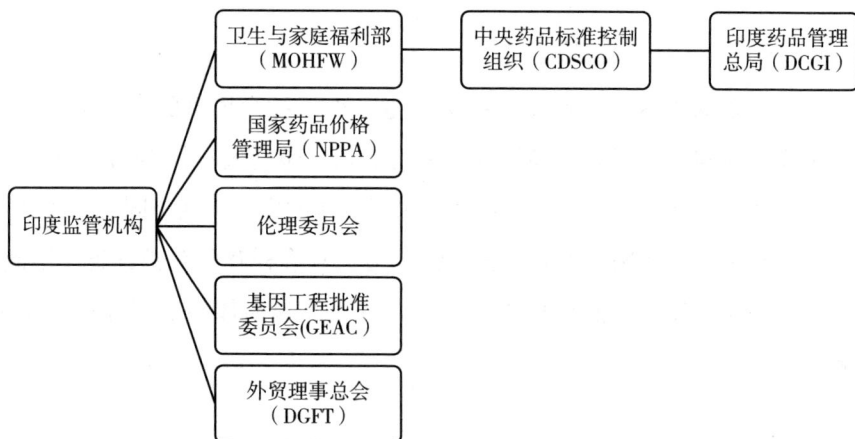

图1　印度监管机构架构

资料来源：根据公开资料整理。

根据 CDSCO 规定，任何原料药、生物制品和制剂在进入印度市场销售前，都必须完成注册。中国制药企业应委托具备药品批发或分销资质的印度代理公司向 DCGI 提交注册申请。不同类型药品的审批时限如表 1 所示。

表 1　印度监管机构审批时限

监管机构	审批类型	所需时间
印度药品管理总局（DCGI）	进口注册审批	6~9 个月
印度药品管理总局（DCGI）	新药注册审批	12~18 个月
临床试验审批		
印度药品管理总局（DCGI）	在印度开展研究的审批	2~4 周 * 8~12 周 **
印度药品管理总局（DCGI）	进口试验供应（import trial supplies）的试验许可证	2 周
伦理委员会	不同研究场所的伦理委员会审批	4~6 周（同时进行的情况下）
外贸理事总会（DGFT）	将临床试验样品出口到印度以外国家的许可	额外的 2~4 周

注：* 临床试验的方案已通过美国、英国、瑞士、澳大利亚、加拿大与日本审批；** 其他国家的申请。
资料来源：根据公开资料整理。

NPPA 负责药品定价管理，根据《国家药品价格管制令》（DPCO）制定和实施药品价格管控政策，对基本药物制定最高零售价格（MRP），并监督药品定价政策的落实情况。

GEAC 隶属于环境、森林和气候变化部，负责对转基因药品、农产品等进行环境和生物安全评估，决定是否批准其商业化生产和销售。

在州一级，印度设有州药品监管机构（State Drug Regulatory Authorities，DRAs），负责辖区内药品的注册、生产许可、质量监管等具体工作，并与 CDSCO 保持密切沟通和协作。

印度药品监管的法律基础主要包括《1940 年药品和化妆品法》、《1945 年药品和化妆品规则》以及《印度进口药品注册指南》。这些法律法规共同构成了印度药品监管的法律体系，对药品研发、生产、流通和使用的各个环节进行全方位、多层次的规范和约束。

二 印度药品流通体系

（一）监管框架

印度药品分销体系主要受 CDSCO 和各州药品监管机构监管。《1940 年药品和化妆品法》《1945 年药品和化妆品规则》等法律法规对药品分销各环节的质量管理提出了基本要求。

同时，《国家药品价格管制令》（DPCO）是影响药品分销行为的重要政策工具。DPCO 由 NPPA 负责制定和实施，旨在通过价格管控确保基本药物和救生药物的可负担性和可及性。DPCO 对列入《国家基本药物目录》（NLEM）的品种实施最高零售价格（MRP）管控，并对部分非 NLEM 品种实施利润率管控。分销商必须严格执行 NPPA 制定的价格限制，违规将受到相应的处罚。

（二）分销渠道

在印度，药品分销网络由多层次的渠道构成，涵盖了批发商、库存商和零售商。批发商扮演生产商和零售商之间的中介角色，主要负责管理和分配大宗药品。与此同时，库存商对于保持库存水平以及保证药品及时供应给零售商起着至关重要的作用。授权方面的规定要求经销商仅向有授权的零售商供应药品，确保了药品供应的合规性。另外，进行药品分包的经销商（或分销商）也必须获取适当的授权，并且遵循与制药厂家相同的标准。

分销网络的高效运作依赖于明确的组织结构，每个参与方的职责和职位都有书面说明，以确保各自角色的责任明晰。而且，印度广泛的零售药店网络从独立的小店到大型连锁店，无论是在城市还是在农村，这样的布局对于药品的普及和可达性起到了关键作用。这种多样化的零售环境使消费者能够较为方便地获得他们所需的药品。

1.印度药品分销企业注册流程

（1）获得药品批发许可证的流程

Form 20-B许可证：用于批发药物。①确定并建立具有最低空间要求（15平方米）的场所；②向国家药品监管部门提交申请；③上传所需文件，包括空间证明；④检查员现场审查场所和相关文件；⑤检查合格后领取许可证。

（2）获得药品零售许可证的流程

Form 20许可证：用于零售药物。①合格的药剂师、空间要求（药房/单位15平方米，零售和医疗店10平方米）；②向相关国家机关提交申请；③上传必要的文件，包括空间证明；④检查员现场审查场所和相关文件；⑤检查合格后领取许可证。

2.印度药品配送体系

印度药品/药店/医院供应体系及供应流程如图2、图3和图4所示（以太阳制药的内洛必安为例）。

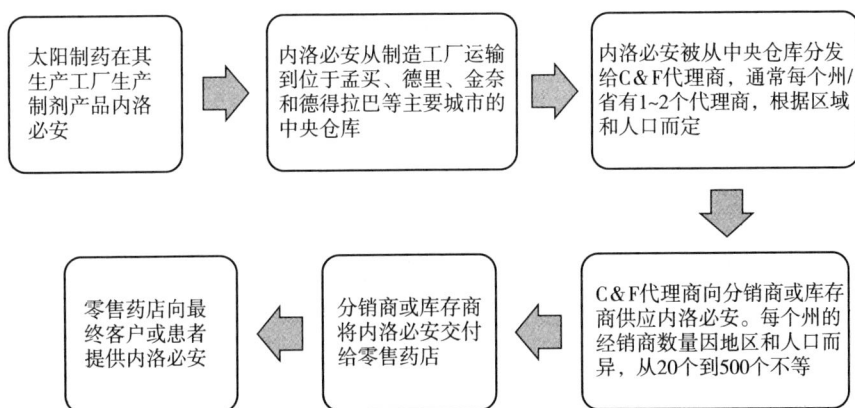

图2　印度药品药店供应体系

资料来源：根据公开资料整理。

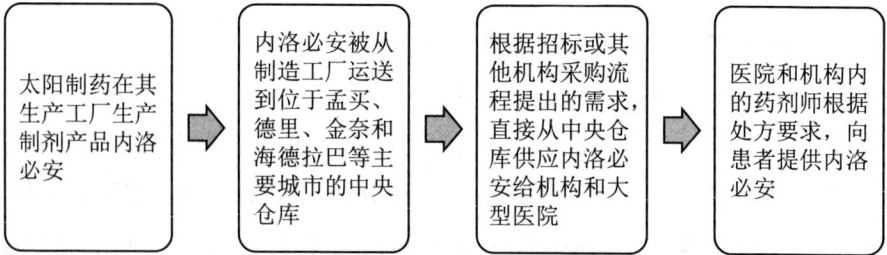

图3 印度药品医院供应体系

资料来源：企业根据公开资料整理。

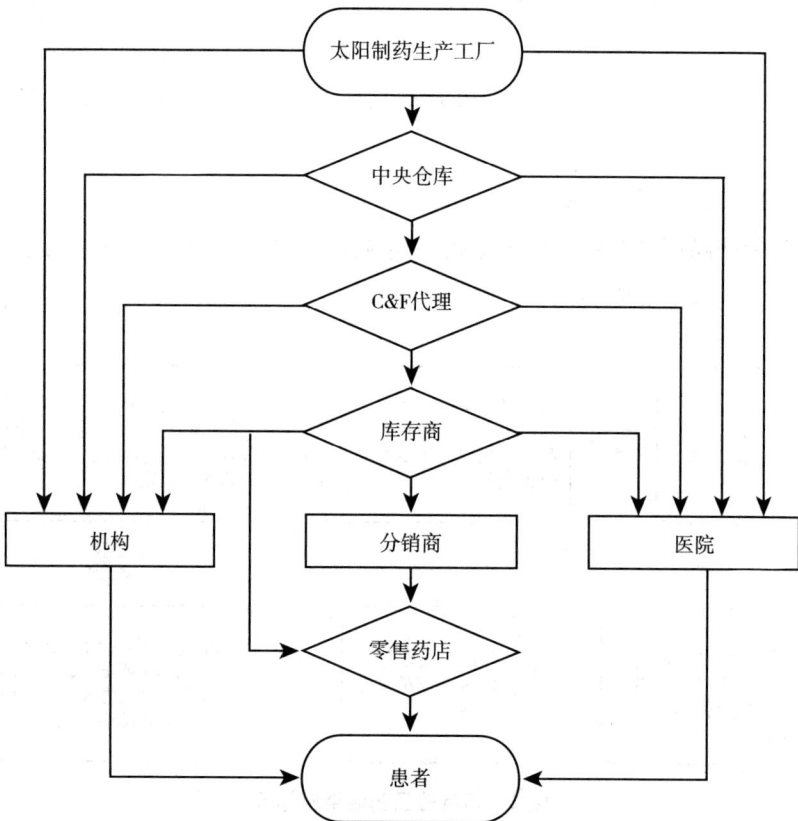

图4 供应流程

注：需要注意，小型医院的供应将仅由库存商/经销商完成。

资料来源：根据公开资料整理。

（三）物流与基础设施

印度幅员辽阔，地理和地形条件多样，高效的物流和运输系统对药品分销至关重要。CDSCO 制定了一系列规范操作要求，以期对药品流通过程进行严格监管，保障药品物流运输的有序性。但目前印度物流基础设施参差不齐，物流效率和成本与发达国家仍有差距，这对药品及时配送和质量控制提出了挑战。

为应对物流难题，印度药品分销商普遍采取"多仓布局、区域管理"的策略，在全国范围内设立多个仓储中心，并与第三方物流公司合作，提升物流时效，规避运输风险。在偏远地区，分销商主要依托当地库存商或零售药店完成"最后一公里"配送。

（四）技术整合与政府倡议

随着信息技术发展，电子商务、移动医疗等新业态开始渗透到印度药品分销领域。一些企业瞄准 B2B 和 B2C 基于互联网的电商交易模式，为上下游参与主体提供线上交易、物流配送、库存管理等服务，提高供应链透明度和运作效率。但总体而言，印度医药电商尚处于起步阶段，政策监管、用户习惯、配套服务等方面仍需完善。

印度政府推出了印度总理便宜药品计划（Pradhan Mantri Bhartiya Janaushadhi Pariyojana，PMBJP）和阿尤什曼·巴拉特（Ayushman Bharat）国家健康保护计划等举措，以推广价格合理、质量上乘的非专利药品。通过国家机关强制法令和政策，深刻影响了印度在全国范围内的药品分销行为。

PMBJP 旨在为印度国民，特别是收入水平中等以下的穷人和处境不利的人群提供可负担的器械、药品等效性良好的仿制医药品，包括 800 多种药品以及 154 种外科手术和消耗品。据估算，此项举措使印度公民在医药品消费领域可节省 50%~90% 的费用，并可以在印度全国各地通过当地政府和私营企业主合作建立的 PMBJP Kendras（药房定点机构名词）获得仿制药。

阿尤什曼·巴拉特国家健康保护计划是目前全球最大的政府资助医疗保健计划，预计每个家庭最多可获得 7000 美元（500000 印度卢比）的保障，从而惠及印度国内超过 1 亿户贫困家庭。

印度政府以这两种举措为代表，通过强制性的法令和政策，以及激励买方市场行为，积极引导印度国内医药流通市场逐渐形成"分销系统扁平化、运输方式多样化、运输条件系统化"的格局。在运输成本降低的同时，具有产品竞争优势的优秀药企得以脱颖而出，并获得积极持续的正向反馈效果。

（五）市场趋势与挑战

消费者"互联网+"应用意识的不断提高，以及印度人民生活水平的大幅提高带来的慢性病发病率的上升，都深刻影响着印度国内的市场趋势。这一趋势是，价格极具优势、药品质量过硬并拥有完善的分销体系的厂商，在未来会占据印度国内药品分销市场的主导地位。

但同时，印度的药品分销体系也面临诸多挑战——日益复杂和完备的药品分销及药品储存相关的法律法规和政策条例，需要与之相对应的不断增强的监管力度，国内医药流通相对滞后的基础设施建设则需要完善和频繁维护等，这些都是印度药品分销体系面临的问题。

而机遇则来自不断增长的医疗保健需求、政府对医疗保健基础设施的日益重视以及技术进步。在特定品类的药品专利被引进后，数家全球性的知名药企开始陆续在印度推出其专利产品。预计 2018~2024 年，在全世界范围内有销售额超过 2510 亿美元的原研药专利到期，这为印度的制药行业带来了前所未有的机遇，同时也将促进印度药品流通能力的提升以及药品流通领域监管制度的完善。

三　印度药品注册体系

根据 CDSCO 规定，任何药品在印度上市销售前都必须完成注册。中国制药企业应委托具备资质的印度代理公司向 DCGI 提交注册申请。整体流程可分为以下步骤。

1. 原料药注册

企业须通过印度代理向 DCGI 提交注册申请，包括申请表、生产商授权书、药品主文件（DMF）等资料，并提供原料药样品用于检测。DCGI 审核通过后，将在 6~9 个月内签发注册证书。获证后，企业还需申请进口许可，方可正式进口原料药并在印度销售。

2. 新药注册

印度尚未对新药设立单独申请通道，新药注册参照常规药品流程，但临床试验阶段需按新药要求开展。具体见图 5。

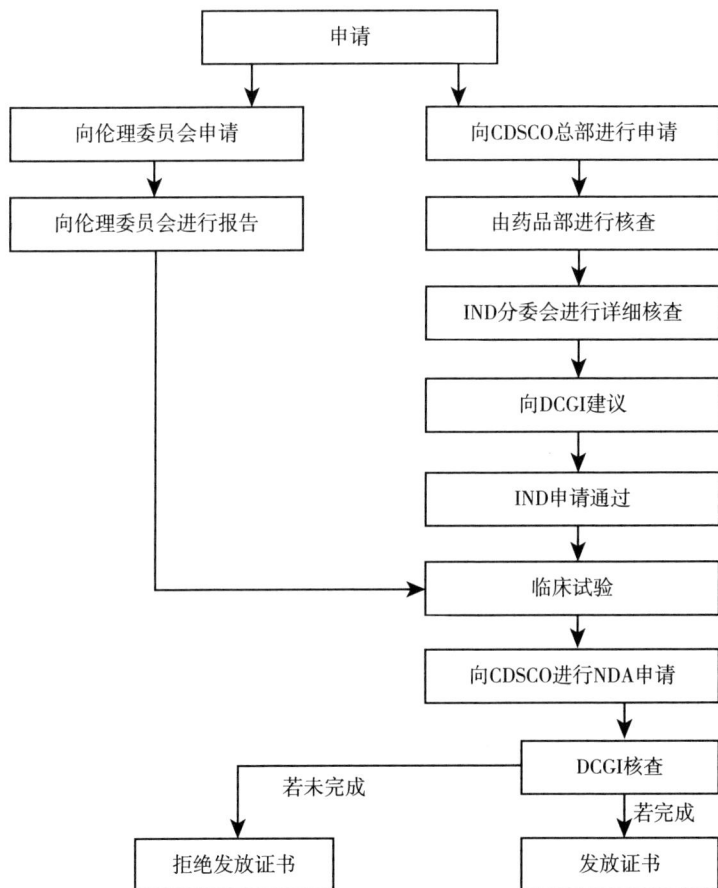

图5　印度新药注册流程

资料来源：根据公开资料整理。

申请人需先向 DCGI 提交调研型新药申请（IND）并获批，再提交临床试验方案至伦理委员会评估。获得 DCGI 和伦理委员会双重批准后，方可开展临床试验。试验完成后，申请人提交新药申请，DCGI 审评通过即可获得新药注册证书和上市许可。

3. 生物制品注册

生物制品注册除需获得 DCGI 批准外，还须通过国家生物制品标准控制实验室检验，并获得 GEAC 的环境和生物安全批准。具体流程如图 6 所示。

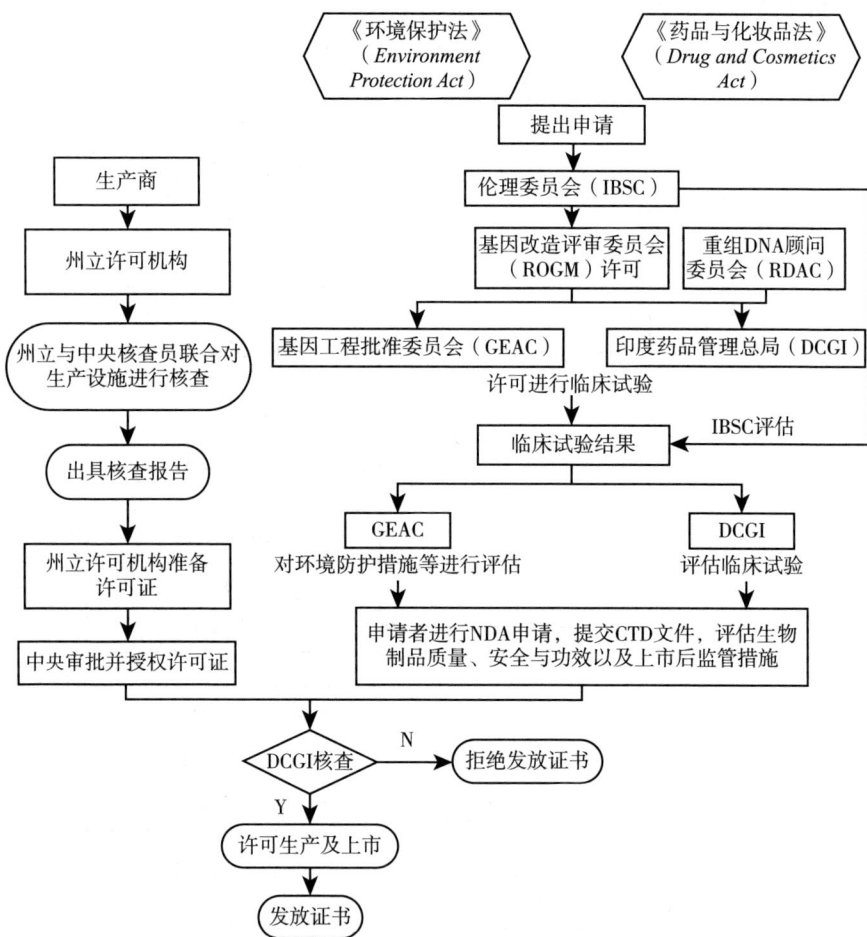

图 6　印度生物制品注册流程

资料来源：根据公开资料整理。

总体而言，印度药品注册对申请企业的合规性和专业性提出了较高要求。中国制药企业需要全面了解相关法规政策，严格遵守注册审批流程，并做好与印度监管机构和代理机构的沟通协调，审慎准备申报资料，积极回应审评问询，方能提高注册审批效率。

四 对中国企业进入印度市场的建议

综上所述，印度药品市场准入及流通体系既独特又复杂，需要妥善应对印度国内的准入制度及监管体系挑战并抓住机遇，才能在这一全球最大的医药市场之一的国家站稳脚跟。因此，中国企业想要进入印度市场应注意把握好以下几个方面的事项。

一是在准入环节，有关企业和机构既要充分了解并严格遵守印度的药品注册审批制度，还需考虑定价管制等诸多因素的影响，确保产品符合相关要求。

二是在流通领域，要充分了解分销渠道、零售药店格局、物流和基础设施、技术整合、政府倡议乃至市场趋势等各个方面的情况，并根据自身产品特点和目标市场，合理布局分销渠道，搭建物流体系，在诸多方面进行本土化探索，与当地批发商、零售药店等建立紧密的合作关系，确保药品的可及性和供应稳定性。

三是需审慎应对监管法规，全面并深入地了解其监管框架，严格遵循监管要求，坚持合法依规经营。同时还需要密切关注印度政府的相关倡议和政策动向，积极响应和参与，争取获得有利的政策支持。

四是要积极探索适应印度国情的物流模式和技术解决方案，加强与印度科技企业和研发机构的合作，充分利用信息技术、大数据等手段，优化供应链管理，提高药品配送的效率和安全性。

五是要深入了解印度消费者的需求特点和市场趋势，针对性地开发和推广适销对路的产品，并通过多元化的营销渠道和方式，提高中国品牌在当地市场的知名度和美誉度。

总之，印度药品市场准入和流通体系为中国制药企业带来了巨大的机遇和挑战。企业需要以开放包容的心态，制定全面的战略规划，在深入研究市场和精准把握政策的基础上，采取务实的行动措施，并与利益相关方密切合作，不断创新和优化经营策略，才能在这一充满活力和潜力的市场中赢得一席之地，实现可持续发展。

附　录
2023年药品流通行业相关数据

附表1　2016～2023年药品流通行业销售统计

单位：亿元

年份	2016	2017	2018	2019	2020	2021	2022	2023
销售额	18393	20016	21586	23667	24149	26064	27516	29304

资料来源：商务部药品流通管理系统。

附表2　2016～2023年药品流通行业企业数量统计

单位：家

年份	批发企业数量	零售连锁企业数量	零售单体药店数量
2016	12975	5609	226331
2017	13146	5409	224514
2018	13598	5671	233596
2019	13628	6701	234255
2020	13105	6298	240963
2021	13437	6596	252260
2022	13908	6650	263276
2023	14792	6725	281366

资料来源：国家药品监督管理局。

附表3 2023年药品流通行业区域企业数量统计

单位：家

序号	区域	企业数量		
		企业总数	其中:批发企业数	其中:零售企业数
1	北京	5554	233	5321
2	天津	5680	133	5547
3	河北	36677	607	36070
4	山西	18039	339	17700
5	内蒙古	19115	219	18896
6	辽宁	28386	398	27988
7	吉林	18049	626	17423
8	黑龙江	24429	597	23832
9	上海	4667	155	4512
10	江苏	37044	479	36565
11	浙江	26129	669	25460
12	安徽	24776	497	24279
13	福建	13323	256	13067
14	江西	15256	542	14714
15	山东	50224	647	49577
16	河南	34973	708	34265
17	湖北	24517	696	23821
18	湖南	28961	514	28447
19	广东	70009	1454	68555
20	广西	25949	402	25547
21	海南	6225	402	5823
22	重庆	20861	919	19942
23	四川	53354	951	52403
24	贵州	20637	268	20369
25	云南	23848	611	23237
26	西藏	1189	97	1092
27	陕西	19742	464	19278
28	甘肃	9278	367	8911
29	青海	2343	92	2251
30	宁夏	5918	116	5802
31	新疆	11220	236	10984
32	新疆兵团	2105	98	2007
	合计	688477	14792	673685

资料来源：国家药品监督管理局。

附表4　2023年药品流通行业区域总销售排序

单位：万元，%

序号	区域	销售总额	西药类销售占比	中成药类销售占比	中药材类销售占比
1	广东省	30358800	66.28	12.86	4.01
2	北京市	23123440	52.83	21.06	3.09
3	江苏省	22543200	76.47	12.70	1.85
4	上海市	22444358	69.06	12.76	3.84
5	浙江省	19782415	72.14	16.00	4.54
6	山东省	17496693	73.02	10.90	1.58
7	河南省	16330534	64.60	18.39	1.98
8	四川省	13635047	76.06	15.92	2.13
9	安徽省	13462691	77.80	13.41	0.60
10	湖北省	12769198	68.14	11.15	1.51
11	湖南省	11652005	71.49	17.71	2.67
12	云南省	11159708	61.80	10.59	1.31
13	重庆市	10087783	64.22	16.66	2.91
14	河北省	8511411	68.14	16.23	2.41
15	辽宁省	6067641	79.73	14.30	0.47
16	山西省	5976908	63.50	12.88	0.78
17	天津市	5670596	66.53	18.72	1.00
18	福建省	5625259	72.90	11.35	3.01
19	广西壮族自治区	5473675	72.03	14.29	2.07
20	陕西省	5429237	80.14	15.59	1.24
21	江西省	4840751	64.09	19.44	2.35
22	贵州省	3687493	58.27	21.98	1.79
23	吉林省	3452460	72.17	24.33	0.63
24	黑龙江省	2956872	64.04	30.64	1.62
25	新疆维吾尔自治区	2558700	69.94	25.30	0.67
26	海南省	2442873	65.02	26.64	1.10
27	甘肃省	1904146	62.64	28.40	2.61
28	宁夏回族自治区	1381101	75.53	15.13	2.61
29	内蒙古自治区	1294238	84.97	8.27	1.09
30	西藏自治区	577927	12.66	86.41	0.07
31	青海省	346985	77.29	11.29	2.50
	全国合计	293044142	68.66	15.51	2.43

资料来源：商务部药品流通管理系统。

附表5 2023年西药类区域销售统计

单位：万元，%

序号	区域	西药类销售总额	区域销售占比
1	广东省	20121415	10.00
2	江苏省	17239024	8.57
3	上海市	15499019	7.70
4	浙江省	14271886	7.09
5	山东省	12776046	6.35
6	北京市	12215130	6.07
7	河南省	10550163	5.24
8	安徽省	10474575	5.21
9	四川省	10370356	5.15
10	湖北省	8700625	4.32
11	湖南省	8330131	4.14
12	云南省	6896494	3.43
13	重庆市	6478396	3.22
14	河北省	5799723	2.88
15	辽宁省	4837906	2.40
16	陕西省	4350942	2.16
17	福建省	4100921	2.04
18	广西壮族自治区	3942769	1.96
19	山西省	3795524	1.89
20	天津市	3772833	1.88
21	江西省	3102409	1.54
22	吉林省	2491746	1.24
23	贵州省	2148581	1.07
24	黑龙江省	1893624	0.94
25	新疆维吾尔自治区	1789501	0.89
26	海南省	1588353	0.79
27	甘肃省	1192733	0.59
28	内蒙古自治区	1099755	0.55
29	宁夏回族自治区	1043106	0.52
30	青海省	268199	0.13
31	西藏自治区	73146	0.04
	全国合计	201215030	100.00

资料来源：商务部药品流通管理系统。

附表6　2023年中成药类区域销售统计

单位：万元，%

序号	区域	中成药类销售总额	区域销售占比
1	北京市	4869229	10.72
2	广东省	3904140	8.59
3	浙江省	3166068	6.97
4	河南省	3003906	6.61
5	江苏省	2864111	6.30
6	上海市	2863443	6.30
7	四川省	2170767	4.78
8	湖南省	2063288	4.54
9	山东省	1907642	4.20
10	安徽省	1804971	3.97
11	重庆市	1680174	3.70
12	湖北省	1423750	3.13
13	河北省	1381520	3.04
14	云南省	1182034	2.60
15	天津市	1061502	2.34
16	江西省	940935	2.07
17	黑龙江省	906005	1.99
18	辽宁省	867621	1.91
19	陕西省	846404	1.86
20	吉林省	839963	1.85
21	贵州省	810622	1.78
22	广西壮族自治区	782087	1.72
23	山西省	769951	1.69
24	海南省	650710	1.43
25	新疆维吾尔自治区	647290	1.42
26	福建省	638728	1.41
27	甘肃省	540805	1.19
28	西藏自治区	499363	1.10
29	宁夏回族自治区	208944	0.46
30	内蒙古自治区	107060	0.24
31	青海省	39183	0.09
	全国合计	45442215	100.00

资料来源：商务部药品流通管理系统。

附表7 2023年中药材类区域销售统计

单位：万元，%

序号	区域	中药材类销售总额	区域销售占比
1	广东省	1217950	17.12
2	浙江省	897978	12.62
3	上海市	861135	12.11
4	北京市	714559	10.05
5	江苏省	417096	5.86
6	河南省	324140	4.56
7	湖南省	310769	4.37
8	重庆市	293356	4.12
9	四川省	290402	4.08
10	山东省	277106	3.90
11	河北省	204835	2.88
12	湖北省	193290	2.72
13	福建省	169183	2.38
14	云南省	146633	2.06
15	江西省	113664	1.60
16	广西壮族自治区	113322	1.59
17	安徽省	80473	1.13
18	陕西省	67119	0.94
19	贵州省	65935	0.93
20	天津市	56484	0.79
21	甘肃省	49651	0.70
22	黑龙江省	47993	0.67
23	山西省	46456	0.65
24	宁夏回族自治区	36022	0.51
25	辽宁省	28763	0.40
26	海南省	26754	0.38
27	吉林省	21727	0.31
28	新疆维吾尔自治区	17225	0.24
29	内蒙古自治区	14133	0.20
30	青海省	8674	0.12
31	西藏自治区	379	0.01
	全国合计	7113205	100.00

资料来源：商务部药品流通管理系统。

附表8　**2023年医疗器材类区域销售统计**

单位：万元，%

序号	区域	医疗器材类销售总额	区域销售占比
1	广东省	4034990	16.78
2	河南省	2173982	9.04
3	北京市	2089771	8.69
4	湖北省	1917261	7.97
5	山东省	1768524	7.36
6	江苏省	1598268	6.65
7	重庆市	1402924	5.83
8	上海市	1199057	4.99
9	山西省	1049021	4.36
10	河北省	860372	3.58
11	浙江省	796103	3.31
12	天津市	634356	2.64
13	福建省	600987	2.50
14	湖南省	592705	2.46
15	广西壮族自治区	551835	2.29
16	江西省	549741	2.29
17	四川省	489840	2.04
18	贵州省	353318	1.47
19	安徽省	286361	1.19
20	云南省	276201	1.15
21	辽宁省	228494	0.95
22	新疆维吾尔自治区	98794	0.41
23	海南省	95042	0.40
24	黑龙江省	79449	0.33
25	甘肃省	78966	0.33
26	吉林省	69025	0.29
27	内蒙古自治区	59366	0.25
28	宁夏回族自治区	49359	0.21
29	陕西省	39093	0.16
30	青海省	20164	0.08
31	西藏自治区	1822	0.01
	全国合计	24045189	100.00

资料来源：商务部药品流通管理系统。

附表9 2023年药品流通行业区域零售企业门店数量统计

单位：家，%

序号	区域	企业数		门店数				
		零售企业总数	其中：连锁企业数	门店总数	上年同期	门店增长	其中：单体门店数	其中：连锁门店数
1	北京	5321	102	5219	4938	5.69	2588	2631
2	天津	5547	58	5489	4940	11.11	3459	2030
3	河北	36070	514	35556	32392	9.77	13489	22067
4	山西	17700	103	17597	14832	18.64	9734	7863
5	内蒙古	18896	149	18747	17351	8.05	9443	9304
6	辽宁	27988	285	27703	26168	5.87	12246	15457
7	吉林	17423	379	17044	15554	9.58	9686	7358
8	黑龙江	23832	273	23559	22627	4.12	11069	12490
9	上海	4512	50	4462	4351	2.55	348	4114
10	江苏	36565	321	36244	33706	7.53	16242	20002
11	浙江	25460	314	25146	22875	9.93	11129	14017
12	安徽	24279	295	23984	22359	7.27	9920	14064
13	福建	13067	121	12946	12213	6.00	7450	5496
14	江西	14714	121	14593	13764	6.02	7479	7114
15	山东	49577	698	48879	47240	3.47	13309	35570
16	河南	34265	396	33869	32340	4.73	15666	18203
17	湖北	23821	239	23582	22130	6.56	10734	12848
18	湖南	28447	151	28296	25799	9.68	7916	20380
19	广东	68555	612	67943	62197	9.24	35670	32273
20	广西	25547	234	25313	23792	6.39	7607	17706
21	海南	5823	34	5789	5511	5.04	1725	4064
22	重庆	19942	124	19818	18484	7.22	11235	8583
23	四川	52403	494	51909	49876	4.08	7253	44656
24	贵州	20369	121	20248	17888	13.19	12226	8022
25	云南	23237	117	23120	23117	0.01	9905	13215
26	西藏	1092	12	1080	832	29.81	705	375
27	陕西	19278	109	19169	17681	8.42	11956	7213
28	甘肃	8911	86	8825	9103	-3.05	5592	3233
29	青海	2251	35	2216	2068	7.16	734	1482
30	宁夏	5802	57	5745	5514	4.19	2049	3696
31	新疆	10984	91	10893	9810	11.04	2168	8725
32	新疆兵团	2007	30	1977	1847	7.04	634	1343
合计		673685	6725	666960	623299	7.00	281366	385594

资料来源：国家药品监督管理局。

附表10　2023年销售总额前100位的药品零售企业门店情况统计

单位：家，平方米

序号	企业名称	门店数				营业面积
		总数	直营店	医保定点店	DTP药店门店	
1	国药控股国大药房有限公司	10516	8528	9057	232	1164725
2	大参林医药集团股份有限公司	14074	9909	9100	227	809470
3	老百姓大药房连锁股份有限公司	13574	9180	8186	176	1168949
4	益丰大药房连锁股份有限公司	10264	10264	8970	305	1060875
5	一心堂药业集团股份有限公司	10255	10255	9615	—	1352072
6	中国北京同仁堂（集团）有限责任公司	1124	1124	848	0	354232
7	健之佳医药连锁集团股份有限公司	5116	5116	4343	—	571882
8	漱玉平民大药房连锁股份有限公司	4104	4104	3595	96	475801
9	好药师大药房连锁有限公司	18892	263	8692	7	2928260
10	上海华氏大药房有限公司	631	456	412	6	65767
11	河南张仲景大药房股份有限公司	2593	2593	2100	120	446000
12	重庆和平药房连锁有限责任公司	966	966	834	35	108298
13	四川正和祥健康药房连锁有限公司	1580	1355	1572	9	210000
14	上海医药大健康云商股份有限公司	93	93	61	91	17131
15	广西桂中大药房连锁有限责任公司	784	784	665	74	83923
16	德生堂医药股份有限公司	997	997	901	51	143190
17	江西黄庆仁栈华氏大药房有限公司	460	460	422	29	48406
18	瑞人堂医药集团股份有限公司	814	814	484	51	72737
19	深圳市南北药行连锁有限公司	834	25	700	4	65627
20	河北华佗药房医药连锁有限公司	1150	1150	975	0	92000
21	天济大药房连锁有限公司	787	787	744	3	70000
22	成都泉源堂大药房连锁股份有限公司	509	509	462	16	62893
23	临沂市仁和堂医药（连锁）有限公司	1050	1050	805	0	129500
24	杭州海王星辰健康药房有限公司	350	350	275	10	31511
25	贵州一树药业股份有限公司	483	483	483	1	56163
26	山东燕喜堂医药连锁有限公司	1002	1002	985	9	103254
27	重庆市万和药房连锁有限公司	1062	1062	1062	0	104813
28	南京医药国药有限公司	421	341	314	38	46231
29	吉林大药房药业股份有限公司	931	931	917	83	165456
30	江苏润天医药连锁药房有限公司	44	44	40	40	5324
31	浙江英特怡年药房连锁有限公司	44	44	36	14	5608

序号	企业名称	门店数				营业面积
		总数	直营店	医保定点店	DTP药店门店	
32	哈尔滨人民同泰医药连锁有限公司	387	387	383	4	38524
33	上海第一医药股份有限公司	171	156	73	0	20455
34	叮当智慧药房(北京)有限公司	76	76	46	0	14764
35	浙江震元医药连锁有限公司	171	157	142	19	22184
36	湖南千金大药房连锁有限公司	1645	148	1645	0	139825
37	广药大药房(广东)有限公司	62	62	59	9	11623
38	贵州一品药业连锁有限公司	697	697	697	1	63800
39	广州健民医药连锁有限公司	61	61	59	0	8751
40	江西洪兴大药房连锁有限公司	1056	1056	858	22	73920
41	深圳市麦德信药房管理有限公司	80	80	79	15	7796
42	山东立健药店连锁有限公司	752	752	10	5	63000
43	湖南达嘉维康医药产业股份有限公司	117	117	117	99	14046
44	江苏康济大药房连锁有限公司	149	149	128	5	20000
45	上海得一大药房连锁有限公司	24	24	22	0	2906
46	滁州华巨百姓缘大药房连锁股份有限公司	705	705	644	2	76500
47	四川杏林医药连锁有限责任公司	285	219	275	8	34072
48	无锡汇华强盛医药连锁有限公司	64	64	64	2	6086
49	北京高济百康大药房有限公司	330	177	191	0	16500
50	杭州华东大药房连锁有限公司	41	41	41	11	5190
51	仁和药房网(北京)医药科技有限公司	27	27	21	6	4585
52	华润苏州礼安医药连锁总店有限公司	71	71	69	14	6977
53	河北神威大药房连锁有限公司	331	331	331	0	41549
54	苏州雷允上国药连锁总店有限公司	86	86	76	10	16347
55	杭州九洲大药房连锁有限公司	141	141	140	10	30000
56	陕西众信医药超市连锁股份有限公司	210	210	210	2	27988
57	江苏大众医药连锁有限公司	160	160	160	2	20000
58	中山市中智大药房连锁有限公司	378	378	376	3	39527
59	重庆鑫斛药房连锁有限公司	450	450	450	20	63058
60	杭州胡庆余堂国药号有限公司	40	40	12	0	18000
61	常州人寿天医药连锁有限公司	20	20	20	1	6200
62	浙江华通医药连锁有限公司	110	110	88	1	16102

序号	企业名称	门店数				营业面积
		总数	直营店	医保定点店	DTP药店门店	
63	山西荣华大药房连锁有限公司	297	297	273	0	36792
64	武汉马应龙大药房连锁股份有限公司	43	43	43	6	3500
65	海宁市老百姓大药房有限责任公司	96	78	93	5	16800
66	湖北用心人大药房连锁有限公司	368	368	359	10	34368
67	青岛德信行惠友大药房有限公司	1	1	1	1	759
68	廊坊市百和一笑堂医药零售连锁有限公司	203	203	139	0	33518
69	黑龙江华辰大药房连锁有限公司	147	147	143	2	25000
70	宁波彩虹大药房有限公司	219	219	211	0	24400
71	广西一朝心阳一心大药房有限责任公司	686	56	560	3	75900
72	安徽丰原大药房连锁有限公司	388	388	323	0	38800
73	四川圣杰药业有限公司	228	228	228	1	36755
74	青岛百洋健康药房连锁有限公司	10	10	10	1	2220
75	宜宾天天康大药房零售连锁有限责任公司	231	231	230	0	28552
76	云南白药大药房有限公司	101	101	101	0	16516
77	绵阳科伦大药房连锁有限公司	13	13	13	3	2700
78	武汉东明药房连锁有限公司	85	45	75	0	11065
79	四川省巴中怡和药业连锁有限责任公司	330	330	309	0	31685
80	康泽药业连锁有限公司	166	166	150	0	24862
81	银川美合泰医药连锁有限公司	132	132	132	0	10062
82	四川麦德凯大药房有限公司	1	1	1	1	297
83	开封市百氏康医药连锁有限公司	148	148	137	6	19400
84	绵阳太极大药房连锁有限责任公司	504	78	77	7	32780
85	上海余天成药业连锁有限公司	44	44	39	0	6780
86	浙江天天好大药房连锁有限公司	76	76	76	0	11687
87	上海医药嘉定大药房连锁有限公司	37	37	25	0	4012
88	四川高济康健堂医药连锁有限公司	283	283	272	2	29314
89	云南省玉溪医药有限责任公司	132	132	132	0	13646
90	济宁新华鲁抗大药房有限公司	39	39	39	2	3968

续表

序号	企业名称	门店数				营业面积
		总数	直营店	医保定点店	DTP药店门店	
91	嘉兴市万寿堂医药连锁股份有限公司	237	41	220	1	12100
92	江西省萍乡市昌盛大药房连锁有限公司	210	210	207	0	16956
93	易心堂大药房连锁股份有限公司	79	79	65	0	11823
94	山西仁和大药房连锁有限公司	138	126	125	0	26208
95	山东德信堂医药连锁有限公司	150	150	148	1	17274
96	义乌市三溪堂国药馆连锁有限公司	6	6	4	0	4117
97	黑龙江—辰医药连锁销售有限公司	93	93	87	0	7277
98	青岛国风大药房连锁有限公司	127	127	127	0	13000
99	广西梧州百姓大药房连锁有限公司	134	134	120	0	10556
100	东阳市爱心大药房连锁有限公司	149	14	85	0	17550
	合计	120732	87065	90520	2050	13663372

注：益丰大药房连锁股份有限公司、漱玉平民大药房连锁股份有限公司统计数据不含加盟店。

资料来源：商务部药品流通管理系统。

附表11　2023年主营业务收入前100位的药品批发企业排序

单位：万元

序号	企业名称	主营业务收入
1	中国医药集团有限公司	59873381
2	上海医药集团股份有限公司	26029509
3	华润医药商业集团有限公司	20174264
4	九州通医药集团股份有限公司	14998130
5	重庆医药—中国医药联合体	11867673
6	南京医药股份有限公司	5347337
7	广州医药股份有限公司	5253865
8	华东医药股份有限公司	4062378
9	深圳市海王生物工程股份有限公司	3641877
10	浙江英特集团股份有限公司	3190866
11	嘉事堂药业股份有限公司	2999624
12	云南省医药有限公司	2449042

续表

序号	企业名称	主营业务收入
13	安徽华源医药集团股份有限公司	2287671
14	广西柳药集团股份有限公司	2077134
15	鹭燕医药股份有限公司	1978779
16	江西南华医药有限公司	1893150
17	中国北京同仁堂(集团)有限责任公司	1390626
18	罗氏(上海)医药贸易有限公司	1288965
19	哈药集团医药有限公司	1002080
20	江苏康缘医药商业有限公司	901122
21	礼来贸易有限公司	882026
22	陕西医药控股集团派昂医药有限责任公司	857388
23	湖北人福医药集团有限公司	852545
24	江苏省医药有限公司	825499
25	重庆桐君阁股份有限公司	825323
26	瑞康医药集团股份有限公司	803437
27	江西汇仁医药贸易有限公司	796557
28	青岛百洋医药股份有限公司	753394
29	江苏先声药业有限公司	697686
30	石药集团河北中诚医药有限公司	649202
31	修正药业集团营销有限公司	543188
32	浙江省医药工业有限公司	488732
33	津药太平医药有限公司	483531
34	四川合纵药易购医药股份有限公司	440688
35	创美药业股份有限公司	428300
36	浙江震元股份有限公司	409240
37	云南东骏药业有限公司	408850
38	默克雪兰诺(北京)医药经营有限公司	401042
39	天津中新药业集团股份有限公司医药公司	395925
40	齐鲁医疗投资管理有限公司	355791
41	江西五洲医药营销有限公司	349798
42	东北制药集团供销有限公司	343164
43	厦门片仔癀宏仁医药有限公司	342892
44	昆药集团医药商业有限公司	332634
45	北京双鹤药业经营有限责任公司	327242
46	山东新华医药贸易有限公司	320911

续表

序号	企业名称	主营业务收入
47	西藏神威药业有限公司	313304
48	吉林万通药业集团药品经销有限公司	305775
49	上海荣恒医药有限公司	299408
50	福建省医药集团有限责任公司	295958
51	泰州医药集团有限公司	293131
52	湖南达嘉维康医药有限公司	279088
53	四川金仁医药集团有限公司	276631
54	海尔施生物医药股份有限公司	273939
55	浙江来益医药有限公司	246077
56	广州采芝林药业有限公司	241472
57	四川本草堂药业有限公司	239504
58	葵花药业集团(海南)医药科技有限公司	239019
59	四川贝尔康医药有限公司	231074
60	上海康健进出口有限公司	230309
61	贵州康心药业有限公司	229485
62	葵花药业集团医药有限公司	228654
63	贵州科开医药有限公司	227826
64	云南云红药业有限公司	219115
65	浙江恩泽医药有限公司	210731
66	浙江华通医药集团有限公司	209835
67	海南晴川健康科技有限公司	205399
68	江药集团(四川)有限公司	204225
69	山西亚宝医药经销有限公司	202624
70	片仔癀(漳州)医药有限公司	187818
71	兰州强生医药集团有限公司	183874
72	浙江英诺珐医药有限公司	180719
73	上海龙威医药有限公司	179273
74	重庆厚捷医药集团有限公司	175348
75	云南省久泰药业有限公司	166243
76	上海海吉雅医药有限公司	165428
77	云南医药工业销售有限公司	160306
78	江苏澳洋医药物流有限公司	159201
79	昆明滇虹药业销售有限公司	158407
80	海南德仁药业有限公司	157482

续表

序号	企业名称	主营业务收入
81	商丘市新先锋药业有限公司	152571
82	张家口市华佗医药经营有限公司	150506
83	浙江长典医药有限公司	145856
84	蜀中百川医药(河南)有限公司	138502
85	兰州佛慈西城药业集团有限责任公司	138239
86	红惠医药有限公司	131737
87	河南德尔康医药科技有限公司	127361
88	必康润祥医药河北有限公司	124649
89	浙江珍诚医药科技有限公司	122290
90	西安藻露堂药业集团有限责任公司	120062
91	常熟市建发医药有限公司	115842
92	威海市天福医药有限公司	113426
93	云南佳能达医药有限公司	113261
94	重药控股湖南博瑞药业有限公司	110266
95	吉林省北方医药有限责任公司	109540
96	滁州市鑫济医药有限公司	107015
97	上海上虹医药有限公司	106133
98	康泽药业股份有限公司	104480
99	江苏华为医药物流有限公司	103375
100	淄博众生医药有限公司	100636
合计		197034886

资料来源：商务部药品流通管理系统。

附表12　2023年销售总额前100位的药品零售企业排序

单位：万元

序号	企业名称	销售总额
1	国药控股国大药房有限公司	2612935
2	大参林医药集团股份有限公司	2512741
3	老百姓大药房连锁股份有限公司	2304000
4	益丰大药房连锁股份有限公司	2207756
5	一心堂药业集团股份有限公司	1414870
6	中国北京同仁堂(集团)有限责任公司	1050268
7	健之佳医药连锁集团股份有限公司	894312

续表

序号	企业名称	销售总额
8	漱玉平民大药房连锁股份有限公司	834917
9	好药师大药房连锁有限公司	554709
10	上海华氏大药房有限公司	508720
11	河南张仲景大药房股份有限公司	506165
12	重庆和平药房连锁有限责任公司	353772
13	四川正和祥健康药房连锁有限公司	335523
14	上海医药大健康云商股份有限公司	311761
15	广西桂中大药房连锁有限责任公司	310873
16	德生堂医药股份有限公司	303879
17	江西黄庆仁栈华氏大药房有限公司	274313
18	瑞人堂医药集团股份有限公司	267686
19	深圳市南北药行连锁有限公司	263713
20	河北华佗药房医药连锁有限公司	257344
21	天济大药房连锁有限公司	238224
22	成都泉源堂大药房连锁股份有限公司	204857
23	临沂市仁和堂医药(连锁)有限公司	188174
24	杭州海王星辰健康药房有限公司	174534
25	贵州一树药业股份有限公司	173432
26	山东燕喜堂医药连锁有限公司	170169
27	重庆市万和药房连锁有限公司	161216
28	南京医药国药有限公司	158836
29	吉林大药房药业股份有限公司	157463
30	江苏润天医药连锁药房有限公司	153602
31	浙江英特怡年药房连锁有限公司	151232
32	哈尔滨人民同泰医药连锁有限公司	141033
33	上海第一医药股份有限公司	139281
34	叮当智慧药房(北京)有限公司	136760
35	浙江震元医药连锁有限公司	134247
36	湖南千金大药房连锁有限公司	134131
37	广药大药房(广东)有限公司	133424
38	贵州一品药业连锁有限公司	130518
39	广州健民医药连锁有限公司	119357

序号	企业名称	销售总额
40	江西洪兴大药房连锁有限公司	117987
41	深圳市麦德信药房管理有限公司	111768
42	山东立健药店连锁有限公司	109859
43	湖南达嘉维康医药产业股份有限公司	104334
44	江苏康济大药房连锁有限公司	103251
45	上海得一大药房连锁有限公司	98967
46	滁州华巨百姓缘大药房连锁股份有限公司	91817
47	四川杏林医药连锁有限责任公司	88987
48	无锡汇华强盛医药连锁有限公司	86897
49	北京高济百康大药房有限公司	86702
50	杭州华东大药房连锁有限公司	81006
51	仁和药房网(北京)医药科技有限公司	78810
52	华润苏州礼安医药连锁总店有限公司	76863
53	河北神威大药房连锁有限公司	76565
54	苏州雷允上国药连锁总店有限公司	74172
55	杭州九洲大药房连锁有限公司	69887
56	陕西众信医药超市连锁股份有限公司	69811
57	江苏大众医药连锁有限公司	67500
58	中山市中智大药房连锁有限公司	65880
59	重庆鑫斛药房连锁有限公司	64962
60	杭州胡庆余堂国药号有限公司	61304
61	常州人寿天医药连锁有限公司	58269
62	浙江华通医药连锁有限公司	54108
63	山西荣华大药房连锁有限公司	53702
64	武汉马应龙大药房连锁股份有限公司	53451
65	海宁市老百姓大药房有限责任公司	53106
66	湖北用心人大药房连锁有限公司	51919
67	青岛德信行惠友大药房有限公司	51557
68	廊坊市百和一笑堂医药零售连锁有限公司	48535
69	黑龙江华辰大药房连锁有限公司	47246
70	宁波彩虹大药房有限公司	45511
71	广西一朝心阳一心大药房有限责任公司	45312

续表

序号	企业名称	销售总额
72	安徽丰原大药房连锁有限公司	44020
73	四川圣杰药业有限公司	39800
74	青岛百洋健康药房连锁有限公司	38469
75	宜宾天天康大药房零售连锁有限责任公司	37335
76	云南白药大药房有限公司	37299
77	绵阳科伦大药房连锁有限公司	35495
78	武汉东明药房连锁有限公司	32734
79	四川省巴中怡和药业连锁有限责任公司	31874
80	康泽药业连锁有限公司	31446
81	银川美合泰医药连锁有限公司	30763
82	四川麦德凯大药房有限公司	29624
83	开封市百氏康医药连锁有限公司	29382
84	绵阳太极大药房连锁有限责任公司	27500
85	上海余天成药业连锁有限公司	26808
86	浙江天天好大药房连锁有限公司	26212
87	上海医药嘉定大药房连锁有限公司	26101
88	四川高济康健堂医药连锁有限公司	25778
89	云南省玉溪医药有限责任公司	25086
90	济宁新华鲁抗大药房有限公司	24931
91	嘉兴市万寿堂医药连锁股份有限公司	24150
92	江西省萍乡市昌盛大药房连锁有限公司	21608
93	易心堂大药房连锁股份有限公司	21422
94	山西仁和大药房连锁有限公司	19980
95	山东德信堂医药连锁有限公司	19581
96	义乌市三溪堂国药馆连锁有限公司	18883
97	黑龙江一辰医药连锁销售有限公司	18775
98	青岛国风大药房连锁有限公司	18769
99	广西梧州百姓大药房连锁有限公司	18523
100	东阳市爱心大药房连锁有限公司	18141
	合计	24231280

资料来源：商务部药品流通管理系统。

附表13　2023年区域药品流通批发企业主营业务收入前20位排序

序号	企业名称	序号	企业名称
	北京市	2	石药集团河北中诚医药有限公司
1	中国医药集团有限公司	3	河北通用医药有限公司
2	华润医药商业集团有限公司	4	张家口市华佗医药经营有限公司
3	中国医药健康产业股份有限公司	5	必康润祥医药河北有限公司
4	嘉事堂药业股份有限公司	6	河北东盛英华医药有限公司
5	国药集团药业股份有限公司	7	武安市广汇医药有限公司
6	中国中药有限公司		山西省
7	北京科园信海医药经营有限公司	1	国药集团山西有限公司
8	中国北京同仁堂(集团)有限责任公司	2	国药控股山西有限公司
9	国药控股北京有限公司	3	山西亚宝医药经销有限公司
10	北京九州通医药有限公司	4	重药控股山西康美徕医药有限公司
11	国药控股北京华鸿有限公司	5	国药控股山西长治有限公司
12	国药控股北京天星普信生物医药有限公司	6	国药山西阳泉医药有限公司
13	上药康德乐(北京)医药有限公司	7	山西振东医药有限公司
14	默克雪兰诺(北京)医药经营有限公司	8	国药控股山西阳泉有限公司
15	国药控股北京康辰生物医药有限公司	9	山西厚德兴盛医药有限公司
16	北京双鹤药业经营有限责任公司	10	山晋民康药业有限公司
17	北京同仁堂健康药品经营有限公司		内蒙古自治区
18	北京美康永正医药有限公司	1	国药控股内蒙古有限公司
19	华润医药商业集团国际贸易有限公司	2	赤峰颈复康医药有限公司
20	北京上药爱心伟业医药有限公司	3	重庆医药集团内蒙古天和医药有限公司
	天津市	4	内蒙古凯蒙药品经销有限责任公司
1	重庆医药集团(天津)医药商业有限公司	5	赤峰雷蒙药品经销有限责任公司
2	国药控股天津有限公司	6	赤峰丹龙医药有限公司
3	津药太平医药有限公司	7	呼伦贝尔市同致药业有限责任公司
4	天津中新药业集团股份有限公司医药公司	8	包头市医药有限责任公司
5	国药控股(天津)东方博康医药有限公司		辽宁省
6	国药控股天津北方医药有限公司	1	国药控股沈阳有限公司
7	天津联合医药有限公司	2	辽宁省医药对外贸易有限公司
8	天津百洋医药有限公司	3	华润辽宁医药有限公司
9	天津智合峰医药贸易有限公司	4	东北制药集团供销有限公司
	河北省	5	辽宁九州通医药有限公司
1	国药乐仁堂医药有限公司	6	上药康德乐(辽宁)医药有限公司

续表

序号	企业名称	序号	企业名称
7	通用技术辽宁医药有限公司	20	吉林省吉深医药实业有限公司
8	国药控股大连有限公司		黑龙江省
9	辽宁北药商贸有限公司	1	哈药集团医药有限公司
10	上药康德乐（大连）医药有限公司	2	国药控股黑龙江有限公司
11	辽宁北药百草医药有限公司	3	葵花药业集团医药有限公司
12	海城市福缘堂药业有限责任公司	4	黑龙江九州通医药有限公司
13	辽宁万隆医药有限公司	5	哈尔滨红叶医药有限公司
14	沈阳医药贸易大厦有限责任公司	6	牡丹江博维医药有限责任公司
15	辽宁天一药业有限责任公司	7	黑龙江齐辰医药有限公司
16	大连东特医药有限公司	8	黑龙江省德泓医药有限公司
17	辽宁省药材有限责任公司	9	黑龙江国药药材有限公司
18	辽宁太平医药有限公司	10	华润牡丹江天利医药有限公司
19	沈阳康鑫医药有限公司	11	黑龙江珍宝岛医药商业有限公司
20	大连金虎药业有限公司	12	黑龙江泰华医药集团有限公司
	吉林省	13	牡丹江嘉通医药有限公司
1	修正药业集团营销有限公司	14	绥化市医药有限公司
2	国药控股吉林有限公司	15	黑龙江省华源医药股份有限公司
3	华润吉林医药有限公司	16	牡丹江福宁医药有限公司
4	吉林万通药业集团药品经销有限公司	17	黑龙江省万鑫伟业医药有限公司
5	上药科园信海医药吉林有限公司	18	哈尔滨市阿城区医药有限公司
6	国药控股天和吉林医药有限公司	19	大庆医药有限责任公司
7	吉林省北方医药有限责任公司	20	黑龙江仁隆祥医药有限公司
8	东辽县医药药材有限责任公司		上海市
9	吉林省北药医药股份有限公司	1	上海医药集团股份有限公司
10	吉林敖东医药科技有限公司	2	上药控股有限公司
11	吉林省东隆医药物流配送有限公司	3	罗氏（上海）医药贸易有限公司
12	吉林市广聚药业有限责任公司	4	上药康德乐（上海）医药有限公司
13	华润吉林康乃尔医药有限公司	5	上海九州通医药有限公司
14	松原市神光医药有限公司	6	上海上药雷允上医药有限公司
15	吉林省辉南长龙药品经销有限责任公司	7	上海荣恒医药有限公司
16	吉林省吉林市医药有限责任公司	8	上海信谊联合医药药材有限公司
17	敦化市药品经销有限责任公司	9	华润医药（上海）有限公司
18	吉林省博宁医药有限公司	10	国药控股和记黄埔医药（上海）有限公司
19	长春永新迪瑞药业有限公司	11	上海康健进出口有限公司

序号	企业名称	序号	企业名称
12	华润医药商业集团上海医药有限公司	4	上药控股宁波医药股份有限公司
13	上药康德乐罗达(上海)医药有限公司	5	浙江省医药工业有限公司
14	上海龙威医药有限公司	6	浙江上药新欣医药有限公司
15	国药控股国大复美药业(上海)有限公司	7	国药控股温州有限公司
16	上海海吉雅医药有限公司	8	浙江震元股份有限公司
17	国药集团化学试剂有限公司	9	海尔施生物医药股份有限公司
18	上海美罗医药有限公司	10	温州市英特药业有限公司
19	上海医药集团药品销售有限公司	11	浙江来益医药有限公司
20	上海现代制药营销有限公司	12	华润衢州医药有限公司
	江苏省	13	浙江恩泽医药有限公司
1	南京医药股份有限公司	14	浙江华通医药集团有限公司
2	上药控股江苏股份有限公司	15	浙江英诺珐医药有限公司
3	江苏康缘医药商业有限公司	16	浙江嘉信医药股份有限公司
4	华润江苏医药有限公司	17	宁波英特药业有限公司
5	礼来贸易有限公司	18	浙江长典医药有限公司
6	江苏省医药有限公司	19	浙江珍诚医药科技有限公司
7	江苏先声药业有限公司	20	上药康德乐(浙江)医药有限公司
8	国药控股常州有限公司		安徽省
9	国药控股无锡有限公司	1	安徽华源医药集团股份有限公司
10	上药集团常州药业股份有限公司	2	安徽天星医药集团有限公司
11	上药润天江苏医药有限公司	3	国药控股安徽有限公司
12	国药控股南通有限公司	4	华润安徽医药有限公司
13	华润南通医药有限公司	5	安徽海王医药集团有限公司
14	泰州医药集团有限公司	6	华润立方药业(安徽)有限公司
15	上药控股徐州股份有限公司	7	上药控股安庆有限公司
16	华润昆山医药有限公司	8	滁州市鑫济医药有限公司
17	江苏澳洋医药物流有限公司	9	安徽省安天医药有限公司
18	上药控股南通有限公司	10	安徽延生药业有限公司
19	上药江苏宏康医药有限公司	11	上药控股安徽生物制品有限公司
20	常熟市建发医药有限公司	12	南京医药马鞍山有限公司
	浙江省	13	安徽省阜阳市医药有限公司
1	华东医药股份有限公司	14	安徽康宝药业有限公司
2	浙江英特集团股份有限公司	15	海王医药安庆有限公司
3	国药控股浙江有限公司	16	阜阳祝康药业有限公司

续表

序号	企业名称	序号	企业名称
17	安徽省宿州市医药有限公司	9	萍乡鹭顺医药有限公司
18	安徽丰原铜陵医药有限公司	10	遂川县医药公司
19	华润淮北医药有限公司		山东省
20	安徽华源生物制品有限公司	1	国药控股山东有限公司
	福建省	2	华润山东医药有限公司
1	鹭燕医药股份有限公司	3	瑞康医药集团股份有限公司
2	国药控股福建有限公司	4	青岛百洋医药股份有限公司
3	福建同春药业股份有限公司	5	山东九州通医药有限公司
4	国药控股福州有限公司	6	上药控股青岛有限公司
5	厦门片仔癀宏仁医药有限公司	7	齐鲁医疗投资管理有限公司
6	福建省医药集团有限责任公司	8	山东新华医药贸易有限公司
7	福建九州通医药有限公司	9	上药罗欣医药(山东)有限公司
8	片仔癀(漳州)医药有限公司	10	山东康诺盛世医药有限公司
9	国药控股泉州有限公司	11	威海市天福医药有限公司
10	华润东大(福建)医药有限公司	12	淄博众生医药有限公司
11	国药控股龙岩有限公司	13	国药控股聊城有限公司
12	国药控股南平新力量有限公司	14	菏泽牡丹医药有限责任公司
13	国药控股宁德有限公司	15	山东省医药集团有限公司
14	宁德鹭燕医药有限公司	16	青岛天合医药集团股份有限公司
15	中邮恒泰药业有限公司	17	日照医药集团
16	福建英特盛健药业有限公司	18	山东滨州圣慷药业有限公司
17	国药控股莆田有限公司	19	山东康惠医药有限公司
18	国药控股漳州有限公司		河南省
19	福建广药洁达医药有限公司	1	国药控股河南股份有限公司
20	国药控股三明有限公司	2	华润河南医药有限公司
	江西省	3	河南海王医药集团有限公司
1	江西南华医药有限公司	4	河南九州通医药有限公司
2	江西汇仁医药贸易有限公司	5	重庆医药集团河南有限公司
3	国药控股江西有限公司	6	通用技术河南省医药有限公司
4	江西五洲医药营销有限公司	7	上药科园信海河南医药有限公司
5	江西华晨医药科技有限公司	8	河南东森医药有限公司
6	江西上饶医药股份有限公司	9	商丘市新先锋药业有限公司
7	江西仁翔药业有限公司	10	蜀中百川医药(河南)有限公司
8	江西康成药业有限公司	11	河南德尔康医药科技有限公司

序号	企业名称	序号	企业名称
12	安阳恒峰医药有限公司	9	邵阳九福药业有限公司
13	通用技术新乡医药有限公司	10	湖南德海医药有限公司
14	河南省国药医药集团有限公司	11	衡阳瑞源药业有限公司
15	三门峡华为药品有限责任公司	12	特格尔医药集团股份有限公司
湖北省		13	衡阳市同德祥医药有限公司
1	九州通医药集团股份有限公司	14	湖南众昊药业有限责任公司
2	国药控股湖北有限公司	15	衡阳市寰康药业有限责任公司
3	华润湖北医药有限公司	广东省	
4	湖北人福医药集团有限公司	1	广州医药股份有限公司
5	南京医药湖北有限公司	2	深圳市海王生物工程股份有限公司
6	武汉健民药业集团维生药品有限责任公司	3	国药控股广州有限公司
7	华润湖北金马医药有限公司	4	广东九州通医药有限公司
8	国药控股湖北宏源医药有限公司	5	创美药业股份有限公司
9	湖北独活药业股份有限公司	6	广州采芝林药业有限公司
10	宜昌市康鑫医药经销有限公司	7	康德乐合丹(深圳)医药有限公司
11	湖北九州通基药有限公司	8	华润惠州医药有限公司
12	黄冈市卫尔康医药有限公司	9	华润东莞医药有限公司
13	国药控股孝感有限公司	10	康泽药业股份有限公司
14	华润恩施医药有限公司	11	广东海王医药集团有限公司
15	湖北江汉九州通医药有限公司	12	广东广弘医药有限公司
16	宜昌市瑞康医药有限责任公司	13	深圳市健华医药有限公司
17	海王(武汉)医药有限公司	14	广东省医药集团有限公司
18	鄂州市吴都医药有限公司	15	广州市金长风药业有限公司
19	宜昌万和医药有限责任公司	广西壮族自治区	
20	湖北孝通医药药材有限公司	1	广西柳药集团股份有限公司
湖南省		2	国药控股广西有限公司
1	国药控股湖南有限公司	3	广西九州通医药有限公司
2	华润湖南医药有限公司	4	国药控股柳州有限公司
3	湖南达嘉维康医药有限公司	5	广西新桂玉医药有限公司
4	湖南上药九旺医药有限公司	6	广西英特康药业有限公司
5	重药控股湖南博瑞药业有限公司	7	广西嘉进医药批发有限公司
6	湖南天士力民生药业有限公司	8	广西金贝医药有限责任公司
7	湖南九芝堂医药有限公司	9	广西天下康药业有限责任公司
8	常德市九芝堂医药有限公司	10	北海国发医药有限公司

续表

序号	企业名称	序号	企业名称
11	广西梧州海王百姓医药有限公司	12	重庆天心药业有限责任公司
	海南省	13	重庆生物制品有限公司
1	海南广药晨菲医药有限公司	14	重庆市万家燕医药有限公司
2	葵花药业集团(海南)医药科技有限公司	15	重庆华博军卫医药股份有限公司
3	海南晴川健康科技有限公司	16	重庆宏业医药有限责任公司
4	海南德仁药业有限公司	17	重庆市华烨药业有限公司
5	国药控股海南有限公司	18	重庆医药天泰医药有限公司
6	国药控股海南鸿益有限公司	19	重庆市太乙堂药业有限公司
7	海南快克药业有限公司	20	重庆威普药业有限公司
8	华润海南裕康医药有限公司		四川省
9	海南华健药业有限公司	1	国药四川医药集团有限公司
10	上海医药集团信谊洋浦有限公司	2	华润科伦医药(四川)有限公司
11	海南成美药业有限公司	3	国药集团西南医药有限公司
12	海南天禾健康产业有限公司	4	四川合纵药易购医药股份有限公司
13	海南葫芦娃药业有限公司	5	四川金仁医药集团有限公司
14	海南鹭燕医药有限公司	6	四川本草堂药业有限公司
15	上药科园信海医药海南有限公司	7	四川贝尔康医药有限公司
16	海南美乐康药业有限公司	8	江药集团(四川)有限公司
17	重药控股(海南)医药有限公司	9	重庆医药集团四川金利医药有限公司
18	海南恒诚健康产业有限公司	10	四川绵阳科伦医药贸易有限公司
19	海南康芝生物科技有限公司	11	成都禾创药业集团有限公司
20	海南振誉药业有限公司	12	绵阳天诚药业集团有限公司
	重庆市	13	四川天诚药业股份有限公司
1	重药控股股份有限公司	14	重庆医药集团宜宾医药有限公司
2	重庆桐君阁股份有限公司	15	凉山佳能达医药贸易有限责任公司
3	重庆九州通医药有限公司	16	四川遂宁市全泰堂药业有限公司
4	重庆厚捷医药集团有限公司	17	国药控股达州有限公司
5	上药康德乐(重庆)医药有限公司	18	四川南充科伦医药贸易有限公司
6	重庆市吉和药品有限公司	19	四川省南充药业(集团)有限公司
7	重庆医药集团长圣医药有限公司	20	四川海棠医药有限公司
8	国药控股重庆有限公司		贵州省
9	太极集团重庆涪陵医药有限公司	1	国药控股贵州有限公司
10	重庆赛力君安医药有限公司	2	贵州省医药(集团)和平医药有限公司
11	重庆渝进药业有限公司	3	贵州康心药业有限公司

续表

序号	企业名称	序号	企业名称
4	贵州科开医药有限公司	16	云南新世纪药业有限公司
5	贵州省医药(集团)有限责任公司	17	云南省医药兴达有限公司
6	上药控股贵州有限公司	18	云南名扬药品销售有限公司
7	贵州鼎圣药业有限公司	19	云南昊邦医药销售有限公司
8	贵州斯瑞医药有限责任公司	20	云南省医药三发有限公司
9	贵州紫凡药品有限公司		西藏自治区
10	贵州中鑫医药有限公司	1	西藏神威药业有限公司
11	上药控股毕节有限公司	2	西藏康健医药销售有限公司
12	贵州省毕节市医药有限公司	3	国药西藏医药有限公司
13	贵州省药材公司		陕西省
14	黔西南州天地药业贸易有限公司	1	陕西医药控股集团派昂医药有限责任公司
15	上药控股黔南有限公司	2	国药控股陕西有限公司
16	贵州民生药业有限公司	3	西安藻露堂药业集团有限责任公司
17	遵义医药有限公司	4	西安医药投资控股有限责任公司
18	贵州光正医药销售有限公司	5	咸阳医药工业集团有限公司
19	贵州华圣医药工业有限公司	6	陕西省汉中市药材总公司
20	贵州比福医药销售有限公司	7	咸阳市医药总公司
	云南省	8	华润西安医药有限公司
1	云南省医药有限公司		甘肃省
2	国药控股云南有限公司	1	国药控股甘肃有限公司
3	云南东骏药业有限公司	2	兰州强生医药集团有限公司
4	昆药集团医药商业有限公司	3	兰州佛慈西城药业集团有限责任公司
5	云南云红药业有限公司	4	张掖市银杏林药业有限责任公司
6	上药控股云南有限公司	5	临夏药业有限责任公司
7	云南省久泰药业有限公司	6	甘肃莱美医药投资有限责任公司
8	云南医药工业销售有限公司	7	甘肃平凉国泰药业有限责任公司
9	昆明滇虹药业销售有限公司	8	嘉峪关市明珠药业有限公司
10	云南佳能达医药有限公司	9	八冶建设集团金昌金芝医药有限责任公司
11	云南云医康医药有限责任公司	10	兰州旭康药业有限公司
12	华润昆明医药有限公司	11	嘉峪关市康远医药有限责任公司
13	昆明积大药品销售有限公司	12	嘉峪关市众康药业有限公司
14	云南龙马药业有限公司	13	甘肃普禾医药有限责任公司
15	昆明贝克诺顿药品销售有限公司		

序号	企业名称	序号	企业名称
	宁夏回族自治区	14	宁夏春晓医药有限公司
1	国药控股宁夏有限公司	15	宁夏圣瑞禾医药有限公司
2	重庆医药集团(宁夏)有限公司	16	宁夏福安达医药有限公司
3	宁夏达美医药有限公司	17	宁夏开元医药有限公司
4	宁夏华源耀康医药有限公司	18	宁夏天心医药有限责任公司
5	宁夏海王医药有限公司	19	宁夏德昇泰医药有限公司
6	宁夏众欣联合德林医药有限公司	20	宁夏博世康药业有限公司
7	宁夏永寿堂医药有限公司		青海省
8	宁夏中邮物流有限责任公司	1	国药控股青海有限公司
9	宁夏众欣联合方泽医药有限公司	2	青海省新绿洲医药集团有限公司
10	宁夏源洋医药有限公司	3	青海省富康医药集团有限责任公司
11	宁夏启元医药有限公司		新疆维吾尔自治区
12	宁夏佳禾医药有限公司	1	国药集团新疆新特药业有限公司
13	宁夏正源医药有限公司	2	新疆九州通医药有限公司

注：区域排序不足20位的地区以已上报直报企业位列。

资料来源：商务部药品流通管理系统。

附表14 2023年区域药品流通零售企业主营业务收入前10位排序

序号	企业名称	序号	企业名称
	北京市		河北省
1	北京同仁堂商业投资集团有限公司	1	河北华佗药房医药连锁有限公司
2	叮当智慧药房(北京)有限公司	2	石家庄新兴药房连锁股份有限公司
3	北京同仁堂连锁药店有限责任公司	3	河北神威大药房连锁有限公司
4	北京高济百康大药房有限公司	4	国药河北乐仁堂医药连锁有限公司
5	北京金象大药房医药连锁有限责任公司	5	廊坊市百和一笑堂医药零售连锁有限公司
6	仁和药房网(北京)医药科技有限公司	6	河北神威圣诺大药房连锁有限公司
7	北京同仁堂崇文门药店有限责任公司		山西省
8	北京德信行医保全新大药房有限公司	1	山西荣华大药房连锁有限公司
9	北京嘉事堂连锁药店有限责任公司	2	山西仁和大药房连锁有限公司
10	北京永安堂医药连锁有限责任公司		内蒙古自治区
	天津市	1	国药控股国大药房内蒙古有限公司
1	老百姓大药房连锁(天津)有限公司	2	内蒙古仁和堂医药连锁有限公司

序号	企业名称	序号	企业名称
3	赤峰雷蒙大药房连锁有限公司	6	上海国大药房连锁有限公司
4	阿拉善盟医药有限责任公司	7	上海得一大药房连锁有限公司
	辽宁省	8	国药控股国大复美大药房上海连锁有限公司
1	辽宁成大方圆医药连锁有限公司	9	上海养和堂药业连锁经营有限公司
2	沈阳维康医药连锁有限公司	10	上海余天成药业连锁有限公司
3	辽宁雪松医药连锁有限公司		江苏省
4	大连东特大药房有限公司	1	南京医药国药有限公司
5	沈阳同德大药房连锁有限公司	2	江苏润天医药连锁药房有限公司
	吉林省	3	江苏大众医药连锁有限公司
1	吉林大药房药业股份有限公司	4	江苏康济大药房连锁有限公司
2	国大益和大药房吉林有限公司	5	无锡汇华强盛医药连锁有限公司
3	四平神 农大药房连锁股份有限公司	6	华润苏州礼安医药连锁总店有限公司
4	梅河口市王成万和堂医药连锁有限公司	7	苏州雷允上国药连锁总店有限公司
5	吉林省合兴健康药房连锁有限责任公司	8	常州人寿天医药连锁有限公司
6	吉林省医药大厦连锁有限公司		浙江省
	黑龙江省	1	瑞人堂医药集团股份有限公司
1	哈尔滨人民同泰医药连锁有限公司	2	杭州海王星辰健康药房有限公司
2	黑龙江华辰大药房连锁有限公司	3	浙江震元医药连锁有限公司
3	黑龙江一辰医药连锁销售有限公司	4	浙江英特怡年药房连锁有限公司
4	佳木斯华伟大药房连锁有限公司	5	杭州华东大药房有限公司
5	鹤岗市 九寿大药房零售连锁有限责任公司	6	宁波四明大药房有限责任公司
6	黑龙江华伟康健大药房连锁有限公司	7	杭州九洲大药房连锁有限公司
7	齐齐哈尔大参林新特药品连锁有限公司	8	杭州胡庆余堂国药号有限公司
8	大兴安岭地区正言堂药房连锁有限公司	9	浙江益药全德堂药房连锁有限公司
9	黑龙江诚信阳光大药房连锁有限公司	10	浙江华通医药连锁有限公司
10	大商大庆长春堂药店连锁有限公司		安徽省
	上海市	1	滁州华巨百姓缘大药房连锁股份有限公司
1	国药控股国大药房有限公司	2	安徽丰原大药房连锁有限公司
2	上海医药大健康云商股份有限公司	3	安徽四方百信大药房连锁有限公司
3	上海华氏大药房有限公司	4	合肥新稀特大药房有限公司
4	上海益丰大药房有限公司	5	安徽省天长市千秋医药有限责任公司
5	上海第一医药股份有限公司	6	安徽百佳益民医药连锁有限公司

续表

序号	企业名称	序号	企业名称
7	明光万顺大药房连锁有限公司	6	湖北天和堂医药有限公司
福建省		湖南省	
1	福建国大药房连锁有限公司	1	老百姓大药房连锁股份有限公司
2	北京同仁堂福建药业连锁有限公司	2	益丰大药房连锁股份有限公司
3	厦门九鼎药房有限公司	3	湖南千金大药房连锁有限公司
4	福州回春医药连锁有限公司	4	湖南达嘉维康医药产业股份有限公司
江西省		5	湖南老百姓怀仁药房连锁有限公司
1	江西黄庆仁栈华氏大药房有限公司	6	湖南国大民生堂药房连锁有限公司
2	江西洪兴大药房连锁有限公司	广东省	
3	江西省萍乡市昌盛大药房连锁有限公司	1	大参林医药集团股份有限公司
山东省		2	广州健民医药连锁有限公司
1	漱玉平民大药房连锁股份有限公司	3	深圳市南北药行连锁有限公司
2	临沂市仁和堂医药(连锁)有限公司	4	广药大药房(广东)有限公司
3	山东燕喜堂医药连锁有限公司	5	康泽药业连锁有限公司
4	山东立健药店连锁有限公司	6	深圳市麦德信药房管理有限公司
5	青岛德信行惠友大药房有限公司	7	中山市中智大药房连锁有限公司
6	青岛百洋健康药房连锁有限公司	广西壮族自治区	
7	济宁新华鲁抗大药房有限公司	1	广西桂中大药房连锁有限责任公司
8	山东德信堂医药连锁有限公司	2	广西一朝心阳一心大药房有限责任公司
9	青岛国风大药房连锁有限公司	3	国药控股国大药房广西连锁有限公司
10	山东益寿堂药业集团有限公司	4	广西梧州百姓大药房连锁有限公司
河南省		5	广西南宁朝阳大药房连锁有限责任公司
1	河南张仲景大药房股份有限公司	6	广西玉林市至真药业连锁有限责任公司
2	开封市百氏康医药连锁有限公司	海南省	
3	河南佐今明大药房健康管理股份有限公司	1	海南养天和大药房连锁经营有限公司
4	河南鸿翔一心堂药业有限公司	2	海南永敬堂药业连锁经营有限公司
5	河南大药房连锁经营有限公司	3	海南广安大药堂连锁经营有限公司
湖北省		4	海南千方大药房连锁经营有限公司
1	天济大药房连锁有限公司	重庆市	
2	好药师大药房连锁有限公司	1	重庆和平药房连锁有限责任公司
3	武汉马应龙大药房连锁股份有限公司	2	重庆市万和药房连锁有限公司
4	湖北用心人大药房连锁有限公司	3	重庆鑫斛药房连锁有限公司
5	武汉东明药房连锁有限公司	4	重庆万鑫药房连锁有限公司

续表

序号	企业名称	序号	企业名称
5	重庆医药巴南医药有限责任公司	3	云南白药大药房有限公司
6	重庆浩丰药业有限公司	4	云南国大迪升大药房连锁有限公司
7	重庆佳倍聚人医药连锁有限公司	5	云南省玉溪医药有限责任公司
	四川省	6	宣威市得云药业有限公司
1	四川正和祥健康药房连锁有限公司		陕西省
2	成都泉源堂大药房连锁股份有限公司	1	陕西众信医药超市连锁股份有限公司
3	四川杏林医药连锁有限责任公司		甘肃省
4	四川省巴中怡和药业连锁有限责任公司	1	德生堂医药股份有限公司
5	宜宾天天康大药房零售连锁有限责任公司	2	嘉峪关康盛医药连锁有限公司
6	四川圣杰药业有限公司	3	甘肃步天医药有限公司
7	绵阳科伦大药房连锁有限公司	4	嘉峪关市蕙莘堂医药有限责任公司
8	四川麦德凯大药房有限公司		宁夏回族自治区
9	四川高济康健堂医药连锁有限公司	1	宁夏国大药房连锁有限公司
10	四川鸿翔一心堂医药连锁有限公司	2	银川美合泰医药连锁有限公司
	贵州省	3	宁夏德立信医药有限责任公司
1	贵州一树药业股份有限公司	4	宁夏普济大药房
2	贵州一品药业连锁有限公司	5	宁夏永宏医药贸易有限公司
3	贵州正和祥药业有限公司	6	固原市医药有限责任公司
4	贵州省医药（集团）和平药房连锁有限公司	7	宁夏百年益康大药房医药连锁有限公司
	云南省	8	宁夏永丰医药有限公司
1	一心堂药业集团股份有限公司	9	石嘴山市博康医药有限公司
2	健之佳医药连锁集团股份有限公司	10	宁夏厚德轩医药有限公司

注：西藏、新疆、青海无零售直报企业数据；区域排序不足10位的地区以已上报直报企业位列。
资料来源：商务部药品流通管理系统。

附表15　2023年药品流通企业电商交易额排序（第三方医药电商平台）

单位：万元

序号	企业名称	电商业务交易额
1	广州速道信息科技有限公司	4691200
2	重庆药品交易所股份有限公司	4477478
3	武汉华中药品交易有限公司	1799257

资料来源：商务部药品流通管理系统。

附表16 2023 年药品流通企业电商销售额前 50 位排序（B2B）

单位：万元

	企业名称	医药电商销售额
1	华东医药股份有限公司	2233235
2	云南省医药有限公司	2197949
3	华润医药商业集团有限公司	2190126
4	浙江英特集团股份有限公司	2084904
5	华润河南医药有限公司	1608080
6	九州通医药集团股份有限公司	1478750
7	中国医药集团有限公司	396578
8	江西五洲医药营销有限公司	352321
9	四川合纵药易购医药股份有限公司	197483
10	安徽华源医药集团股份有限公司	180500
11	重药控股股份有限公司	164064
12	广州医药股份有限公司	132719
13	上药控股宁波医药股份有限公司	103812
14	浙江海派医药有限公司	72178
15	宁波英特药业有限公司	70224
16	云南云红药业有限公司	67677
17	上药康德乐(上海)医药有限公司	58965
18	华润吉林医药有限公司	52055
19	南京医药股份有限公司	51803
20	重庆九州通医药有限公司	47214
21	华润新龙(北京)医药有限公司	43873
22	陕西医药控股集团派昂医药有限责任公司	43492
23	好药师大药房连锁有限公司	41589
24	山东九州通医药有限公司	37800
25	浙江珍诚医药科技有限公司	35701
26	蜀中百川医药(河南)有限公司	35346
27	华润湖北医药有限公司	33930
28	国药控股北京有限公司	33096
29	河南九州通医药有限公司	32785
30	国药控股河南股份有限公司	32338
31	创美药业股份有限公司	31585
32	青岛百洋医药股份有限公司	31553

续表

	企业名称	医药电商销售额
33	浙江湖州英特药业有限公司	30436
34	华润衢州医药有限公司	27830
35	重庆医药集团四川金利医药有限公司	24660
36	康泽药业股份有限公司	23779
37	华润科伦医药(四川)有限公司	21949
38	国药控股浙江有限公司	21942
39	重庆医药集团(天津)医药商业有限公司	18284
40	河南德尔康医药科技有限公司	18094
41	鹭燕医药股份有限公司	17876
42	重庆渝进药业有限公司	16879
43	国药集团药业股份有限公司	16124
44	四川金仁医药集团有限公司	15623
45	四川贝尔康医药有限公司	14925
46	四川本草堂药业有限公司	14586
47	云南云医康医药有限责任公司	14094
48	江药集团(四川)有限公司	13623
49	广东九州通医药有限公司	13216
50	国药集团山西有限公司	12177

资料来源：商务部药品流通管理系统。

附表17 2023年药品流通企业电商销售额前50位排序（B2C）

单位：万元

序号	企业名称	医药电商销售额
1	中国医药集团有限公司	222310
2	国药控股国大药房有限公司	181734
3	漱玉平民大药房连锁股份有限公司	128213
4	九州通医药集团股份有限公司	101944
5	叮当快药科技集团有限公司	93159
6	上海得一大药房连锁有限公司	85710
7	健之佳医药连锁集团股份有限公司	69448
8	广州健民医药连锁有限公司	69300
9	老百姓大药房连锁股份有限公司	63399
10	瑞人堂医药集团股份有限公司	47325

续表

序号	企业名称	医药电商销售额
11	成都泉源堂大药房连锁股份有限公司	46068
12	仁和药房网(北京)医药科技有限公司	45319
13	好药师大药房连锁有限公司	44155
14	大参林医药集团股份有限公司	38501
15	叮当智慧药房(北京)有限公司	33960
16	国药控股湖北有限公司	31492
17	德生堂医药股份有限公司	27585
18	青岛百洋医药股份有限公司	26795
19	益丰大药房连锁股份有限公司	26480
20	上海医药大健康云商股份有限公司	26005
21	贵州一树药业股份有限公司	25890
22	南京医药股份有限公司	22281
23	浙江英特集团股份有限公司	22120
24	华润医药商业集团有限公司	17682
25	一心堂药业集团股份有限公司	16761
26	重药控股股份有限公司	16225
27	江苏康济大药房连锁有限公司	15600
28	深圳市南北药行连锁有限公司	15450
29	天济大药房连锁有限公司	12847
30	浙江英特怡年药房连锁有限公司	12088
31	南京医药国药有限公司	11335
32	杭州九洲大药房连锁有限公司	11022
33	广药大药房(广东)有限公司	10932
34	重庆和平药房连锁有限责任公司	10691
35	中山市中智大药房连锁有限公司	10115
36	云南白药大药房有限公司	9899
37	河南张仲景大药房股份有限公司	9400
38	华润河南医药有限公司	8841
39	上海医药嘉定大药房连锁有限公司	7949
40	湖南千金大药房连锁有限公司	7666
41	河北华佗药房医药连锁有限公司	7470
42	石家庄新兴药房连锁股份有限公司	7343
43	上海第一医药股份有限公司	7295
44	杭州华东大药房连锁有限公司	6230

序号	企业名称	医药电商销售额
45	宁波四明大药房有限责任公司	4786
46	国药控股国大药房内蒙古有限公司	4651
47	苏州雷允上国药连锁总店有限公司	4633
48	贵州一品药业连锁有限公司	4625
49	河南佐今明大药房健康管理股份有限公司	4589
50	广西桂中大药房连锁有限责任公司	4273

资料来源：商务部药品流通管理系统。

Abstract

2023 is thefirst year to fully implement the guiding principles of the 20th CPC National Congress and a crucial year for continuing to implement the 14th Five-Year Plan. This year, General Secretary Xi Jinping put forward "new-quality productive forces" for the first time and expounded on it in depth at the Central Economic Work Conference in late 2023, noting that the development of new-quality productive forces is a crucial measure for promoting high-quality economic development. To this end, China has enacted policies such as the *Measures for the Quality Supervision and Administration of the Distribution and Use of Medicinal Products*, which have been officially promulgated and implemented. These Measures explicitly promote the industry's growth across three pivotal dimensions: the introduction of new standards, innovative business formats, and cutting-edge approaches. Additionally, they enhance oversight mechanisms to ensure the safety and integrity of pharmaceutical operations and utilization processes. Furthermore, the *Circular on Further Enhancing the Incorporation of Designated Retail Pharmacies into Outpatient Coordination Management* has been announced and is now in effect. This *Circular* clearly outlines the encouragement for chain pharmacies to participate in national volume-based procurement programs and outpatient comprehensive planning, fostering their interconnectedness, specialization, and digital advancement. In 2023, China has successively released policies, notably the *Circular on Centralised Purchasing and Price Management of Pharmaceuticals for* 2023 and the *Plan for the Overall Layout of the Construction of Digital China*. These policies outline definitive strategies aimed at elevating quality standards and broadening the scope of centralized pharmaceutical procurement. Additionally, they advance digital infrastructure and foster the development of AI technology across diverse industries within the country. As the popularity of healthcare AI general models soars, pharmaceutical distribution companies have intensified their efforts towards business innovation and digital transformation, aligning themselves with the evolving landscape of the industry.

This report provides a comprehensive and in-depth analysis of the developmental milestones attained by both domestic and international industries. It encompasses a broad spectrum of substantive content, including vital data pertaining to the operational statistics of the pharmaceutical distribution industry in 2023. The report delves into an analysis of the innovative developmental trends that are shaping the industry landscape, presenting illustrative cases of digital transformation and sharing international experiences garnered within the pharmaceutical distribution industry. The report affirms that over the past year, China's pharmaceutical distribution market has maintained a steady growth in sales scale, accompanied by a continuous increase in industry concentration. The leading enterprises within the industry have accelerated their pace of digital transformation, actively exploring novel models and business formats to pave fresh paths for development. These endeavors have had a positive impact on guiding the industry towards high-quality development. Moreover, large-scale pharmaceutical retail chain enterprises have consistently expanded their store networks at an accelerated pace, with several enterprises achieving the milestone of surpassing ten thousand stores. Professional services have emerged as a pivotal new competitive advantage within the pharmaceutical retail industry. Pharmaceutical logistics enterprises carry out smart supply chain and digital logistics construction. The integration of online and offline industries is accelerating.

Keywords: Pharmaceutical Distribution; New-quality Productive Forces; Digital Transformation

Contents

I General Report

Abstract: This report meticulously analyzes multi-faceted data, encompassing
the scale, benefits, sales categories, and distribution channels of the pharmaceutical
distribution industry. It summarizes the industry's developmental characteristics in
2023, offers a judicious assessment of its future trajectory, and next key task. The
onset of 2024 signifies a pivotal moment in the implementation of the 14th Five-
Year Plan, amidst which digital transformation is gathering pace, and myriad novel
business formats and models are continually emerging. In the future, the scale of the
pharmaceutical distribution industry will maintain steady growth, and the industry
structure will be continuously optimized. Under the promotion of digital
technology, innovation will become the driving force of development, and
standardized development will become the inevitable trend of industry development.

Keywords: Pharmaceutical Distribution Industry; Pharmaceutical Wholesale
Enterprises; Pharmaceutical Retail; Pharmaceutical Logistics; Pharmaceutical E-
commerce

Ⅱ　Policy Reports

Abstract: This paper presents an exhaustive analysis of the policies pertaining to medical device oversight, meticulously examining pivotal aspects of the regulatory documents on medical device regulation. These include the streamlining and enhancement of the approval process, the reinforcement of corporate accountability as the primary responsibility, and the augmentation of oversight mechanisms. The legislative and regulatory edifice governing the circulation of medical devices is progressively becoming more organized and all-encompassing, thereby consistently igniting the unleashing of growth prospects within the medical device circulation industry. The market landscape for medical devices is expanding at a robust pace, with prominent enterprises demonstrating advancements in digitalization, diversification, and platform-based strategies, alongside a continually refined structural framework. Looking ahead, the national medical device regulatory authority will steadfastly conduct scientific evaluations of potential quality hazards in the medical device circulation market, particularly concentrating on areas of potential quality and safety oversight concerns, such as the quality and safety of medical devices sold online, the enforcement of domestic legal entity responsibilities for imported medical devices, the advancement of modern logistics systems for medical devices, and the innovation and evolution of medical device supply chain models.

Keywords: Medical Device; Laws and Regulations; Regulation; High-quality Development

327

B.3　Health Technology Assessment（HTA）Contributes to the
　　　Construction of a Multi-tier Medical Security System in China

Guo Wudong, Zhang Xiaolu / 031

Abstract: Health Technology Assessment（HTA）, an essential technical methodology facilitating evidence-based decision-making within the healthcare domain, has garnered widespread adoption within the Chinese medical and pharmaceutical industries. One of its prominent applications lies in bolstering the development of a multi-tier medical security system. This paper endeavors to outline the current status of HTA's application in medical insurance and delve into its significant and inherent values; it is imperative to acknowledge that, at this juncture, we face a dearth of professional and authoritative regulatory bodies for HTA, reliable data sources, universally agreed-upon Incremental Cost-effectiveness Ratio（ICER）. ICER threshold standards, as well as comprehensive engagement from diverse stakeholder groups throughout the HTA process. To address these challenges, this paper presents an examination of the exploratory endeavors and practical attempts undertaken by nations such as the United Kingdom, Canada, and Germany in the application of HTA. Furthermore, it condenses pertinent historical experiences, offering valuable insights and guidance for domestic research endeavors in this field.

Keywords: Health Technology Assessment; Evidence-based Decision-making; Medical Security System

B.4　A Discussion on the Formulation and Main Highlights of the
　　　Measures for the Quality Supervision and Administration of
　　　the Distribution and Use of Medicinal Products

Jiang Rong / 046

Abstract: The *Measures for the Quality Supervision and Administration of the*

Distribution and Use of Medicinal Products represent a pivotal departmental regulation aimed at elevating the standards of quality management in the realm of distribution and use of medicinal products. These Measures, grounded in the fundamental principles and mandates outlined in the *Pharmaceutical Administration Law* and the *Vaccine Administration Law*, meticulously address the advancements achieved through the reform of the operational field's management and service system, as well as the evolving landscape of novel business formats and models. By establishing quality and safety risk prevention and control as its cornerstone, it outlines specific provisions encompassing term definitions, eligibility criteria for operational licenses, procedural guidelines for obtaining such licenses, management protocols for operational activities, and the imperatives of routine supervision. It underscores the primacy of accountability and fosters a heightened sense of oversight, thereby laying a robust foundation for safeguarding the quality and safety of pharmaceutical operation and utilization processes, and promoting the pursuit of high-quality development.

Keywords: Streamlining Administration and Delegating Powers; Improving Regulation; and Enhancing Services; Business License; Entrusted Activities; Cross-provincial Supervision; Risk Management

Ⅲ Industry Reports

B.5 Investigation and Analysis Report on the Adjustment of
Medical Insurance Access Threshold for
Rare Disease Medicines in 2023

The ResearchTeam on The Adjustment of the Medical Insurance
Access Threshold for Rare Disease Medicines of the Commercial
Insurance and Pharmaceutical Distribution Branch of the China
Association of Pharmaceutical Commerce / 054

Abstract: To further enhance the existing medical insurance payment system in China, the project team of this subject has conducted empirical research on the

ICER threshold and explored the adjustment mechanism within the Chinese context. The comprehensive research outcomes indicate that, under identical conditions, medical insurance decision-makers in China do not prioritize the reimbursement of rare diseases. Nevertheless, when rare diseases fulfill certain criteria, such as severe manifestations or absolute dependency on a specific innovative medications for treatment, they demonstrate a readiness to support medications for rare diseases. This research offers invaluable quantitative insights to the medical insurance department in formulating or adjusting reimbursement standards for rare disease medications, thereby facilitating the continuous improvement and optimization of the medical insurance system.

Keywords: ICER Threshold; Rare Diseases; Medical Insurance Fund; Willingness to pay

B.6　An Overview of the Analysis of Medical Nutrition Development

Medical Nutrition Development Branch, China Association of Pharmaceutical Commerce / 070

Abstract: Medical nutrition, as a pivotal and autonomous discipline, has attracted substantial attention from both the medical community and the general public in recent years. This paper thoroughly examines the definitions, categorizations, present state of development, and emerging trends pertaining to parenteral nutrition, enteral nutrition, and specialized medical foods utilized in medical nutrition therapy. The author believes that parenteral nutrition holds a paramount position within the medical landscape, with a steadily increasing demand for its associated medications. Notably, China's demand for parenteral nutrition exhibits a robust and sustained growth trajectory. Enteral nutrition, a fundamental approach to nutritional support and treatment in clinical settings, is poised to experience a significant elevation in its status and function. Looking ahead, its reach will gradually extend beyond hospital walls to encompass communities and households, thereby playing a pivotal role in facilitating patient recovery and enhancing their overall quality of life. While specialized medical foods have emerged relatively recently in China, their indispensable contribution to clinical nutrition support ensures a promising future of rapid development. Nevertheless, it is imperative to prioritize the establishment of standardized and unobstructed distribution channels throughout their evolution, to ensure their effective and widespread utilization.

Keywords: Medical Nutrition; Parenteral Nutrition; Enteral Nutrition; Specialized Medical Foods

B.7 Analysis of the Effects and Trends of Innovative Development in the Pharmaceutical Distribution Industry in 2023 *Wen Zaixing* / 082

Abstract: In 2023, China made concerted efforts to enhance the coordinated development and governance of medical insurance, medical care, and the pharmaceutical industry, resulting in the promulgation of pertinent policies and measures, which have played a pivotal role in fostering the healthy and sustainable growth of pharmaceutical circulation enterprises, a substantial number of which have diligently pursued the developmental objectives and various pivotal tasks outlined in the *Guiding Opinions on Promoting the High－Quality Development of the Pharmaceutical Distribution Industry during the* 14th *Five－Year Plan Period*, issued by the Ministry of Commerce. These enterprises have accelerated their digital transformation, striven to achieve high-quality development, and recorded notable accomplishments. This paper concisely outlines the enactment and implementation of policies pertaining to the pharmaceutical distribution industry in 2023, with a primary focus on analyzing the innovative achievements attained by pharmaceutical distribution enterprises in their developmental endeavors. Notable achievements include the steady progress of large-scale, digital, and comprehensive pharmaceutical distribution enterprises; the professional and diversified innovation path embarked upon by pharmaceutical retail chain enterprises; the expansion and deepening of "Internet + Pharmaceutical Distribution" facilitated by digital transformation; and the emergence of a new trend in the innovative development of medical e-commerce. Additionally, this paper also undertakes the task of forecasting and analyzing the development trends of the pharmaceutical distribution industry in the subsequent phase.

Keywords: Centralized Procurement of Pharmaceuticals; Digital Transformation; Pharmaceutical Retail

B.8 Analysis of the Operation of Listed Companies in the Pharmaceutical Distribution Industry in 2023

Sun Yuanyuan, Chen Xiao and Meng Lingyu / 095

Abstract: The data of listed companies serves as a pivotal indicator reflecting the state of development within the industry. This paper, leveraging the openly disclosed 2023 annual report information of 28 listed enterprises within the pharmaceutical distribution industry, undertakes an analysis of their revenue streams, profitability levels, expenditure management, capital utilization, and strategic execution. Throughout 2023, China's pharmaceutical distribution industry manifested a consistent trend of progression; nonetheless, it also encountered hurdles such as policy modifications and intensified market rivalry. To confront these challenges and capitalize on growth prospects, listed companies within the pharmaceutical distribution industry must augment their strategic planning, refine their operational capabilities, fortify their internal governance and risk mitigation frameworks, and relentlessly drive the industry towards high-quality development.

Keywords: Pharmaceutical Distribution; Listed Companies; Operational Analysis

Ⅳ Digital Transformation Reports

B.9 Investigation and Analysis of the Digital Transformation of
Chinese Pharmaceutical Distribution Enterprises in 2023

Digital Intelligence Application Branch, China Association of

Pharmaceutical Commerce / 115

Abstract: In order to gain a comprehensive understanding of the present state and accomplishments of the digital transformation undertaken by Chinese pharmaceutical distribution enterprises, the research team of the branch engaged in a rigorous data-gathering process. This involved the utilization of diverse methodologies such as conducting in-depth interviews with enterprises and administering questionnaires, with the aim of acquiring exhaustive information pertaining to the subject matter. The scope of this data collection encompassed evaluations of construction efforts, strategies and objectives, the mindset surrounding digital transformation, the selection and implementation of digital technologies, the attainment of achievements and the encountered challenges, as well as the innovation and localization of information applications. Concurrently, the branch maintained a keen focus on the tangible digital achievements realized by enterprises during their transformation journey, along with their expectations from governmental bodies and associated entities in terms of support. Drawing upon the insights and recommendations of experts, this report has been meticulously crafted. It asserts that the strategies and pathways for the digital transformation of pharmaceutical distribution enterprises in the future are gradually taking shape, with certain enterprises having already secured interim successes. While there exists a pronounced demand for AI applications, the actual achievements in this domain remain limited. Furthermore, the industry confronts challenges in the areas of IT innovation and localization, and significant potential exists for enhancing data security and fostering the development of digital assets.

Keywords: Pharmaceutical Distribution Enterprises; Digital Transformation; Digital Technologies; IT-based Innovative Applications; Digital Achievements

B.10 Research on the Direction of Digital Transformation in the Pharmaceutical Distribution Industry *Zhang Xinhong* / 131

Abstract: The essence of digitalization resides in harnessing the pivotal role of data. The inherent worth of data encompasses three fundamental aspects: comprehending facts, facilitating informed decision-making, and guiding actions. At the heart of digital transformation lies data innovation, which comprises three essential components: data-driven thinking, data competencies and data integration. Digital capabilities represent the core competitive advantage in the digital age and serve as a crucial underpinning for the successful execution of digital transformation. By thoroughly grasping the significance of data value, adeptly navigating the crux of data innovation, and possessing robust digital capabilities, industries and enterprises can attain double the results with half the effort, thereby smoothly navigating the path of digital transformation.

Keywords: Data Value; Data Innovation; Digital Competencies; Digital Transformation

B.11 Digital Transformation Boosts the High-quality Development of the Pharmaceutical Distribution Industry *Zhou Bin* / 142

Abstract: This paper delves into the urgent necessity for digital transformation within pharmaceutical distribution enterprises, and outlines the pivotal strategies they have embarked upon amidst the prevailing heightened market consolidation in the pharmaceutical distribution industry, the progression of information technology, the influence of regulatory frameworks, the modernization of supply chains, and the fortification of digital security. These transformational endeavors aim to bolster group governance, accelerate the seamless integration of online and offline operations, augment the supply chain management proficiency of enterprises, elevate the user experience for consumers, and concurrently uphold the safeguarding of data security and personal privacy, thereby furnishing a steadfast assurance for striving the high-quality development of pharmaceutical distribution enterprises.

Keywords: Pharmaceutical Circulation; Digital Transformation; Data Security; Artificial Intelligence; Supply Chain Upgrading

B.12   Introduction to the Outline of the Strategic Plan of
        Nanjing Pharm for Digital Transformation
        during the 14th Five-Year Plan   *Ma Yuntao* / 152

Abstract: In its *Outline of the Strategic Plan for Digital Transformation during the 14th Five-Year Plan*, Nanjing Pharmaceutical Co. , Ltd. (hereinafter referred to as "Nanjing Pharm") attains a profound comprehension of both the internal and external corporate environments, aligns its present status quo and requirements, and innovatively integrates business information systems across diverse business formats, alongside the establishment of a comprehensive digital service platform to establish a closed-loop system of "value creation + digital operation", which augments quality and efficiency via digitalization, rooted in a modern supply chain system. Furthermore, the plan outlines a development strategy centered on the dual engines of "digital scene + healthy ecology", fostering supply chain collaboration and mutual benefits. Based on the current information system, Nanjing Pharm aims to establish "three pivotal digital platforms" that are deeply intertwined with its business scenarios. By integrating and consolidating these platforms, along with the integration and sharing of data, a "middle office management system" will be constructed, emphasizing information security and efficient operations. This endeavor seeks to continually refine the digital ecosystem of Nanjing Pharm, characterized by "vertical integration across all levels, horizontal business collaboration, and seamless internal and external ecological interconnectivity". Over the course of the 14th Five-Year Plan, Nanjing Pharm strives to achieve a transformative shift from pharmaceutical distribution operations to a health management paradigm, rooted in professional pharmaceutical care.

Keywords: Digital Transformation; Strategic Plan; Digital Platform; Middle Office

B.13 Innovation and Practice of the Intelligent Service Platform for Suppliers of Guangzhou Pharmaceuticals

Xu Youheng / 167

Abstract: Supplier services constitute a pivotal element in the pharmaceutical distribution landscape, crucial for maintaining the accessibility and safety of medications, and underpinning the smooth operation of the entire industrial supply chain. At the core of the digital transformation strategy of Guangzhou Pharmaceuticals resides the empowerment of suppliers through digitization, accompanied by the relentless pursuit of enhancing supplier service capabilities. The advanced intelligent supplier service platform of Guangzhou Pharmaceuticals harnesses innovative technologies such as the Internet plus, digitization, and artificial intelligence to integrate and elevate traditional supplier service offerings and procedures. This platform endeavors to "accelerate" progress via data analytics and foster mutual coordination, offering suppliers comprehensive, one-stop information services that elevate the benchmark of supplier services amidst the technological advancements of digital innovation. Furthermore, it enables Guangzhou Pharmaceuticals to strengthen quality, efficiency, cost reduction, and profitability, all underpinned by the guiding principle of optimizing "service capabilities".

Keywords: Supply Chain Service Innovation; Digitalization; Intelligence

B.14   The Implementation Strategies and Achievements of Master

Data Management Improvement in Large

Pharmaceutical Groups   *Chen Zhuo* / 179

Abstract: This case study has undertaken a thorough analysis of the demands and challenges confronted by a prominent pharmaceutical conglomerate in the planning and execution phases of enhancing its master data management endeavors. Furthermore, it has delved into the intricate design and implementation strategies of the proposed solution, while also meticulously detailing the obstacles encountered and the accomplishments achieved throughout the implementation process. By establishing a unified master data standard, refining the master data management process, and selecting the most suitable technology for implementing an enterprise-wide master data management platform (MDM system), the organization has triumphantly overcome the hurdles posed by data silos, quality issues, and compliance challenges. As a result, it has achieved a notable improvement in data consistency and decision-making efficiency. Ultimately, the valuable insights gained from this group-level master data management experience have been shared and comprehensively summarized.

Keywords: Master Data Management; System Implementation; Requirements Analysis; Process Optimization

B.15   The Practice and Exploration of the AI Overall Construction

Path for Building a "Super Pharmaceutical Enterprise"

Wei Yawei, Liu Mingyun / 191

Abstract: Artificial Intelligence Generated Content (AIGC), owing to its proficiency in swiftly assimilating existing enterprise knowledge, mastering the operational intricacies of work processes, and swiftly providing pertinent responses by comprehending user conversations, significantly aids in the formulation of strategic plans and the execution of work tasks. This, in turn, empowers employees to achieve exceptional business outcomes within a given timeframe. The AI assistant, developed by DingTalk leveraging the generative artificial intelligence large model, serves as a catalyst for large-scale pharmaceutical enterprises and hospitals, bolstering the professional capabilities of enterprise personnel and medical practitioners. Throughout the AI development process, DingTalk has identified prevalent challenges within enterprises and delved into their underlying causes. It underscores the importance of logical analysis and discernment in the AI construction within pharmaceutical enterprises, and has introduced a "three-step guiding principle" to guide AI development. Based on this framework, DingTalk offers support to enterprises in their AI endeavors, addressing their needs from a nuanced, comprehensive, and overarching perspective.

Keywords: Pharmaceutical Industry; Breakthrough in Talent Strength; DingTalk AI Assistant; AI-based Working Mode

V Pharmaceutical Supply Chain Reports

B.16 Analysis Report on the Development of China's
Pharmaceutical Supply Chain Logistics in 2023

China Association of Pharmaceutical Commerce / 197

Abstract: This report compiles and summarizes the policies pertaining to the progression of pharmaceutical supply chain logistics in 2023. It performs a rigorous statistical analysis of the resources and the current state of development among sample enterprises within the industry. Notably, the warehousing and transportation capabilities of the pharmaceutical supply chain logistics have undergone steady refinement, with operational standards escalating annually. It is prudently recommended that the development of pharmaceutical supply chain logistics ought to accelerate its pace by focusing on enhancing service capabilities, implementing lean management principles, and leveraging resource intensification strategies for the purpose of cost reduction and efficiency enhancement. Additionally, in alignment with the developmental orientations outlined at the "Two Sessions" in 2024, based on the current state of the industry, this report provides insightful projections and deliberations on the anticipated future trajectories of the pharmaceutical supply chain.

Keywords: Pharmaceutical Supply Chain Logistics; High Quality; Digitalization; New-quality Productive forces; Green Development

B. 17　The Innovative Development Model for the Planning and Construction of "Smart Logistics Warehouse"

Research Team of Smart Logistics of Jiangsu Pharmaceutical / 208

Abstract: This paper presents the main approaches to the planning and construction of the "Smart Logistics Warehouse" project of Jiangsu Pharmaceutical Co., Ltd. The Company enables the digital and intelligent transformation and upgrading of the logistics center with the latest technological means. Adhering to the design principle of "What is appropriate is what is necessary", and based on data analysis, it comprehends and masters the operational characteristics of each equipment and establishes four logistics operation functional areas: the four-way vehicle pallet-intensive warehouse, the AGV-robot unmanned warehouse, the electronic label picking area for small orders, and the storage area for whole cases/ whole pallets. Transportation and handling are conducted relying on the full-floor conveyor lines in conjunction with vertical elevators and screw elevators. The "Smart Logistics Warehouse" model capitalizes on its strengths and circumvents its weaknesses, fully embodying the traits of modernization, intelligence, digitalization, and intensification. Through the collaborative operation and scheduling of multiple software systems such as ERP, WMS, WCS, TMS, and OMS, a digital twin system is constructed to realize the dynamic simulation and digital display of the operating status of logistics equipment.

Keywords: Efficiency Improvement; Digital Twin; Precise Operation; Green Logistics

B.18 Digital Innovation of the Entire Process of the Modern

Pharmaceutical Distribution Supply Chain *Zhao Qinghui* / 218

Abstract: Shaanxi Pharmaceutical Group PAI+ANG Pharmaceuticals aims to establish a comprehensive digital innovation service supply chain for modern pharmaceutical distribution. This system is centered on e-commerce as the driving force, supported by a modern pharmaceutical logistics system in the northwest region, and interconnects upstream suppliers with downstream customers. It adheres to the principles of "digitizing all businesses" and "all businesses being digital", enabling seamless information flow both internally and externally within the enterprise. This results in the formation of digital application scenarios that encompass the entire scenario, process, business, and field. The supply chain's full-process digital innovation system comprises an e-commerce platform that radiates six system business lines, complemented by a highly integrated docking between software and hardware systems. This integration permeates every aspect, from production to distribution to retail, and integrates big data resource systems from both upstream and downstream customers. Consequently, the flow of capital, information, data, and logistics achieves valuable distribution throughout the entire supply chain. This ultimately leads to the successful creation of an intelligent decision-making system driven by big data, constituting a comprehensive pharmaceutical supply chain integrated service operation system.

Keywords: Pharmaceutical Distribution; Digitalization; Supply Chain; Smart Logistics

VI   Region Section

Abstract: This paper outlines the fundamental current status, historical development, encountered challenges, and prospective development proposals pertaining to the pharmaceutical distribution industry in Henan Province. The analysis of the current status encompasses industry scale, degree of concentration, and other pertinent factors. The operational characteristics of the industry are scrutinized from various angles, including the third-party logistics of pharmaceuticals and the operation of professional pharmacies. The primary issues confronting the pharmaceutical distribution industry in Henan Province are dissected comprehensively, addressing aspects such as industry structure, modern logistics capabilities, talent development, and brand influence. Additionally, this paper examines the novel opportunities and challenges encountered during the development of the industry, offering suggestions for future progress in domains like industry layout optimization, logistics distribution enhancements, pharmacy development, digital transformation, talent development, overseas market expansion, expansion of the Chinese medicinal materials market, reinforcement of association service functions, and intensification of policy support measures.

Keywords: Pharmaceutical Distribution; Third-party Logistics of Pharmaceuticals; Professional Pharmacies

B.20 Analysis Report on the Pharmaceutical Distribution

Market of Fujian Province in 2023   *Lin Xiaoqing* / 244

Abstract: This paper provides an overview of the state of the pharmaceutical distribution market in Fujian Province in 2023. It comprehensively examines the operational status of this market, encompassing various dimensions including pharmaceutical classifications, sales volumes, and the number of enterprises engaged in pharmaceutical distribution. Furthermore, it conducts an analysis of the key characteristics that define the development trajectory of the pharmaceutical distribution market in Fujian Province, focusing on aspects such as industry concentration levels, the process of transformation and upgrading, the presence of retail chains and specialized pharmacies, advancements in medical logistics, the emergence of medical e-commerce, and the landscape of traditional Chinese medicine. Additionally, it delves into the anticipated development trends and prospects for Fujian Province, particularly in relation to the establishment of urban and rural supply networks, the expansion of core and diversified marketing strategies, the digitization of retail pharmacies, and the modernization of the logistics system.

Keywords: Pharmaceutical Distribution Market; Pharmaceutical Logistics; E-commerce

Ⅶ International Section

B.21 Exploration of Commercialization Models for Innovative

Medical Products in Mature Markets   *Cheng Junpei* / 258

Abstract: The average cost of bringing a pharmaceutical to market has reached $ 2 billion. However, a notable proportion of newly launched pharmaceuticals in the United States, specifically over one-third (36%), have failed to fulfill anticipated outcomes. Historically, the general belief was that the overall success of a new pharmaceutical launch was contingent upon its market performance within the initial six months post-approval. Nevertheless, an increasing trend has emerged, where a substantial majority of pharmaceutical launches-62% of those introduced between September 2019 and December 2021, comprising 24 out of 28 non-rare and non-oncology products-have undershot Wall Street's sales projections. Biopharmaceutical enterprises encounter multifaceted challenges in introducing new products, which encompass novel treatment modalities, the heightened utilization of biomarkers, diminished pharmaceutical accessibility, digitalization, a more informed patient population, intensified shareholder expectations, and the imperative of global launches. Furthermore, the proliferation of intricate distribution models, novel product types, and the growing influence of payers have further compounded the intricacies associated with product launches. The question of identifying an appropriate commercial innovation model that aligns with the evolving healthcare landscape and ensures that the right patients receive the suitable pharmaceuticals at optimal costs is a prevalent concern within the industry. This paper rigorously analyzes an extensive array of research findings pertaining to the commercialization models of healthcare products in mature markets, sourced from consulting agencies and industry experts. Consequently, it strives to provide valuable insights and references for learning purposes.

Keywords: Innovative Medical Products; Commercialization Model; Mature Market

B.22 Analysis of India's Pharmaceutical Market

Access and Distribution System

Liao Chuankun, Liu Yuhui and Xu Dengzhi / 279

Abstract: The Indian pharmaceutical market, being among the largest globally, is characterized by a vast population and an extensive demand for healthcare services. The intricate and unique system for pharmaceutical market access and distribution presents a multitude of obstacles for multinational corporations seeking to expand their presence in the market. This report undertakes a comprehensive examination of the regulatory landscape, registration procedures, distribution channels, logistics infrastructure, technological integration, and government initiatives, in addition to market trends and challenges specific to the Indian pharmaceutical market access and distribution system. In terms of access, companies must rigorously adhere to the regulatory requirements set forth by the Central Drugs Standard Control Organization (CDSCO) and the National Pharmaceutical Pricing Authority (NPPA), streamline the registration and declaration process, and strictly comply with the relevant access systems and policy guidelines. As for the distribution system, companies must stay abreast of market trends, navigate price control measures, enhance logistics efficiency, and actively pursue collaborations with local government entities and enterprises to achieve the long-term goal of firmly establishing themselves in the Indian market.

Keywords: Indian Pharmaceutical Market; Access Policy; Pharmaceutical Registration; Pharmaceutical Distribution

社会科学文献出版社

皮 书

智库成果出版与传播平台

❖ 皮书定义 ❖

皮书是对中国与世界发展状况和热点问题进行年度监测，以专业的角度、专家的视野和实证研究方法，针对某一领域或区域现状与发展态势展开分析和预测，具备前沿性、原创性、实证性、连续性、时效性等特点的公开出版物，由一系列权威研究报告组成。

❖ 皮书作者 ❖

皮书系列报告作者以国内外一流研究机构、知名高校等重点智库的研究人员为主，多为相关领域一流专家学者，他们的观点代表了当下学界对中国与世界的现实和未来最高水平的解读与分析。

❖ 皮书荣誉 ❖

皮书作为中国社会科学院基础理论研究与应用对策研究融合发展的代表性成果，不仅是哲学社会科学工作者服务中国特色社会主义现代化建设的重要成果，更是助力中国特色新型智库建设、构建中国特色哲学社会科学"三大体系"的重要平台。皮书系列先后被列入"十二五""十三五""十四五"时期国家重点出版物出版专项规划项目；自2013年起，重点皮书被列入中国社会科学院国家哲学社会科学创新工程项目。

皮书网

（网址：www.pishu.cn）

发布皮书研创资讯，传播皮书精彩内容
引领皮书出版潮流，打造皮书服务平台

栏目设置

◆ **关于皮书**

何谓皮书、皮书分类、皮书大事记、
皮书荣誉、皮书出版第一人、皮书编辑部

◆ **最新资讯**

通知公告、新闻动态、媒体聚焦、
网站专题、视频直播、下载专区

◆ **皮书研创**

皮书规范、皮书出版、
皮书研究、研创团队

◆ **皮书评奖评价**

指标体系、皮书评价、皮书评奖

所获荣誉

◆ 2008 年、2011 年、2014 年，皮书网均
在全国新闻出版业网站荣誉评选中获得
"最具商业价值网站"称号；

◆ 2012 年，获得"出版业网站百强"称号。

网库合一

2014 年，皮书网与皮书数据库端口合
一，实现资源共享，搭建智库成果融合创
新平台。

皮书网　　　　　　"皮书说"
　　　　　　　　微信公众号

权威报告·连续出版·独家资源

皮书数据库
ANNUAL REPORT(YEARBOOK)
DATABASE

分析解读当下中国发展变迁的高端智库平台

所获荣誉

- 2022年，入选技术赋能"新闻+"推荐案例
- 2020年，入选全国新闻出版深度融合发展创新案例
- 2019年，入选国家新闻出版署数字出版精品遴选推荐计划
- 2016年，入选"十三五"国家重点电子出版物出版规划骨干工程
- 2013年，荣获"中国出版政府奖·网络出版物奖"提名奖

皮书数据库　　　"社科数托邦"
微信公众号

成为用户

登录网址www.pishu.com.cn访问皮书数据库网站或下载皮书数据库APP，通过手机号码验证或邮箱验证即可成为皮书数据库用户。

用户福利

- 已注册用户购书后可免费获赠100元皮书数据库充值卡。刮开充值卡涂层获取充值密码，登录并进入"会员中心"—"在线充值"—"充值卡充值"，充值成功即可购买和查看数据库内容。
- 用户福利最终解释权归社会科学文献出版社所有。

数据库服务热线：010-59367265
数据库服务QQ：2475522410
数据库服务邮箱：database@ssap.cn
图书销售热线：010-59367070/7028
图书服务QQ：1265056568
图书服务邮箱：duzhe@ssap.cn

社会科学文献出版社 皮书系列
SOCIAL SCIENCES ACADEMIC PRESS (CHINA)
卡号：415655513875
密码：

S 基本子库
UB DATABASE

中国社会发展数据库（下设 12 个专题子库）

紧扣人口、政治、外交、法律、教育、医疗卫生、资源环境等 12 个社会发展领域的前沿和热点，全面整合专业著作、智库报告、学术资讯、调研数据等类型资源，帮助用户追踪中国社会发展动态、研究社会发展战略与政策、了解社会热点问题、分析社会发展趋势。

中国经济发展数据库（下设 12 专题子库）

内容涵盖宏观经济、产业经济、工业经济、农业经济、财政金融、房地产经济、城市经济、商业贸易等 12 个重点经济领域，为把握经济运行态势、洞察经济发展规律、研判经济发展趋势、进行经济调控决策提供参考和依据。

中国行业发展数据库（下设 17 个专题子库）

以中国国民经济行业分类为依据，覆盖金融业、旅游业、交通运输业、能源矿产业、制造业等 100 多个行业，跟踪分析国民经济相关行业市场运行状况和政策导向，汇集行业发展前沿资讯，为投资、从业及各种经济决策提供理论支撑和实践指导。

中国区域发展数据库（下设 4 个专题子库）

对中国特定区域内的经济、社会、文化等领域现状与发展情况进行深度分析和预测，涉及省级行政区、城市群、城市、农村等不同维度，研究层级至县及县以下行政区，为学者研究地方经济社会宏观态势、经验模式、发展案例提供支撑，为地方政府决策提供参考。

中国文化传媒数据库（下设 18 个专题子库）

内容覆盖文化产业、新闻传播、电影娱乐、文学艺术、群众文化、图书情报等 18 个重点研究领域，聚焦文化传媒领域发展前沿、热点话题、行业实践，服务用户的教学科研、文化投资、企业规划等需要。

世界经济与国际关系数据库（下设 6 个专题子库）

整合世界经济、国际政治、世界文化与科技、全球性问题、国际组织与国际法、区域研究 6 大领域研究成果，对世界经济形势、国际形势进行连续性深度分析，对年度热点问题进行专题解读，为研判全球发展趋势提供事实和数据支持。

法律声明

"皮书系列"（含蓝皮书、绿皮书、黄皮书）之品牌由社会科学文献出版社最早使用并持续至今，现已被中国图书行业所熟知。"皮书系列"的相关商标已在国家商标管理部门商标局注册，包括但不限于 LOGO（▧）、皮书、Pishu、经济蓝皮书、社会蓝皮书等。"皮书系列"图书的注册商标专用权及封面设计、版式设计的著作权均为社会科学文献出版社所有。未经社会科学文献出版社书面授权许可，任何使用与"皮书系列"图书注册商标、封面设计、版式设计相同或者近似的文字、图形或其组合的行为均系侵权行为。

经作者授权，本书的专有出版权及信息网络传播权等为社会科学文献出版社享有。未经社会科学文献出版社书面授权许可，任何就本书内容的复制、发行或以数字形式进行网络传播的行为均系侵权行为。

社会科学文献出版社将通过法律途径追究上述侵权行为的法律责任，维护自身合法权益。

欢迎社会各界人士对侵犯社会科学文献出版社上述权利的侵权行为进行举报。电话：010-59367121，电子邮箱：fawubu@ssap.cn。

社会科学文献出版社